東アジア内海世界の交流史

周縁地域における社会制度の形成

加藤雄三・大西秀之・佐々木史郎 編

History of Social Interactions among the Inland Sea in East Asia

人文書院

目次

はじめに――東アジア内海世界へ　加藤雄三　7

第I部　交流・交易をになった地域のすがた

第一章　アイヌ文化の成立と交易　瀬川拓郎　19
第二章　琉球王国における貢納制の展開と交易――「琉球弧」域内統合と交易システム　岡本弘道　42
第三章　アイヌの北方交易とアイヌ文化――銅雀台瓦硯の再発見をめぐって　中村和之　63
第四章　南島の交流と交易――環東シナ海における位置　角南聡一郎　83

第II部　社会をつくる人びと、つなぐ人びと

第五章　清代マンジュ（満洲）人の「家」と国家
——辞令書と系図が語る秩序　杉山清彦　105

第六章　近世琉球の社会と身分
——「家譜」という特権　渡辺美季　131

第七章　ダイチン・グルン時期のアンダ
——帝国の編成から交易における活用まで　承　志　151

第八章　台湾事件と漢番交易の仲介者
——双渓口の人びとのまなざし　林　淑美　171

第III部　日々の営みをめぐる権利

第九章　極東ロシア先住民族の狩猟領域
——沿海地方のウデへの事例から　佐々木史郎　193

第一〇章　清末民国期の太湖流域漁民
——漂泊・漁撈生活と入漁慣行　太田　出　217
第一一章　アイヌ社会における川筋集団の自律性　大西秀之　239
第一二章　租界社会と取引
——不動産の取引から　加藤雄三　263
おわりに——周縁からながめた東アジア内海世界　大西秀之　285
あとがき　佐々木史郎　297

凡　例

・引用も含め、本書中においては、人名と一部の固有名詞を除き新漢字を用いた。
・地名・国名人名の表記は、対象とする地域・時代に用いられたとされる言語にできるかぎり従った。
・引用文においては、原文の仮名遣いを反映させた。
・引用文の翻訳は、すべて執筆者による。
・引用者による省略は〔……〕、引用者による注記は、〔　〕に入れて示した。また読者の便を考え、原文にはないルビも適宜挿入した。
・本書中、とくに出典の明示がない資料はすべて執筆者が作成・撮影した。

東アジア内海世界の交流史

周縁地域における社会制度の形成

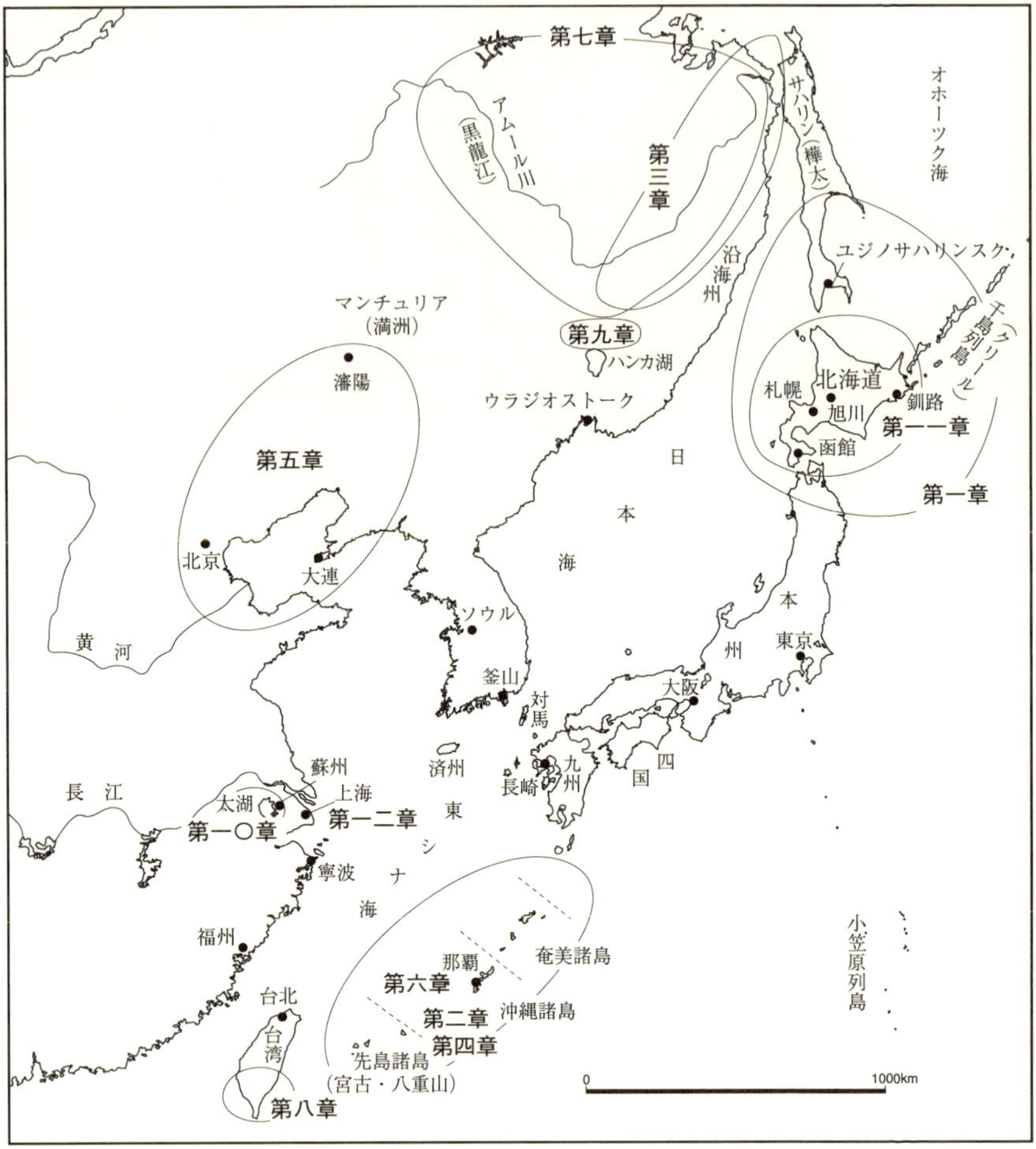

第七章
第三章
アムール川
（黒龍江）
サハリン（樺太）
オホーツク海
沿海州
ユジノサハリンスク
千島列島（クリール）
マンチュリア
（満洲）
第九章
ハンカ湖
瀋陽
北海道
札幌
旭川
釧路
第一一章
函館
第一章
ウラジオストーク
第五章
日本海
北京
大連
本州
ソウル
黄河
東京
釜山
対馬
大阪
蘇州
済州
九州
四国
長江
上海
長崎
太湖
第一二章
第一〇章
東シナ海
寧波
福州
奄美諸島
那覇
第六章
小笠原列島
台北
第二章
沖縄諸島
台湾
第四章
先島諸島
（宮古・八重山）
0
1000km
第八章

はじめに——東アジア内海世界へ

加藤雄三

空間の設定

日本地図をひらいてみる。弓なりに並ぶ日本列島が目に入るだろう。その長さは約三千キロメートルにもわたる。列島の東には、太平洋がひらけているが、遠洋航海の技術が発達をとげ安定するにいたるまで、そして、アメリカ合衆国が日本に目を向けるようになるまで、東側の海から新しい文化的な契機がもたらされることはなかった。列島に住む人びとが海外に関心をもつときは、西側の海のかなたに目を向けていたといってもよいだろう。

列島の西海は大きくは日本海と東シナ海とから成る。いたるところで外海に通じてはいるが、サハリン、北海道、本州、九州、南島とユーラシア大陸極東域に囲まれていることから、ここを東アジア地中海とよぶ人たちもいる（金関 二〇〇四）。しかし、この海域はヨーロッパ南岸とアフリカ北岸に囲まれた地中海世界とはほとんどの面で共通性に欠ける。「日本」を起点とした関係を考察するためには、東アジア内海としてくくっておくくらいでよい。なにを考察の対象にするかによって、この東アジア内海にはオホーツク海や南シナ海が含まれることもあるだろう。

「日本」を起点にして島づたいに内海の西側に向かおうとするとき、たどることができるルートは三つほど考えられる。第一は、博多から壱岐、対馬をへて朝鮮半島に向かうものである。国際関係の影響をもっとも受けた航路であり、「日本」もかかわった国際戦争では兵員と物資の大量輸送ルートにもなった。宗氏を介した中世以来の関係をひきつぐかたちで、江戸幕藩体制時期には、朝鮮と「日本」の境界として対馬口が設定された。境界に立つ宗氏は、琉球尚氏との比較で考えるとき興味ぶかい位置にいるものといえる。とはいえ、近世倭館が釜山に開設されてからのちは、その外部とつながる手段をうばわれ、貿易量も減少傾向に向かう。朝鮮通信使も、対馬や「日本」各地における社会形成との関係で積極的な意義を見いだすことはむずかしい。

第二は、北海道、サハリンをへてアムール河をさかのぼり、マンチュリアに向かうルートである。出土遺物からみた物質文化のつながりにおいては、北東アジアと北海道東部はすでにオホーツク文化時期から、一部の遺物に関して類似性を示している。交易の担い手がどのようなアイデンティティをもっていたのかは定かではないが、サハリンを重要なかけはしとして、北海道と大陸とのあいだに古くから往来があったことはまちがいない。ただし、ここから、大陸製品が大々的に本州に流入し、珍重されるようになるのは、松前藩や江戸幕府の管理下で松前口として制度的な交易がおこなわれるようになった時期をまたねばならない。そして、和人は北海道アイヌが山野からもたらす産品だけでなく、アムール河下流域に住むサンタン人から宗谷やサハリンの白主《しらぬし》で絹製品、ガラス玉などを手に入れようとしたのであった。

第三は、薩摩を出て、琉球弧を島づたいに航行し、中国南東部沿岸に達し、陸路で華北にある京師に向かうルートである。ときには、補給をくりかえしながら、さらに南下し、東南アジア方面に行くこともあった。主要なアクターであったのは琉球の人びとである。中国王朝側の管理をうけた朝貢にともなう制度的な貿易活動は、琉球王国に対してだけでなく、九州から本州の人びととの経済、生活にも大きな影響をおよぼした。列島のなかでも、琉球弧の産品が松前口を通じて大陸に渡ることはほとんどないが、北海道のコンブ、各地で採れる乾燥海産物は、琉球から大陸へと流出した。琉球王国はいっぽうで中国王朝に臣属しながらも、一六〇九年の薩摩侵攻を機に、薩摩藩の支配下にはいる。このルートは、薩摩口（琉球口）として江戸の幕閣からは認識されることになった。

それぞれが江戸時代の貿易拠点、いわゆる口に対応することを考えると、長崎口が残されていることに気づく。長崎を出航し、五島列島などの地から寧波周辺まで東シナ海を横断することが想定されるこのルートは、他の三口とは、多少異質である。長距離の航続が可能な外洋船でなければ渡りきることはできない。鎌倉時代から室町時代の博多を拠点とした貿易もおおくは同様の航路をとったはずである。

列島のなかでは、北からはコンブやサケといった海産物を中心として、南からは輸入された薬種や砂糖を中心として、廻船に積載されて商品が流通し、ネットワークがかたちづくられていた。いっぽう大陸では、北海道産の毛皮が貴人の防寒服となり、日本各地の海産乾物が薩摩口と長崎口をへて高級食材として供給される。ほかにも日本刀、硫黄、蝦夷錦、磁器など内海のふちを循環する産品は枚挙にいとまがない。東アジア内海世界を形成する地域は交易を通じてみごとに大きなネットワークとなる。いわば、ひとつの交易圏をかたちづくるのである。

この交易圏が、わたしたちがこれから考察をくわえる地域の範囲となる。

南北の対置

わたしたちがこの本のなかで考えようとしているのは、東アジア内海世界をつなぐ交易をめぐる権利にもとづく制度形成である。権利といっても、法律に規定されたものだけをいうのではない。身近なところでは家庭内の地位や交際関係のうちにも自然と権利ははいりこんでくる。国家の枠組み、国際関係がおおくの権利、権益をふくんでいることはいうまでもない。そして、この権利関係を維持するために制度が立ちあらわれる。日常的なあいさつはお互いの位置を確かめあうためのものだし、慣習や慣行は社会のなかで秩序を安定させるためになくてはならない。国家制度や国際儀礼には、法規や形式として権利関係が昇華されている。これらの制度によってさまざまなレヴェルの社会は形成される。

社会形成という側面から東アジア内海世界における交易関係をみようとする場合、第二、第三の松前口、薩摩口に焦点があたることになる。現地において交易をになうアイヌ、琉球の人びとは、かれらと対比するために和人あるいはヤマトとよばれる本州の政権が統治する人びととは風俗や言語を異にし、独自の社会を営んできた。資料を書きのこした人びとがどこにいて、どれだけのこっているのか、そして、現代国家のなかでその地域がどんな位置づけをされているのかということが、歴史観には反映される。これまでの歴史観からすれば、蝦夷島《えぞがしま》も琉球も日本国という国家の周縁でしかなかった。

しかし、東アジア内海世界の交易においては、両者ともに境界、あるいは窓口として重要な役割を果たしていたことに気づかされる。ともすれば、周縁部としてのみ認識されるしかなかった「日本」の北と南をみつめなおす理由はここにある。北と南を対比してみると、国家として体系だった支配がおこなわれるようになった琉球と、大規模な政治共同体を形成することなく、連絡を保ちながらもごく小規模の集落社会が点在するままであったアイヌとのちがいが浮きぼりになる。

思いかえすと、北方でアイヌや和人の交易の対手となった人びとも、華北に都をおく諸王朝からすれば「辺民」、周縁部のたみとして位置づけられていた。「中国」のメインランドにおいても、交易の場はつねに境界としての意味をもち、外部勢力との摩擦をはらみながら、国家体制のなかでは周縁に属する。

この国家の周縁部から歴史をふたたびとらえなおす作業を、わたしたちは南北を対話的にえがきながらすすめていこうと思う。この本では二章ずつをセットとして、比較にふさわしい対象を南北それぞれについてあつかっている。そこからは、南北の意外な類似性が見いだされることもあろう。環境や風土に根ざしたまったく異なる歴史展開が導かれることもあろう。対比の先になにを見いだすかは、この本のつぎにわたしたちが取り組むべき課題につながるだろう。

時間の設定

一七世紀初頭、東アジア内海世界の秩序は大陸と列島の双方で大きく転回する。

マンチュリアの地に興ったヌルハチひきいる後金国は国家の中枢をなす集団を八旗のもとに編成し国力をたくわえ、マンチュリアにおける明朝の支配を切りくずしていく。ハン位を継いだホンタイジは対朝鮮戦役、モンゴル出征をへて、モンゴルのハーン位も得て、明朝包囲網を敷いていく。一六三六年には大清国（ダイチン・グルン）と国号をあらため、明朝の勢力を吸収しながら山海関を越えて「中国」のメインランドに入る機会をうかがったのであった。呉三桂の離反をうけ、山海関を抜き（入関）、李自成を遁走させたのは一六四四年のことである。ときの実力者は摂政王ドルゴンであった。これより、多様な側面をもつ国家として清朝はみずからを整備し、一八世紀のはじめまでに列島をのぞく東アジア全域の支配をほぼ確立する。

朝鮮も当初は大清国の支配に抵抗していたが、入関までには実質的に藩屏としての地位を受けいれ臣属した。明代にはあきらかに「海外」であった台湾島の一部にも、一七世紀末、鄭氏政権を排除して清朝の行政区画が設定されるにいたる。

いうまでもなく、「日本」において徳川幕藩体制が確立したのも大清国建国と同時期であった。江戸政権の承認をうけて薩摩が琉球に侵攻したのは、元和偃武《げんなえんぶ》を迎える直前の一六〇九年である。このときから一八七九年の琉球処分によって明治国家に取りこまれるまでの琉球国を近世琉球とよぶ。琉球と明朝との冊封《さくほう》関係は、「中国」の主となった清朝に引きつがれ、さらに、薩摩藩に支配される両属関係のもとで交易が展開されたのだった。

和人がアイヌを「アヰノ」というアイデンティティをもつ人びととしてはっきりと認識するようになったのは一八世紀末のことである（菊池 二〇〇三）。このときまでに、松前藩あるいは請負商人たちがコタンや川筋ごとにアプローチをかける「商場知行制《あきないばちぎょうせい》」と「場所請負制《ばしょうけおいせい》」にもとづく和人との交易をアイヌの人びとは経験していた。ここには経済的関係をとおして和人が北海道アイヌを支配する体制が成立したが、いっぽうでサンタン人がやってきたルートをたどり樺太アイヌが清朝の辺疆機関に入貢することもあった。同じアイヌとはいいながら、異なるグループであるため、これをもって両属関係ということはできない。しかし、琉球との対比でここにふくまれる意味をさぐっていくことからはそれぞれの社会・集団がとった戦略を見いだすことができるかもしれない。

東アジア内海世界に属する国家や社会がこのように同時代性をもってドラスティックに動いていったことがみてとれる一七世紀以降を中心に、わたしたちは対話をかわしていくことになる。それは、いまにのこる遺制からも当時の事象をお互いに想像しやすい時期といえる。

交流と社会制度の確立

本書は地域スケールと時間スケールに応じて、全体を三部に分ける。三部ともにスケールを異にするが、議論はつねに具体的なモノを媒介としておこなわれる。ここでいうモノには、東アジア内海世界を循環する交易品、集団や個々人の相互関係・地位を成立させる道具、逆に社会や人びとをうごかす資源などがふくまれる。

第Ⅰ部は、国家や地域をまたぐ超域的な交易の展開を対象とする。文献資料だけでなく、考古遺物の分析結果を積極的に活用することで、時間的にも長期にわたって交易にかかわる社会の変遷過程を概観する。

人間は自分以外の他者との関係のなかでみずからの位置を見さだめ、社会を構築し、社会と世界のなかで生きてきた。東アジア内海世界において周縁とされてきたそれぞれの社会に生きた人びとは、交易という行為を実践するなかで、どのような権利関係にもとづいて、どのような制度を築きあげてきたのか。海のノマドとしての性格をはやくからそなえていた周縁の人びとは、異質な世界をモノによってむすびつける役割をはたしながら、そのモノを自分たちでも利用することによってみずからの社会を変容させていった。そして、アイヌの人びとや琉球王国がむすびつける能力をもっていたがゆえに、隣接する巨大な勢力や国家はかれらを体制のなかに取りこもうとしたのでもあった（第一章―第四章）。

第II部は、中期としてあつかうべき数世代に影響をおよぼす制度を国家や社会の内外両面からみつめていく。ここでいう国家や社会の外側とは、それらの境界領域にあたる。他の国家や社会との関係を考えるとき、境界は両者に属するともいえるし、どちらにも属さないともいえる。橋わたしの役割をはたし、新しい契機をもたらす領域である。

交易を管理促進する立場にある支配者層にみられた興味深い現象として、家系図によるみずからの編成秩序の創出があげられる。周縁部からおこったマンジュと琉球に共通してみられるこの制度は、支配者層の再生産と秩序維持にあたって重要な役割をはたした（第五章―第六章）。

交易は異なる制度をもつ人びとのあいだで展開される。そこには制度と制度、社会と社会の境界領域に立って、あるいは、複数の社会に身をおきながら、異文化間の通訳としての役割をはたす人びとがいることが望まれた。マンジュの「アンダ」や台湾の「番割《ばんかつ》」など、中間民とでもよぶべきかれらは、累代同じ役割をにないつづけ、ときに出現する新しいアクターのうちにも取り入り、複数社会にまたがる交易を円滑にすすめさせた（第七章—第八章）。

第Ⅲ部は、交易の実践の現場における権利関係とそれにまつわる慣行をながめる。いわば、一瞬一瞬の事象のうちに見いだすことができるものをさぐる。実際には、この瞬時の実践行為はひとつとして同じであることはないだろう。つまり、制度はつねにその幅をふくらませ、変化しつづけている。制度に生命をあたえているのはこうした実践なのである。

それぞれの社会においては、支配者との関係、そして、日々の制度実践によって、交易産品の取得や取引にまつわる権利関係がつねに推移していく。一九世紀以降、世界史の進行は加速するとともに、その同時性が顕著となっていく。東アジア内海世界も西洋的な近代化の波をかぶる。外部からのインパクトは好むと好まざるとにかかわらず周縁部の社会にも変容をせまり、境界領域はせばめられ、ほとんどの社会が国家の一部を構成する内部的存在になっていく。しかし、そこには頑強に変わることをこばむ事象もあった。あるいは、変わったとみせかけ、したたかに生きのこった慣行もある。人びとは戦略的にみずからの方向性を決したのであった（第九章—第一二章）。

わたしたちが対話する舞台はすでに準備された。さあ、これから東アジア内海世界をめぐる旅がはじまる。

参考文献

赤坂憲雄　二〇〇〇　『東西／南北考——いくつもの日本へ』東京：岩波新書。

金関　恕（監修）　二〇〇四　『日本海／東アジアの地中海』中井精一・内山純蔵・高橋浩二編、富山：桂書房。

菊池勇夫（編）　二〇〇三　『日本の時代史19　蝦夷島と北方世界』東京：吉川弘文館。

菊池勇夫・真栄平房昭（編）　二〇〇六　『近世地域史フォーラム1　列島史の南と北』東京：吉川弘文館。

豊見山和行（編）　二〇〇三　『日本の時代史18　琉球・沖縄史の世界』東京：吉川弘文館。

三田村泰助　一九九〇　『世界の歴史14　明と清』東京：河出文庫。

第I部　交流・交易をになった地域のすがた

水は可視的に地域を分かつことができるもののひとつであると同時に、はなれた地域をつなぐ道となる。琉球や華南のジャンク型船舶も、アイヌやサンタン人の板綴り船も、水のうえを岸づたい、河づたいに航行し、目にはみえない境界を越えていく。越境者たちによって運ばれるクロテンやラッコの毛皮、蝦夷錦、鉄、コンブやナマコなどの海産乾物、ヤコウガイ、薬種、硫黄といったモノは、東アジア内海世界を結びつけ、それらを消費する人びとの社会生活に彩りをあたえる触媒となった。展開される交易活動をとおして、「いくつもの日本」のうちにあった社会は、東アジア内海世界を構成する一部としてみずからの歴史をつむいでいった。

扉上：『北夷分界余話』（国立公文書館蔵）より
扉下：「唐船図（進貢船図）」（沖縄県立図書館蔵）より

第一章　アイヌ文化の成立と交易

瀬川拓郎

くいちがうイメージ

アイヌといえば、北海道の大自然のなか日々クマやシカを追いかける狩猟採集民、といったイメージを思いうかべるのではないだろうか。交易民として活発な活動をくり広げていたアイヌの実態はほとんど知られていないようだ。実際、その姿が日本側にひろく知られるようになった近世後半のアイヌは、交易民とはほど遠い存在だった。というのも、近世後半以降、アイヌの交易民としての性格は次第に封じ込まれていったからだ。

たとえば、幕藩体制が確立に向かう一七世紀前半以降、アイヌと和人の交易場を各地に設定し、そこでの交易権を家臣に給与として与える商場《あきないば》知行制《ちぎょうせい》とよばれる制度が松前藩によって施行されたため、アイヌの交易は居住する商場に制限され、交易相手も固定化していった。商場知行制のもとでは家臣が交易品を積んでみずからの商場におもむき、入手した産物を松前で商人に売却していたが、一八世紀にはいると運上金を徴収して商人にすべてをまかせる場所請負制《ばしょうけおいせい》が成立し、請負商人はアイヌ産物の交易にとどまらず、みずからニシンやサケなどの漁業経営もおこなうようになった。そのためアイヌは、商人の雇いとして賃労働に従事するとともに、漁場の周辺に集住させられていった。

さらに、一八世紀後半以降、幕府はロシアの南下を阻止するため蝦夷地の内国化にのりだし、まず、東蝦夷地《ひがしえぞち》（太平洋沿岸地域）と千島列島を直轄領として、中部千島アイヌと本島アイヌとの交易・交流を禁じた。ついで樺太《からふと》と西蝦夷地（日本海およびオホーツク海沿岸）を直轄領とし、サハリン先住民とアイヌの交易を官営化、幕府の役人がこれをになうこととした。交易民アイヌの世界は、ここに終焉を迎えたといえる。

交易民の歴史をたどる

中世から近世前半のアイヌは、千島列島の全域とサハリン南半の広大な地域を占め、大陸やカムチャツカ半島とも往来しながら、これら地域の産物を入手して活発な交易活動をくり広げていた。イエズス会宣教師ジロラモ・デ・アンジェリスの『第一蝦夷報告書』（一六一八年）によれば、近世はじめには道東太平洋沿岸から千島のラッコ毛皮などを積んだ百艘ちかいアイヌの舟が、また、道北日本海沿岸からは中国製の絹織物を幾反《たん》も積んだアイヌの舟が、それぞれ交易のため道南端の松前にやってきていた。千島から松前にくる人びとのなかには、ひげがなく、アイヌと異なる言葉を話すカムチャツカ半島の先住民イテリメンと考えられている人びともいた。北海道本島から一千キロも離れたカムチャツカ半島の人びとまでまきこんだ千島列島の中継交易は、考古学的にはすでに一五世紀には確立していたとみられる。

また、北海道の人びとは一一世紀からサハリンに進出し、交易に深くかかわっていた。一三世紀にはこの進出の規模が拡大し、そのためサハリン先住民ニブフとアイヌの対立が深刻化して、ニブフを服属させていた中国の元朝とも半世紀にわたる政治的な緊張関係にあった（中村 一九九九）。

中世アイヌが、周辺の他集団とのあつれきをかかえながらサハリンや大陸にいったい何を求めていたのか、そのことを具体的に示す資料がある。

若狭国（現在の福井県）内浦宇山中《うちうらあざやまなか》では、室町時代中期―末期のものとされる「商踊《あきないおど》り」が伝えられていたが、その一節に、「夷《えぞ》が島では夷殿《えぞどの》と商元では何々と、唐《から》の衣や唐糸や、じんやじやこうや、たかの羽や、商踊りを一踊り」とある。ここにいう「唐の衣」「唐糸」は大陸産の錦衣や絹糸、「じん」は熱帯アジア産の香木である沈香《じんこう》、「じやこう」はジャコウジカなどからえられる香料の麝香《じゃこう》、「たかの羽」は一二世紀以来、本州中央で「粛慎羽《しゅくしんう》」として矢羽に珍重されていたサハリン産の名羽だろう。つまりこの歌には、夷が島（北海道）から日本海交易で本州へ流通していたもののうち、大陸やサハリン産の宝の数々がよみこまれているのだ。

では、自給自足的な狩猟採集民のイメージとはおよそかけはなれた、この交易民アイヌの社会とは、具体的にどのようなものだったのだろうか。そしてそれは一体どのように成立してきたのか。ここでは交易民アイヌの歴史を、縄文時代から古代の擦文《さつもん》時代まで考古学からたどってみることにしよう（図1）。なお、北海道の先史文化の概説については瀬川（二〇〇七）を参照されたい。

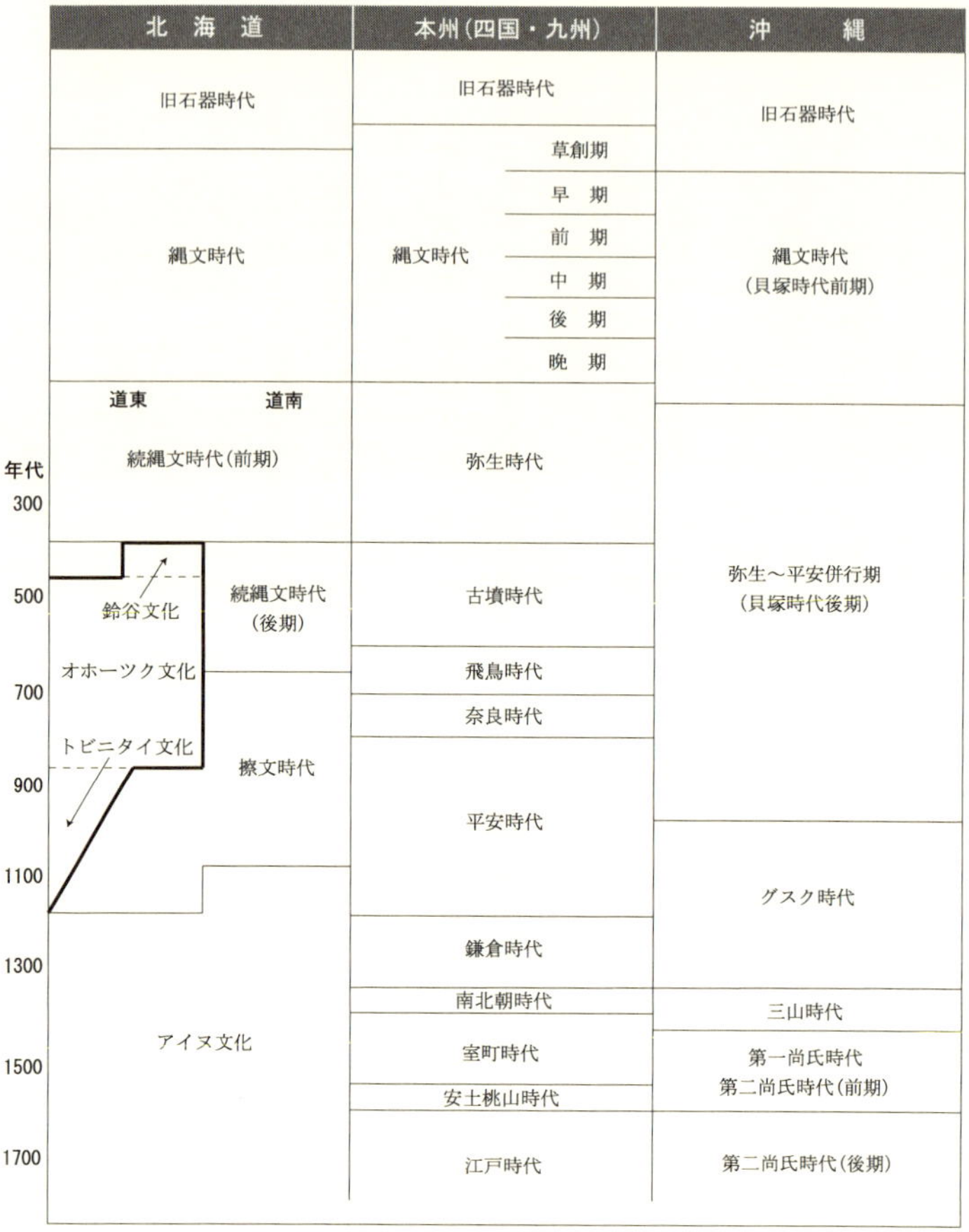

北　海　道	本州(四国・九州)		沖　　縄
旧石器時代	旧石器時代		旧石器時代
縄文時代	縄文時代	草創期	縄文時代 (貝塚時代前期)
		早期	
		前期	
		中期	
		後期	
		晩期	
道東　　　　道南 続縄文時代(前期)	弥生時代		弥生～平安併行期 (貝塚時代後期)
鈴谷文化 / 続縄文時代(後期)	古墳時代		
オホーツク文化	飛鳥時代		
	奈良時代		
トビニタイ文化 / 擦文時代	平安時代		
			グスク時代
アイヌ文化	鎌倉時代		
	南北朝時代		三山時代
	室町時代		第一尚氏時代 第二尚氏時代(前期)
	安土桃山時代		
	江戸時代		第二尚氏時代(後期)

年代: 300, 500, 700, 900, 1100, 1300, 1500, 1700

図1　北海道の考古学年表

同族的社会をめぐる財

アイヌは、基本的には東南アジアや東アジアから日本列島にやってきた後期更新世人類、つまり旧石器人の子孫と考えられている（藤尾 二〇〇二）。異なる形質の人びとの混淆もあったとみられるが、少なくとも縄文人とアイヌのあいだに、強い形質的な共通性が存在するのはまちがいないようだ。アイヌは縄文人の血を濃厚に受け継いだ子孫といってよいだろう。なかでも北海道の縄文人骨が近世アイヌにより近く、とくに道東には縄文時代のはじめからアイヌ的形質を強くもった人びとがいたという。

縄文文化はおよそ一万年にわたったが、北海道はその全域が縄文文化圏に属してきた。具体的には北の端は宗谷海峡まで、東の端についてはは千島列島南部のエトロフ島まで、つまりいわゆる北方四島までが縄文文化圏に属していた。ちなみに南の端は琉球列島中部の沖縄諸島までとされる。

北海道の縄文社会では、天然ガラスである黒曜石《こくようせき》が活発に流通していた。黒曜石は鋭い刃の加工が容易であり、石器の材料に最適だ。産地は北海道内でもいくつか知られているが、とくに道東の白滝《しらたき》産が良質で資源量も豊富であるため、旧石器時代から北海道はもちろんサハリンのソコル遺跡などへも流通していた。縄文時代では青森県の三内丸山《さんないまるやま》遺跡や、アムール河河口に近いマラヤ・ガーヴァニ遺跡などで白滝産黒曜石がみつかっている。ただしサハリンや大陸への流通は、それら地域の人びとが北海道に直接進出してきたこととかかわっていたとみられる。宗谷海峡を越える流通網が常時存在したわけではないようだ。

道内で広く流通していた物品はほかにも、石斧《せきふ》の材料であった日高の沙流《さる》川水系額平《ぬかびら》川地域の緑色片岩と、空知《そらち》平野北端の神居古潭《かむいこたん》地域の青色片岩がある。この石材を加工した石斧の半完成品が、三内丸山遺跡など東北北部へも大量に流通していた。東北北部社会へ北海道の黒曜石や石斧が流通していた背景には、東北北部と北海道の同族的関係があったのだろう。北海道の縄文文化は、北海道東部に在地的な文化が、西部には東北北部と共通する文化が展開しており、北海道西部の人びとと東北北部の人びとは海峡を越えてつねに一体の関係にあったからだ。逆にいうならば、北海道の産物が同族的社会を越え、その外側に流通することは基本的にはなかったことになる。

このような生活財の流通は、同族的社会の一体感を醸成するものとなっていたにちがいない。

「縄文の宝」

一方、この同族的社会の外側から北海道に流通していたものはいくつかある。たとえばヒスイ製の玉・タカラガイ製の装飾品・イノシシなどがそれだ。

ヒスイ製の玉は、新潟県糸魚川産のものが沖縄を含む全国で出土している。北海道では前期から晩期にかけて約八十遺跡から七百点以上出土しており、縄文後期の墓の出土例がその大半を占める。

タカラガイ製装飾品は南海産で、これも沖縄から北海道まで全国で出土している。早期以降、西日本を中心に関東まで出土例があり、前期には東北から北海道の西部までほぼ全国に分布が拡大するが、全出土遺跡数の五〇パーセントを後期が占める。北海道では前期と後期の五遺跡でみつかっている。

このヒスイとタカラガイは、沖縄から北海道まで縄文文化圏の全体で流通していたものであり、したがって全国の縄文社会で価値観が共有されていた「縄文の宝」といってよい。

三つめのイノシシだが、これは北海道にはもともと生息していない。動物境界線として有名なブラキストン線（津軽海峡）と八田線（宗谷海峡）を越えて、北海道にイノシシの分布が拡大することはなかったと考えられている。しかし道内の遺跡では、イノシシの骨や牙を利用した装飾品が頻繁にみつかる。その分布は、北は礼文島から東は釧路まで約四十遺跡を数え、時期も縄文前期から続縄文前期におよぶが、ヒスイやタカラガイと同じく後期から晩期の例が全体の七割を占める。

ニホンイノシシはＤＮＡがＡ群とＢ群の二つに分けられる（高橋 二〇〇五）。Ａ群は本州以南に広く分布し、とくに中部・東海から北日本に多い。Ｂ群は西日本のグループだ。北海道でみつかったイノシシはいずれもＡ群であり、東北地方の個体と考えられている。イノシシの骨は北海道の遺跡でも全身の部位がみつかっており、したがって生きた個体を東北地方から移入していたようだ。津軽海峡を越えて丸木舟でもちこまれていたのはまちがいなく幼獣だろう。しかし成獣の骨もみつかっていることから、道内で一定期間飼育されていた可能性もある。道南などで繁殖させた個体が、道東や道北に流通していたのかもしれない。

列島社会をつなぐもの

飼育の可能性はともあれ、なぜイノシシをわざわざ移入しなければならなかったのだろうか。

イノシシの骨は、一緒にみつかる他のほ乳類と同じように焼かれており、これを食していたのはまちがいない。しかし、北海道は陸生の大型ほ乳類ばかりでなく海獣の資源も豊かだ。実際、北海道の遺跡からみつかる人骨のコラーゲン分析によれば、縄文以降、海獣を主たるタンパク源として摂取していた人びとが多かったらしい。イノシシをただ食料とするため、わざわざ移入していたとは考えにくい。

本州でも北海道でも、遺跡からみつかるイノシシはしばしば儀礼的な取り扱いを受けており、祭りのなかで共食するものだったとおもわれる。とすれば、本州縄文社会でおこなわれていたこのような「イノシシ祭り」を北海道でも開催するため、移入していたことが考えられそうだ。つまり、縄文時代の北海道の人びとは、イノシシ祭りを生態的なちがいをこえて本州と共有しており、イノシシはおそらくヒスイやタカラガイと同じく、沖縄から北海道まで日本列島の縄文社会に共通する価値観、いわば縄文文化のアイデンティティを表象するものになっていたのだろう。

縄文時代の列島社会は、いくつかの同族的社会に分かれ、石器材料のような生活財は基本的にその内部を中心に流通していた。しかし、閉鎖的にみえるそれら同族的社会は、同時に縄文文化という共通の文化でつながっていた。亜熱帯から亜寒帯の広大な地域にまたがる縄文文化という共通のアイデンティティは、ヒスイやタカラガイ、イノシシといった「縄文の宝」の流通と、その宝にともなう祭りやイデオロギーによって生みだされ、維持されていたのではないか。「縄文の宝」とは、縄文社会という拡大された同族的社会の絆だった、といえるのかもしれない。

縄文世界を伝える人びと

幼獣で手にいれたイノシシを一定期間「飼育」（「管理」とよぶべきとの考え方もある）し、共食したとみられる北海道縄文人のこの祭り・儀礼は、近世アイヌの文化的中核をなすといわれる子グマ飼育型の「クマ祭り」を思わせる。想像をたくましくすれば、弥生文化の波及によって本州北端までが異文化するなか、北海道ではイノシシの入手が次第に困難になり、これにかわってヒグマが祭りの主役になった、という可能性も考えられそうだ。縄文時代のクマを意匠したとみられる製品はわずかだが、弥生時代に並行する続縄文時代になると、首長を葬ったとみられる全道の墓から冠に装着したクマの石製彫像がみつかる。「イノシシの祭り」から「クマの祭り」への交代を示唆するものかもしれない。

アムール河流域・サハリンのクマ祭りの起源について、新石器時代以来、中国で広くおこなわれていた辟邪《へきじゃ》のためのブタ下顎骨《かがくこつ》・頭骨の懸掛《けんが》や副葬の文化をその基層とする考え方もある（春成 一九九五）。イノシシの下顎骨を副葬する習俗は、北海道の縄文時代でもみられるから、その共通性が気になるところだ。

北海道の考古学では、アイヌのクマ祭りの起源を、サハリンから北海道に進出してきた古代のオホーツク文化に由来するとみる意見が根強い（天野 二〇〇三など）。オホーツク人が子グマを飼育し、これを殺す祭りをおこなっていたのか実際には明らかではないのだが、屋内の祭壇にクマの頭骨を祭るなどして、クマにかかわるなんらかの祭りをおこなっていたのはまちがいないからだ。しかし、もしアイヌのクマ祭りが縄文人のイノシシ祭りの変容だったとすれば、アイヌは列島の縄文人が共有していた精神的伝統を伝えていたことになるのであり、わたしたちはアイヌのクマ祭りを通じて縄文人の精神世界をかいまみることにもなるわけだ。

「縄文の宝」から「異文化の宝」へ

本州社会が弥生文化に移行しても、北海道では狩猟採集社会が続き、その土器には縄文土器と同様な縄目がほどこされた。そのためこの文化は「続縄文文化」とよばれている（以下、弥生文化に並行する時期を続縄文前期、古墳文化に並行する時期を続縄文後期とよぶ）。

北海道の人びとが本州農耕社会と異なる道を歩んだのはいったいなぜだろうか。寒冷地で農耕社会に移行できなかった、あるいは豊富な資源に恵まれて農耕社会に移行する必要がなかった、といった説があるが、七世紀以降、北海道の人びとも狩猟採集の一方で農耕を活発におこなっていた。その理由はよくわからない、というのが正直なところだろう。

この続縄文社会には本州や大陸産の製品が流通していた。

本州の製品としてはまず佐渡島産の碧玉製管玉《くだたま》がある。続縄文前期の十四遺跡から百七十点以上みつかっている。後期にはガラス玉も流通する。南海産の貝類も縄文時代より種類が一気に増え、イモガイ・マクラガイ・ホタルガイ・テングニシ・ツノガイ・ウラシマガイ・カタベガイ・ゴホウラが出土している。イモガイ製の腕輪は、長崎県佐世保市宮の本遺跡出土品と形態が同じであるため、琉球列島で採集されたイモガイが北九州で加工され、北海道にもたらされたと考えられている。

鉄製品は前期の十一遺跡から十五点出土しているが、後期には倍増する。ただし道東の羅臼町植別《うえべつ》川《かわ》遺跡の墓から出土した二点の鉄製刀子《とうす》は、鞘《さや》に銀製の装飾がほどこされており、このような特徴をもつ刀子は後漢時代を中心とした中国北部の匈奴・鮮卑の墓でみられることから、北回りでもたらされた大陸製品と考えられている。

ほかにも大陸製品の可能性があるものとしてコハクがある。道央から道東の続縄文の墓では数百から数千個のコハク玉を連ねたネックレスがしばしばみつかる。副葬品として大量に消費されていたこのコハクの産地は、北海道では日本海に面した道央の厚田《あつた》村沿岸と雨竜《うりゅう》川上流が知られているが、有望視されているのはサハリン南部東海岸のスタラドゥプスコエだ。

縄文社会と続縄文社会の交易品は、鉄器をのぞけばいずれも南島産貝製品や玉など、大きく変わらないもののようにみえる。しかし、縄文社会では縄文アイデンティティの共有の象徴だったそれらの「宝」は、続縄文社会ではむしろ異なる価値観をもつ本州農耕社会を代表するものになった。「宝」はもはや同族的社会の絆ではなく、異文化世界がもたらす珍奇なモノになったのである。そして、この質的に転換した「宝」が続縄文社会に階層化をもたらすことになり、さらにはそもそも続縄文社会が狩猟採集を「選択」した理由もこの宝の入手にかかわっていた、とわたしは考えている。

北方世界の流動化と古墳文化の鉄

古墳文化がはじまると、東北地方では南部までが古墳文化圏となった。この東北南部の古墳社会は、それ以前の社会と「断絶」するものであり、東北南部へ南の地域から大規模な集団移住があったと考えられている。移住したのは渡来系の形質で古代日本語を話す人びとだったろう。

一方、東北北部にも劇的な変化が生じていた。古墳文化の開始と同時に、北海道の続縄文後期の人びとが一気に南下してきていたのだ。この時期の東北北部の考古学的な状況についてはよくわかっていないが、東北南部から移住してきた人びとと続縄文人が混在する広大な中間領域だったようだ。続縄文人がなぜ南下したのか、議論は活発とはいいがたい。しかし、この時期、続縄文社会の鉄器化が急速に進んだことから、その目的は古墳文化の鉄器の入手にあったとみられる。実際、続縄文人は新潟県や宮城県など古墳社会の前線地帯にもその足跡を残している。続縄文後期の人びとはまた、サハリンへも往来していた。その理由はさきほどのスタラドゥプスコエ産コハクの交易がかかわっていたにちがいない。

この続縄文人の南下と同時に、サハリンのオホーツク文化人も北海道に南下を開始した。「オホーツク文化」は、サハリンで成立した漁撈や海獣猟など海洋適応に特徴をもつ文化だ。大陸のアムール河下流域の人びととかかわりが深く、また中国の唐王朝にも朝貢していた。オホーツク人は、擦文人《さつもんじん》とは異なる寒冷地適応の形質的特徴をもっており、現在サハリンに住む先住民ニブフの祖先と考えられている（菊池 二〇〇四）。

オホーツク人がなぜ北海道に南下したのか、これも定説はないが、最近、道南奥尻島《おくしりとう》の青苗《あおなえ》砂丘遺跡で四―八世紀のオホーツク文化の住居や墓が発見されて話題になった。それまでオホーツク人の南下の前線は、日本海沿いにせいぜい道央あたりまでと考えられてきたが、道南まで達していたことが明らかになったからだ。下北半島の脇野沢《わきのざわ》村瀬野《せの》遺跡でも七世紀のオホーツク土器がみつかっている。オホーツク人の南下の目的は本州に向けられていたと考えてよさそうだ。続縄文人と同様、その目的は古墳文化の鉄器の入手にあったにちがいない。

『日本書紀』五四四年の越国の報告のなかに、「粛慎《みしはせ》」の船が佐渡島の北の海岸に停泊し、漁をしながらしばらくとどまったという記事がある。この粛慎が一般に考えられているようにオホーツク人だったとすれば、かれらも続縄文人と同様、古墳社会の前線地帯までみずから出向いていたことになる。

戦うオホーツク人と大陸交易

オホーツク人は七—八世紀、北海道のオホーツク海沿岸から千島列島全域に領域を拡大し、最盛期を迎えながら、同時に大陸の靺鞨《まっかつ》系文化の人びととも交易をおこなっていた。「靺鞨」とは、南北朝から唐代にかけて中国の北方地域にいた人びとの名称だ。靺鞨系文化からオホーツク文化にもたらされたのは鉄器や耳飾り・帯金具といった装飾品であり、これに対してオホーツク文化が移出していたのは、『新唐書』流鬼《りゅうき》伝六四〇年の記事にオホーツク人とみられる「流鬼」が唐に朝貢し、テンの毛皮を献じたとあるので、おもに毛皮だったようだ。オホーツク文化と大陸の交易の活発化は、七世紀に靺鞨系の人びとが唐へ朝貢をはじめたことと関係している。しかし、八世紀後半には大陸製品の流通が激減し、オホーツク文化と大陸の関係は希薄になった。これは、靺鞨系の人びとが渤海《ぼっかい》国にとりこまれ、自由な朝貢交易活動が規制されたためと考えられる（臼杵 二〇〇五）。

興味深いのは、この時期、北海道のオホーツク人のなかで戦争が起きていたらしいことだ。たとえば、八世紀の網走市モヨロ貝塚では、石鏃《せきぞく》と骨鏃《こつぞく》を打ちこまれた二体の人骨がみつかっている。骨に残る殺傷痕から、いずれも逃げようとしているところを離れた場所から多数の人間に射られたようだ。稚内市大岬《おおみさき》遺跡でも石鏃を打ちこまれたオホーツク人骨がみつかっている。各地で殺戮がくり広げられていたのだ。七世紀以降、北海道ではあとでのべる「擦文文化」が展開しており、続縄文人の後裔であるこの擦文人は、オホーツク人と親密な関係にはなかった。しかし、モヨロ貝塚や大岬遺跡のオホーツク人を襲ったのはこの擦文人ではない。擦文人は石鏃や骨鏃はもちいていなかったからだ。この加害者は同じオホーツク人と断定できる。モヨロ貝塚は、ちょうど大陸製品の流通が激減してゆこうとする交易の転換期の村だった。戦争はこの転換をきっかけとしていたのかもしれない。

ところで、擦文人はオホーツク人が占拠していた道北やオホーツク海側の地域を避けて暮らしていたが、一〇世紀になるとこれらの地域に進出していった。そこにはオオワシ羽の移出など交易品生産がかかわっていたとおもわれる。擦文人のこの攻勢によって、オホーツク文化は擦文文化の影響を強く受けた「トビニタイ文化」に変容する。そして、擦文人の進出を避けるように知床半島から道東の太平洋沿岸にその中心を移していった。北海道のオホーツク文化は、サハリンのオホーツク文化を通じて大陸製品を入手していたが、この時点で北海道とサハリンのオホーツク文化の交流は基本的に断ち切られた。トビニタイ人は次々擦文人に同化し、その分布圏を縮小して、擦文文化が終わる一二世紀末—一三世紀はじめには、ほとんど同化されてしまったとみられる。

北海道アイヌの骨の形態は道東と道西で差が大きく、とくにオホーツク海沿岸アイヌの差は大きいとされるが、これは古代におけるオホーツク人（トビニタイ人）の同化がかかわっていたのだろう（石田・近藤 二〇〇二）。

「日本」化する狩猟採集民

七—八世紀、道南や道央へ東北北部から農耕民が移住した。かれらはそのころ東北南部以南の農耕社会から東北北部の太平洋側に大量入植した、古代日本語を話す人びとの一部だ。東北北部には北海道から南下していた続縄文系の人びともいたが、かれらは多数派の移住集団に同化した。他方、北海道に移住した人びとは在地の続縄文人を凌駕するものではなく、反対に続縄文人に同化されていった（松本 二〇〇六）。

北海道に渡ったこの移住者は、農耕民の文化を複合体としてもちこんだ。農耕関連の文物としては、穀物調理用のカマドをもつ住居、脱穀用具としての臼杵、高床の穀倉、鋤鍬や鎌などの鉄製農具がある。臼杵や高倉などは古代のスタイルを保ったまま近世アイヌに継承されていた（写真1）。しかし、この段階で伝わったとみられる文化はこれだけではない。

写真1　アイヌの高床倉庫（上）と奄美大島の高床倉庫（下）
上：東京大学総合研究資料館　1992
下：2006年12月撮影

たとえば、アイヌの機織りはいわゆる「地機《じばた》」だが、これは弥生時代の伝統を伝える古相の機織《はたおり》技術だ。アイヌの刀子は、柄元《えもと》が鞘にのみこまれる形式で柄が強く反る特徴をもつが、これは古墳時代から奈良時代の日本の刀子の特徴と一致する。サハリンアイヌが近代まで使用していた鎧《よろい》は、古墳時代から平安時代初めに用いられた挂甲《けいこう》と呼ばれるタイプだ。いずれも七—八世紀に北海道へ伝わり、定着したものだろう（石附 一九六七）。

また、アンジェリスの『第一蝦夷報告書』や、東インド会社メルテン・フリースの航海日誌によれば、アイヌは日本人のように箸で食事しており、箸はアイヌ社会の一般的な食事具となっていたようだが、これは擦文の低湿地遺跡からも例外なく出土する。つまり、この日本的な食習俗の導入と定着も、まちがいなく古代の擦文文化にさかのぼるのだ。これも移住者がもたらした文化複合の一部と思われる。

さらに、擦文文化の遺跡では本州から移入していたコメがしばしばみつかるが、アイヌの祭りや儀礼が酒宴を核としており、そのため麹が主要な移入品の一つだったことを考えると、この擦文のコメも酒づくりのため移入した麹とみるべきだろう。これと関連して興味深いのは、アイヌ語で麹のことを「カムタチ（カミタチ）」とよぶことだ。日本語でも奈良・平安時代には麹のことを「かむだち（かんだち・かみたち）」とよんでいた。麹の利用も移住者がもたらしたものであり、当時の日本語呼称が定着してそのまま近世まで残存した可能性がある。

アイヌ語のポネ（骨）・カムイ（神）・タマ（魂・玉）・ヌサ（幣）が本州中央からアイヌ語に入ったものだとすれば、その時期は室町末期以前だろうと考えられているが（中川 一九九〇）、以上のようにみてくると、これらの日本語も古代の移住者がもたらした可能性が考えられそうだ。移住者の影響は、生業の技術的な体系にとどまらず、生活様式の全体におよぶきわめて大きなものだったようだ。

「縄文エコシステム」と「アイヌ・エコシステム」

移住した農耕民の文化を在地の続縄文人が受容し、また農耕民と同化しながら成立したこの「擦文文化」は、一見本州農耕民の文化そのものだった。

たとえば、札幌市K39遺跡は北海道大学の構内を横切る道路の下からみつかった一一世紀の擦文人の村だが、ここではふつう腐食して残らない木製品がたまたまよく残っていた。そこからみえてきたのは、カマドつきの住居に住み、草履を履き、臼と杵（竪杵《たてぎね》）で雑穀の脱穀をおこない、曲物《まげもの》に水を汲み、箸で食事をする村人の姿だった。その姿は本州の農耕民と変わらない。

実際、擦文人は活発に農耕もおこなっていた。札幌市サクシュコトニ川遺跡ではキビやアワが万の単位で出土している。厚真町上幌内モイ遺跡では祭祀場跡からダンゴ状に加工されたキビがみつかっている。浦幌町十勝太若月遺跡では、海風にあおられて一気に燃え上がったとみられる火災住居跡から、土器にびっしりと詰まった脱穀済みのオオムギ、盤に盛られたシソの種子、袋詰めにされていたキビがみつかっている。アワやキビなどを千粒以上出土した遺跡は全道にあるから、全道の擦文人が雑穀類を栽培していたとみてよいだろう。

擦文人は、この農耕民化した生活スタイルを維持するため、生活必需品であった鉄器以外にも、さまざまな製品を本州から移入していた。漆塗椀・青銅製の鋺・青銅鏡・コメ（麹?）・絹織物などだが、先のK39遺跡の曲物や箸も、樹種がアスナロなど北海道にない種類であることから、やはり移入品と考えられている。多くが「日本」製品によって占められていたわけだ。

だが、これらの製品を本州から移入するための交易品は農耕の産物ではなく、狩猟漁撈の産物だった。先のK39遺跡やサクシュコトニ川遺跡も、実際にはサケ漁場に成立した漁村だ。一〇世紀以降、石狩川水系の村は例外なくサケ漁に特化しており、そこではサケの移出がおこなわれていたとみられる。道南の青苗貝塚では、交易品生産としてのアシカ猟とアワビ漁に特化してゆく姿が確認されている。道東太平洋沿岸では一一世紀以降、オオワシ羽の移出が活発化したようだ。

擦文人の社会は、農耕民化・「日本」化する一方で、交易品生産としての狩猟漁撈に大きく傾いていった。そして、単純な狩猟採集民とはいえないこのような「複合生業民」としての姿こそ、擦文人の個性であり、また中近世アイヌの個性でもあったのだ。

交易品となる特定種の狩猟漁撈に特化していった、このような擦文時代から中近世アイヌ社会のありかたを、わたしは「アイヌ・エコシステム」とよんでいる。これに対して縄文時代には、特定種の狩猟漁撈に地域社会が全体として特化してゆくことはなかった。石狩川水系の擦文人やアイヌの村は、漁場に適したサケの産卵場以外には存在しないが、縄文人は水質などによってサケの遡上しない川筋や、産卵場より奥の山間部など、いたるところに暮らしていた。さまざまな資源を多面的に利用していた擦文時代以前のこの体制を、わたしはアイヌ・エコシステムと区別して「縄文エコシステム」と呼んでいる。縄文エコシステムからアイヌ・エコシステムへの移行には、カムイ(神)など象徴的世界の転換もともなっていたが、そもそもその移行のなかで狩猟漁撈のもつ意味自体、大きく変容したのだといえる。

狩猟漁撈という同一生業の社会における制度の劇的な転換の実態については、拙著を参照いただければありがたい（瀬川 二〇〇七）。

海のノマドの世界

アイヌ・エコシステムの成立は、交易品生産としての特定種の狩猟漁撈の特化だけに終わるものではなかった。この動きのなかで、日本海と太平洋の沿岸の人びとが流通集団として組織化されていった。

道北の日本海沿岸の人びとは、一〇世紀になると、近世アイヌが「イトㇰパ」とよんで杯の底に刻んでいた「祖印」の原型とみられる記号を土器の底に刻むようになった。この時期に活発化した交易の中継によって結びついた道北日本海沿岸の人びとが、祖先を共有しながら一体化したようだ。

これと同時に、松前町からせたな町の日本海南部に、擦文文化と本州の土師器文化の融合文化が成立する。わたしはこれを代表的な遺跡の名前にちなんで「青苗文化」とよんでいる。この青苗文化はクレオールな特徴をもつ文化だったが、そのアイデンティティは明らかに擦文文化の側にあった。というのも、かれらは日本海北部の人びととイトㇰパの習俗を共有し、祖先を同じくしていたからだ。わたしは、一〇世紀の日本海沿岸に成立した、青苗文化人と日本海北部擦文人の共同体を「日本海交易集団」とよんでいる。

この日本海交易集団は、一一世紀になるとサハリンへ進出していった。その目的は、サハリンのオホーツク人を介してクロテンの毛皮やワシ・タカの羽、大陸産のガラス玉などを入手することにあったようだ（写真2）。かれらは一一世紀以降、サハリンや中国製品の中継交易に積極的にかかわって

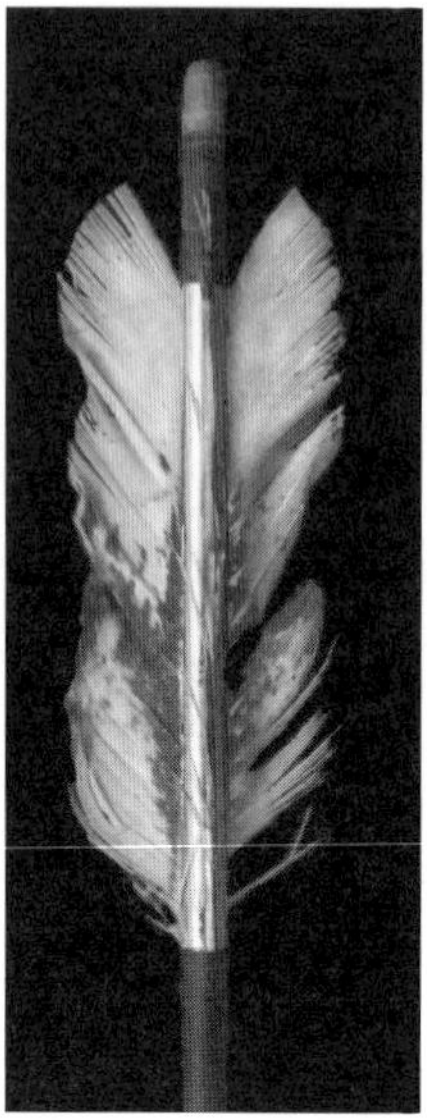

写真2　オオワシ尾羽の矢羽
松浦家旧蔵資料（長崎県平戸城）

ゆくことになった。
日本海交易集団の成立と並行して、太平洋沿岸でも動きが生じていた。道南の噴火湾から日高、さらに札幌市や千歳市など道央内陸部の人びとが、特異な馬蹄形文様の土器を特徴とする共同体、つまり「太平洋交易集団」を組織していったのだ。

海洋交易民として組織され、サハリンやその後千島へも進出していった一〇世紀以降の北海道の社会は、海のノマドの世界の幕開けだったといってよいだろう。

ところで、北海道の中世は文字史料も考古資料も限られているため、「暗黒の中世」や「ミッシング・リンク」などとよばれてきた。中世アイヌのくらしはまだ十分にはみえてこないが、かれらに関するほとんど唯一の史料である『諏訪《すわ》大明神《だいみょうじん》絵詞《えことば》』からは、このような擦文社会の交易体制を受け継いでいた中世アイヌの姿が浮かびあがってくる。同書によれば、一四世紀はじめの北海道には三種類のエゾ、すなわち「日ノ本《ひのもと》」「唐子《からこ》」「渡党《わたりとう》」がいた。このうち「日ノ本」と「唐子」は和人と言葉がまったく通じず、夜叉のような姿をしているとある。和人社会とかれらのあいだに直接的な交流は基本的に存在しなかったようだ。

これに対して「渡党」は、和人に似て言葉も大半は通じた。しかし髪や髭が多く、全身に毛が生え、近世アイヌのウケエホムシュとよばれる戦陣呪詛に似た習俗をもち、これもアイヌの特徴である毒を塗った骨鏃をもちいていた。そして、かれらは道南の松前などから和人社会であった青森へ頻繁に往来し、交易をおこなっていた。つまり渡党はクレオールな性格をもった交易集団であり、北海道と本州の交易はかれらの仲介によって成立していたのだ。その根拠地や性格から、渡党は古代青苗文化人の後裔とみてまちがいない。

その名称が中国との関係を示唆する唐子は、大陸製品の中継交易にあたっていた日本海交易集団(そのうち道北の人びと)の後裔、さらに東方の集団を意味する日ノ本は、太平洋交易集団の後裔をそれぞれ指すのだろう。一〇世紀に成立した擦文社会の流通・地域体制は、ほぼそのまま中世に継承されていたとみられる。

「バブル」としてのアイヌ文化の成立

一二世紀の終わりから一三世紀はじめころ、擦文人は鉄鍋と漆塗椀を本州から大量に移入して土器生産をやめた。北海道の考古学では、これをもって(考古学的な)「アイヌ文化」の成立とする。

このアイヌ文化の成立は、しばしばいわれるように、擦文文化の成立に次ぐ第二の「日本」化であったと評価してまちがいではない。しかしこの「日本」化が、一部でそう考えられているような、和人の侵略による擦文社会の解体や、和人への同化を意味するわけではない。アイヌと縄文人の形質的な共通性が確認されているのはすでにのべたとおりであり、擦文文化からアイヌ文化への移行は社会体制からみれば連続的で、人の入れ替わりや断絶があったとは考えられないからだ。

高価な「日本」製品の大量導入にほかならないアイヌ文化の成立は、擦文社会の経済力の充実・拡大と、社会の連続性を前提としなければ理解できないものであり、アイヌ史の大きな断絶や謎などではない。この物質文化の日本化は、現代のわたしたちの暮らしが高度成長をさかいに劇的に変化していったのと、ある意味変わらないだろう。誤解をおそれずにいえば、考古学的なアイヌ文化の成立とは、擦文文化という経済の高度成長期における一種の「バブル」だったのではないか。

参考文献

天野哲也　二〇〇三　『クマ祭りの起源』東京：雄山閣。
石田肇・近藤修　二〇〇二　「骨格形態にもとづくオホーツク文化人」『北の異界』東京：東京大学総合博物館。
石附喜三男　一九六七　「アイヌ文化における古代日本的要素伝播の時期に関する一私見」『古代文化』一九巻五号。
臼杵　勲　二〇〇五　「北方社会と交易」『考古学研究』五二巻二号。
菊池俊彦　二〇〇四　『環オホーツク海古代文化の研究』札幌：北海道大学図書刊行会。
瀬川拓郎　二〇〇七　『アイヌの歴史——海と宝のノマド』東京：講談社選書メチエ。
高橋　理　二〇〇五　「ニホンイノシシの分布・サイズ・変異」増田隆一・阿部永編『動物地理の自然史——分布と多様性の進化学』札幌：北海道大学図書刊行会。
東京大学総合研究資料館　一九九二　『異民族へのまなざし』
中川　裕　一九九〇　「『ことば』が語るアイヌ人と和人の交流史」北海道・東北史研究会編『北からの日本史　第二集』東京：三省堂。
中村和之　一九九九　「北の『倭寇的状況』とその拡大」入間田宣夫・小林真人・斎藤利男編『北の内海世

界――北奥羽・蝦夷ヶ島と地域諸集団』東京：山川出版社。
春成秀爾　一九九五　「熊祭りの起源」『国立歴史民俗博物館研究報告』六〇号。
藤尾慎一郎　二〇〇二　『縄文論争』東京：講談社選書メチエ。
松本建速　二〇〇六　『蝦夷の考古学』東京：同成社。

第二章　琉球王国における貢納制の展開と交易

——「琉球弧」域内統合と交易システム

岡本弘道

一八九三年に宮古島農民がはじめた人頭税廃止運動は、沖縄先島《さきしま》地域（宮古・八重山諸島）の庶民の惨状を日本全国に知らしめることとなった。「人頭税」とは琉球王国時代からおこなわれていた貢納制度である。一八七九年のいわゆる琉球処分以後も「旧慣温存」政策によって、ほぼ旧来のまま存続し、とくに宮古・八重山諸島の人びとを苦しめたとされる。たとえば、人頭税廃止運動にやや先行して一八九三年夏に宮古・八重山を訪れた笹森儀助は、『南島探験』のなかで「尚《な》ホ正租民費《せいそみんぴ》共人頭ニ賦課シ、絶《たえ》テ免税ノ典ナシ、此窮民真《このきゆうみんまこと》ニ憐《あわれ》ムヘシ。先島群島総《すべ》テ此観《このかん》ナリ」と、疲弊した村むらに科せられる人頭税の理不尽さを力説している。

先島の悲惨な状況は、近世琉球末期の一九世紀なかばまでにはすでに大きな問題となっていた。一八五六年、琉球王国の首里王府は翁長親方《オナガウエーカタ》を使者とする検使を先島に派遣して、八重山については「長い間疲れがみえるうえ、近年は飢饉、災変等が打ち続き人口も大分減少し、また、風俗も悪くなり、したがって百姓は極めて難儀していると聞き及んでいる。王府としては甚だ気遣《きづか》わざるをえない状況にあり、今年の秋から来年の春まで御検使を派遣して仕置を調べるよう仰《おお》せつける」（黒島 一九九〇）。しかし、事態に目立った改善はみられず、一八七三年には改めて冨川親《トミガワウエーカタ》方らが派遣されている。

従来は、琉球王府による人頭税徴収の過酷さが、こうした状況にまで民衆をおいつめた原因とされていた。しかし、そうした人頭税のイメージは、現実とは相当にギャップのあるものであることが、近年、次第にあきらかとなってきた。人頭税制度を地域レベルの社会システムの側面からみると、つぎのようなことがいえる。一七世紀以降の近世琉球期においては、薩摩―首里王府、首里王府―地方《じかた》（間切《まぎり》・村）、地方―百姓というそれぞれの統治レベルごとに徴税のあり方は異なっていた。そして、首里王府への貢納額は百姓の負担のなかでかならずしも大きな比率を占めていたわけではなかった。

いっぽう、自明の前提として語られている琉球王国＝首里王府による先島の支配という現実も、かならずしも歴史の必然とはいいきれない。先島の統治体制が確立した近世琉球期にあっても、数人の在番役人をのぞき、実際の統治をになうのは在地の有力者層であり、王府の統制は限定的なものにとどまっていた。

では、「人頭税」に代表される琉球王国時代の貢納制は、どのようにして琉球弧全域をおおうようになったのか、いいかえれば、どのようにして首里王府を頂点とする琉球弧域内の統合がなされるにいたったのか。地域としての琉球弧の形成と発展は、交易とどのような関連性をもっていたのか。そして、交易のメカニズムは社会秩序・社会制度をいかに規定したのか。本章では、琉球弧の歴史を「人頭税」前史として見なおしながら、とくに八重山に重点をおいて琉球弧の地域性を交易システムとの関連から考えてみよう。

「琉球弧」の時期区分と三つの「文化圏」

地理的概念としての「琉球弧」は、南西諸島ともよばれ、九州島から台湾島にいたるまでの島々を指す。北から大隅《おおすみ》諸島・トカラ列島・奄美諸島・沖縄諸島・宮古諸島・八重山諸島が弧状につらなり、その東南に大東諸島、西北に尖閣諸島を擁する、全長一二〇〇キロにもおよぶ広大な島嶼域である。

図1　琉球弧の三文化圏（高宮 2005）

あたかも東シナ海と太平洋のあいだを区切るかのように円弧状に断続的につらなっていること、そして、約五百—六百年まえにその大部分が琉球王国によって政治的に統合されたことから「琉球弧」と称されるのである。琉球弧の島々は諸島ごとにまとまりをもちつつ、となりあう島がおおむねたがいに見えるていどの距離で点在している。古来、琉球弧の人びとも視界のとどく島づたいに往来し、交流していたのであろう。島づたいのルートにおいて航海上の難所とされているのは、トカラ列島周辺海域の「七島灘《しちとうなだ》」、そして、沖縄本島と宮古島のあいだに約三〇〇キロつづく海域である。とくに後者の海域は両島がたがいに視認できないほど遠くへだたっているため、有視界航行による原始的な航海技術では恒常的に往来することはできない。

この二カ所の航海上の難所を境界として、琉球弧の文化圏は北部文化圏・中部文化圏・南部文化圏の三つに大別することができる。本書でも角南が説くように、考古学的成果からも、これら三つの文化圏がその内部であるていどまとまった文化を共有していることが知られる。九州南部の文化の影響が強く、その延長で理解しうる北部圏に対し、中部圏は九州以北の文化の影響を受けつつも独自性を維持しつづけており、一一世紀ころまで狩猟・漁労・採集にもとづく縄文文化的社会が継続する。宮古・八重山諸島からなる南部圏は、少なくとも一〇世紀以前においては北部圏・中部圏とは別個の、台湾以南の文化の影響を受けた独自の文化圏を形成していた。三文化圏が歴史的条件を共有するようになる一一―一二世紀以降も、南部圏は相対的に独自性を保っていた。このような文化圏の区分は、哺乳類・鳥類・昆虫類などの分布ともほぼ対応している。

琉球弧の歴史学・考古学における時期区分の概念は、わたしたちが教科書的に知っている九州以北のものとはずいぶん異なっている（図2）。古来、日本とは別個に存在していた琉球・沖縄の時代区分が、時代がくだるにつれて徐々に日本に近づいていき、接合するにいたるさまは、独立国であった琉球王国が薩摩藩の附庸国《ふようこく》をへて明治日本に併合されるという、従来の文献史学的な解釈を反映している。しかし、近年の考古学研究の進展によって、琉球王国以前の琉球弧の歴史も九州以北の日本と交易を通じて密接に結びついており、このような単純な構図にはおさまらないことが知られるようになった。

考古学的な知見によると、琉球弧北部・中部の縄文時代は約六千七百年まえから約二千三百年まえとされている。その開始期は日本の縄文時代とくらべて数千年くだり、縄文文化は日本から南下して琉球弧北部・中部の島嶼社会にも相当ていど共有されたと思われる。長い時間をかけて縄文文化は徐々に亜熱帯の環境に適応し、琉球独自の展開をみせていった。さらに先島においては沖縄諸島以北とは異なる時代変遷をたどっており、有土器時代のあとに無土器時代をむかえ、これがいわゆる貝塚時代の後半期までつづく。このように、九州以北と琉球弧では歴史的展開において異なる様相を示し、さらには琉球弧域内でも地域により相当に異なった様相を示すのである。

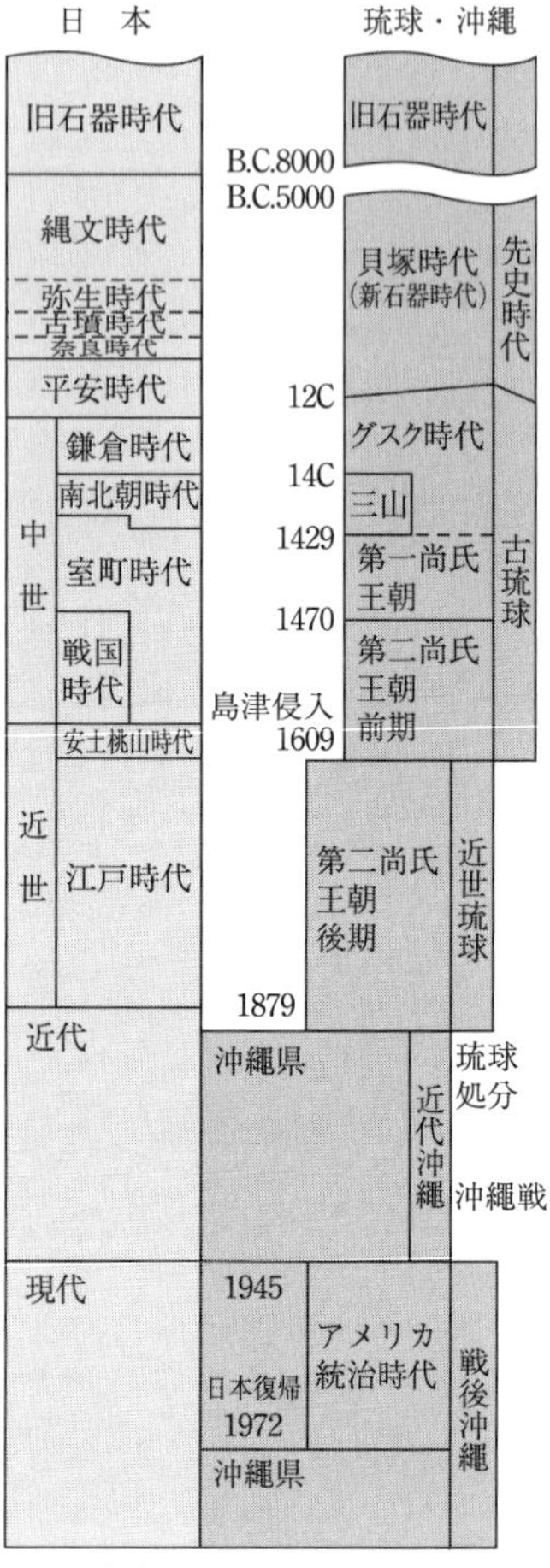

図2　琉球・沖縄と日本の時代区分
(高良・田名編 1993)

琉球弧における貝交易の展開と交易

九州以北の日本が弥生―農耕文化に移行する紀元前二・三世紀ごろから、琉球弧地域は独自の展開をみせるようになる。出土遺物などから琉球弧北部・中部と九州以北との交流は確認できるものの、農耕文化についてては受容した様子がみられないのである。農耕文化への九州以北と琉球弧の対応を分けた原因とはいったい何だったのだろうか。一番の原因は、琉球弧がもつ豊かな自然資源、とりわけ海洋資源に求められる。この時期（紀元前二・三世紀―一〇世紀以前）の琉球弧の集落遺跡は、基本的に海に隣接して存在しており、そのなかから出土する食物の残滓《ざんし》にも魚貝類が多くみられる。おそらくこうした集落でも採集されていたであろうもののなかにゴホウラ・イモガイなどがある。これらの貝がらを加工した貝輪の多くは、とくに九州から西日本にかけての墳墓から身分の高い人物が大量に身につけた状態で出土しており、当時の社会にあって威信財、つまりそれを所有する者の権威を表示する財貨として機能していたとみられる。これらの貝は日本近辺では琉球弧海域でのみ産出することから、日本の弥生文化段階においてはすでに琉球弧海域とのあいだに恒常的な貝の交易圏が形成されていたことになる（木下 一九九六）。

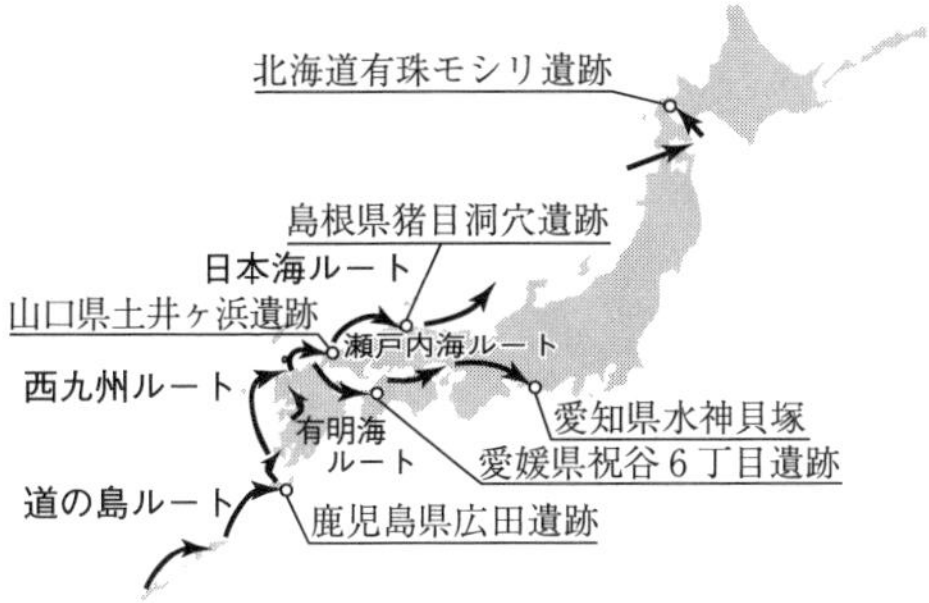

図３　ゴホウラ・イモガイの貝交易ルート（沖縄県史 2003）

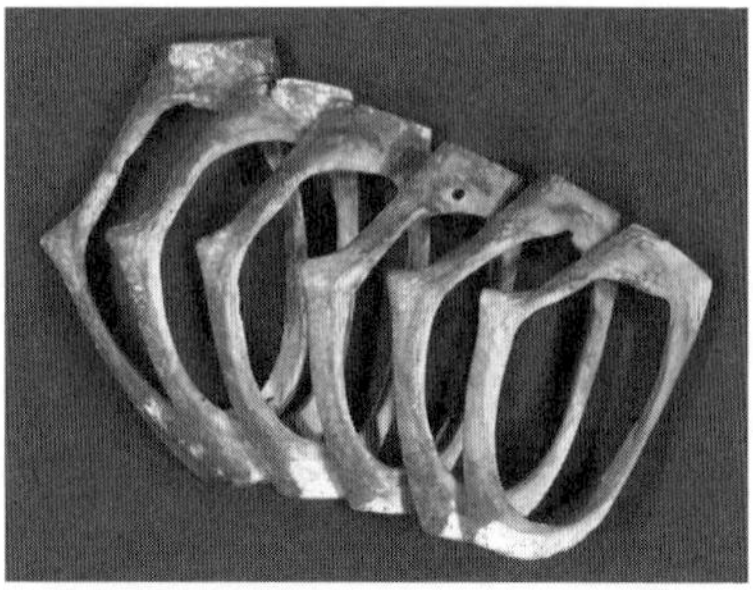

写真１　ゴホウラ製の貝輪（沖縄県史 2003）

琉球弧社会が弥生文化との接触機会をもちながら農耕文化を受容しなかった理由についても、むしろ貝交易を通じて必要な物資を入手できたために、あえて農耕にふみだす必要性がなかったのではないかという考え方が主流になりつつある。この時期の琉球弧にとって、貝交易の源泉となる海産資源、そして食料をふくめてそれら海産資源をはぐくむ海こそが社会のよりどころであった。

七世紀なかごろに唐によって編纂された『隋書』には、東南の海上にある「流求」では首長を頂点とする階級社会が存在し、好戦的で独特な社会・風俗をもつ人びとが住んでいたと書かれる。同じ七世紀のヤマト朝廷においても、「掖久人《やくひと》」などと記される「南島」の人びとがたびたび朝貢などの名目で登場しており、奄美以南の琉球弧が「南島」として九州以北の日本と交渉している様子が文献資料に記録されている。

とくに注目されるのは、ヤコウガイをめぐる交易である。近年の考古学的調査の進展により、奄美大島を中心にヤコウガイが集中して出土する遺跡が複数知られるようになった。七世紀から一一世紀前半までに比定されるこれらの遺跡については、交易にそなえてヤコウガイを集積していたとする解釈が優勢であり、一般にヤコウガイ集積遺跡として知られている（高梨 二〇〇五）。なぜこの時期からヤコウガイが大量に集積されるようになったのだろうか。正倉院に保管されている宝物のなかにヤコウガイを原料にもちいた螺鈿製品が存在することから、この時期以降、螺鈿の材料としてヤコウガイ需要が高まったからではないかと考えられている。もっとも、ヤコウガイをもちいて螺鈿をつくる技術は日本においては少なくとも八世紀以降にしか確認できないことから、ヤコウガイ交易の開始を唐における螺鈿製作と関連づける見解も存在する（木下　一九九六、二〇〇三）。ヤコウガイ交易とあわせて注目されるのが、奄美大島ととなり合う喜界島《きかいじま》で発見された城久《ぐすく》遺跡群である。その使用時期は九―一〇世紀ころの第一期と一一―一二世紀の第二期に大別され、第一期は太宰府の出先機関として、第二期はおそらく博多周辺を拠点とする外来商人の影響下で交易拠点として存在していたと考えられる。

日本においてヤコウガイ需要が飛躍的に高まるのは一〇世紀から一三世紀までの時期とされるが、この時期の日本の螺鈿細工は貝厚の厚い貝殻の大きな切片をもちいる一枚貝の技法が主流であったから、ヤコウガイ、とくに大きなものは珍重された。奥州平泉の中尊寺金色堂の装飾はヤコウガイをふんだんにもちいており、その総数は確認できるだけでも二万七千を超えるという。奈良・平安時代併行期から鎌倉時代平行期にかけての奄美諸島周辺地域と九州以北とのあいだの政治的・経済的関係、とくに一〇世紀以降のヤコウガイ需要の増大はその交易圏をより南へ、中部文化圏南部の沖縄諸島から南部文化圏の宮古・八重山諸島までひろげてゆく。

写真２　近世琉球期につくられたヤコウガイ螺鈿盆（九州国立博物館 2006）

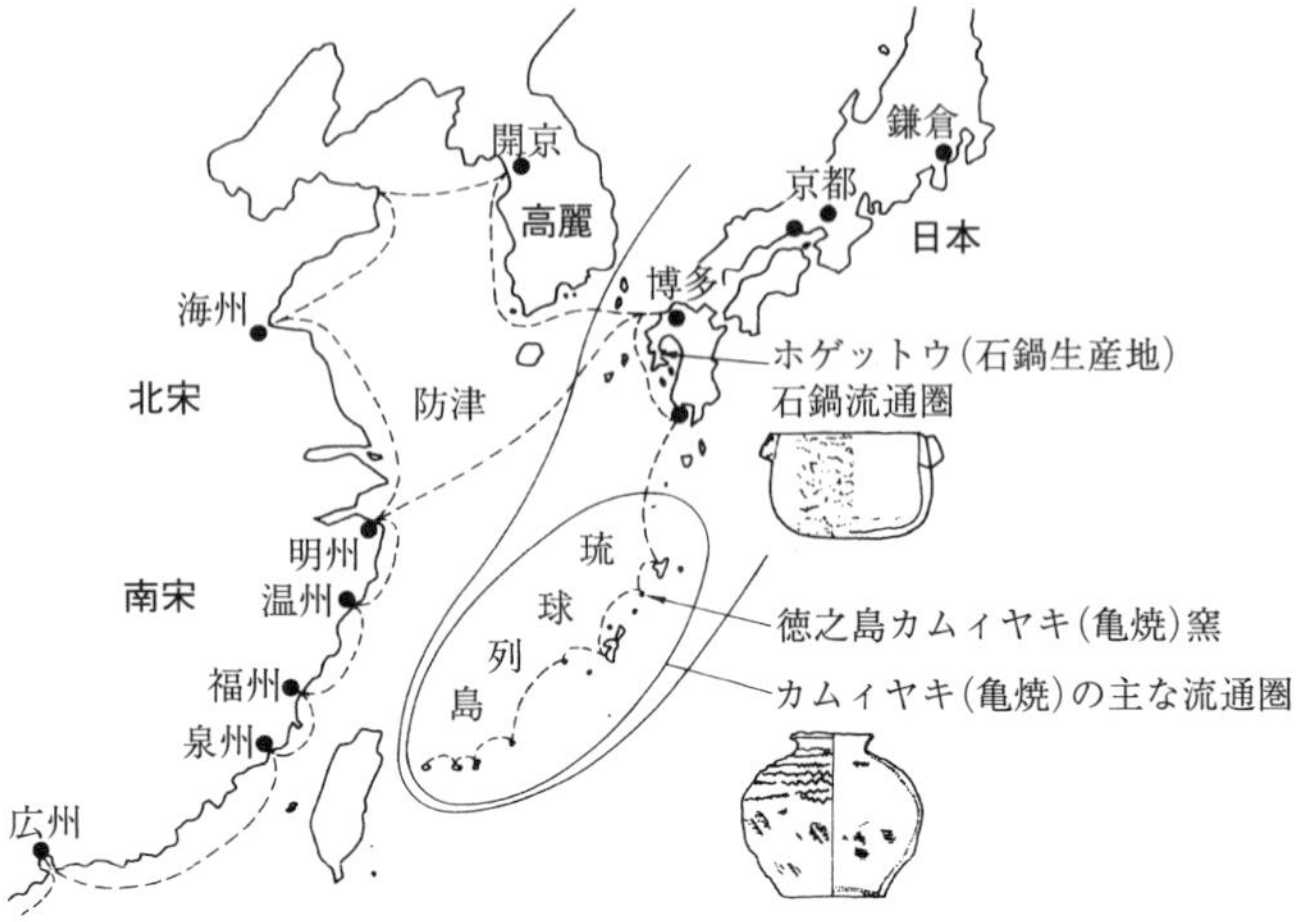

図４　11～12世紀の東アジアと琉球の交易（豊見山 2003）

琉球弧の中部文化圏から南部文化圏のほぼ全域において一一世紀以降の遺跡から、カムィヤキ（亀焼）と呼ばれる土器や滑石製の石鍋、中国製白磁などが大量に出土するようになる。モノとしてのこれら出土品については角南の第四章にゆずるが、博多周辺を拠点とする宋商人の活動にともない商品としてひろまったとみられている。これらの交易品が琉球弧のほぼ全域に流通するようになったことが、各個に展開されてきた文化圏の営みを琉球弧全域で共有させる契機となったと考えられる。その対価として琉球弧域内の島嶼社会から提供されたのが、ヤコウガイおよび赤木《あかぎ》・檳榔《びんろう》・ホラ貝・硫黄《いおう》など、南海でのみ産出する物資であったと想定されている。

琉球弧は紀元前からすでに九州以北の日本と交易を通じて結びついており、交易を社会構造の中心にすえていたとも考えられている。そうしたことを理解しようとするとき、互酬と再分配にもとづく非市場交易が現地支配層によって管理交易として運営されつつ、現地の階層社会化とその維持に結びつくという高梨（二〇〇五）のヤコウガイ交易モデルはきわめて示唆に富んでいる。

グスク時代への移行と「初期中山王国」論

カムィヤキ・石鍋・中国白磁などの琉球弧への流入と相呼応して、琉球弧は各地に「グスク」が形成されるグスク時代へ移行していく。グスクは一般に漢字の「城」で表記されるが、その実体は九州以北の日本でいう城とはかなり趣きを異にする。多くのグスクは石垣をともなうがかならずしも城塞とはいえず、多くの場合聖域をともなうが大型のグスクになると内部に住居他の施設もふくみ、生活の場ともなっていた。

グスク時代は、一二世紀から一五世紀、さらには一六世紀初頭ごろまでつづくとされる。その下限は琉球王国時代とかさなる。グスク時代に起きた琉球弧の変化として、「拠点としてのグスクが造営された」「鉄の道具が普及した」「農耕・牧畜の普及・定着」「内陸部の開発が進んだ」「階級社会へと転換し王国形成へと進んだ」「海外との交易がさかん」「琉球圏が形成された」といったことがあげられ、グスク時代が琉球弧の歴史の転換点であったとされる。琉球弧在地の土器も、グスク土器とよばれる、従来の深鉢形土器の伝統とはまったく異なる球形土器が主流となる。この土器の形態の変化も、カムィヤキや滑石製石鍋の流入の影響を受けて、その形態が在地土器にも取り入れられた結果とみられる。グスク時代への移行とそれにともなうさまざまな変化をうながしたのが、ヤコウガイに代表される日本の南海産品への需要にともなう交易のひろがりであったことはほぼまちがいない。

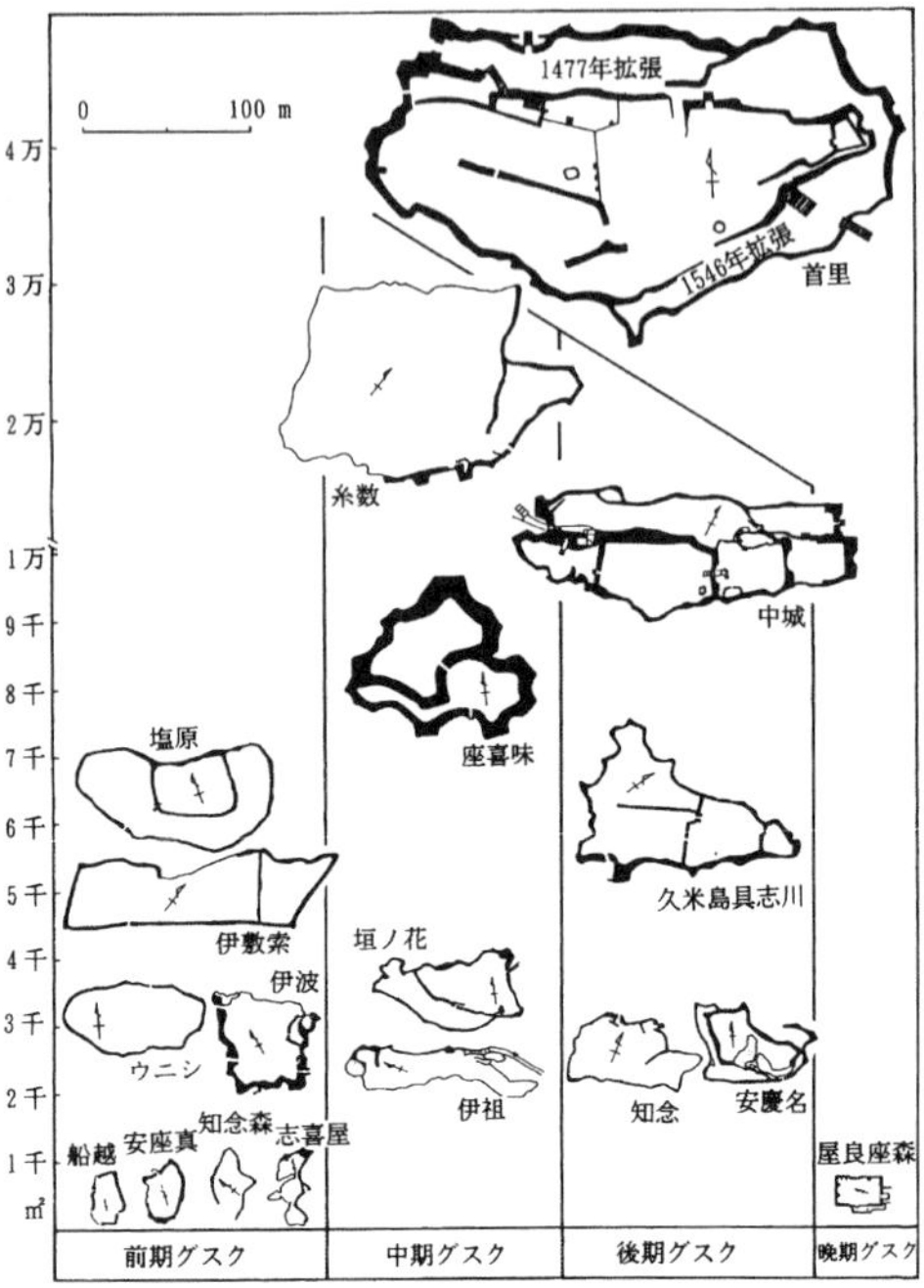

図５　石積グスクの規模の変遷
前期グスク＝13〜14世紀の野面積みグスク
中期グスク＝14〜15世紀の野面積み・切石積み併用グスク
後期グスク＝15世紀の切石積みグスク
晩期グスク＝16世紀中葉に構築、増強された切石積みグスク
（安里 1990）

グスク時代の集落遺跡は貝塚時代の集落遺跡よりも内陸に形成され、農耕主体の社会を営むようになったことは、それまでの海産資源依存の生活とくらべるときわめて大きな変化である。この時期、九州以北から琉球弧への大量の人の流入があったらしいことについては本書第四章で角南が述べている。農耕への移行も、このような変動にうながされたものであろう。しかし、近世琉球期ですら農業生産力の面ではけっして十分とはいえない琉球弧において、この移行が短期間のうちにとどこおりなく実現したとは考えにくい。琉球弧は九州以北とくらべても台風などの自然災害の危険性がとりわけ大

きく、安定した食料生産はのぞめない。農耕にも重要な意味をもつ鉄器は基本的に琉球弧域外との交易によって入手せざるをえず、そのためにもグスクの主たる首長層が海上交易に関与していたと想定される。グスク時代開始前後に農業志向の強い九州以北の外来人口が大量流入し、社会生業の大変化が起きたにせよ、依然として琉球弧社会と交易とは密接な関係を保ちつづけたと考えられる。

もっとも、わかっていない点はまだ多い。たとえば、九州以北のヤコウガイ需要が後退する一二世紀後半から一三世紀においても、中国製陶磁は各地の遺跡から相当量が出土しているが、これら外来の鉄器や貿易陶磁の対価はどういった商品だったのか。出土する貿易陶磁の量や質、さらにはグスク時代に各地で造築されたグスクの規模を考えると、相当に重要な価値をもつ輸出交易品を想定しなければならない。この点で「初期中山王国」論は非常に興味深い議論である。安里（二〇〇六）はグスクのなかでもとくに面積二〇〇〇平方メートルを超え、複郭構造をもつグスクを大型グスクとして抽出し、大型グスクの正殿およびそのまえに配置される御庭《ウナー》の配置・構造が共通する点に着目する。そして、そのなかでもとくに巨大な浦添《うらそえ》グスク・首里城を超巨大な「王のグスク」とみなし、さらに中山王の王陵である浦添ようどれの発掘調査もふまえて、一三世紀段階から浦添を中心に沖縄諸島一円に支配圏をもつ「初期中山王国」が存在していたのではないかとする。一三世紀といえば、後代に著述された『中山世鑑《ちゅうざんせいかん》』、『中山世譜《ちゅうざんせいふ》』などの歴史書では英祖《えいそ》王の王統が琉球を統一支配していたとされる時期である。従来は後代に創作された伝承とみなされてきたが、「初期中山王国」論はそのような見方に再検討をせまる仮説として注目される。

「琉球王国」の成立と琉球弧域内社会

琉球王国の存在と活動を文献史料から確認できるようになるのは、一四世紀後半、中国大陸で新たに明朝が成立してからのことである。洪武五年（一三七二）、明朝の洪武帝は琉球に対し、朝貢関係を結ぶよううながす使者楊載《ようさい》を派遣する。琉球側ではこれにこたえて、中山の察度王《さっとおう》が弟の泰期《たいき》を正使とする使節団を派遣し、明朝と琉球の朝貢関係が開始される。以後、『明実録』など明朝側の漢籍史料のなかに、琉球に関する記述がのこされるようになる。一三八〇年前後には、中山にくわえ、山南・山北といった各勢力からも朝貢使節が明朝へ派遣されるようになり、一四二〇年代までこの三勢力が並行して朝貢をおこなう「三山時代」がつづくとされる。このような明朝との朝貢関係およびそれを通じておこなわれる対中貿易をテコに、琉球は一五世紀初

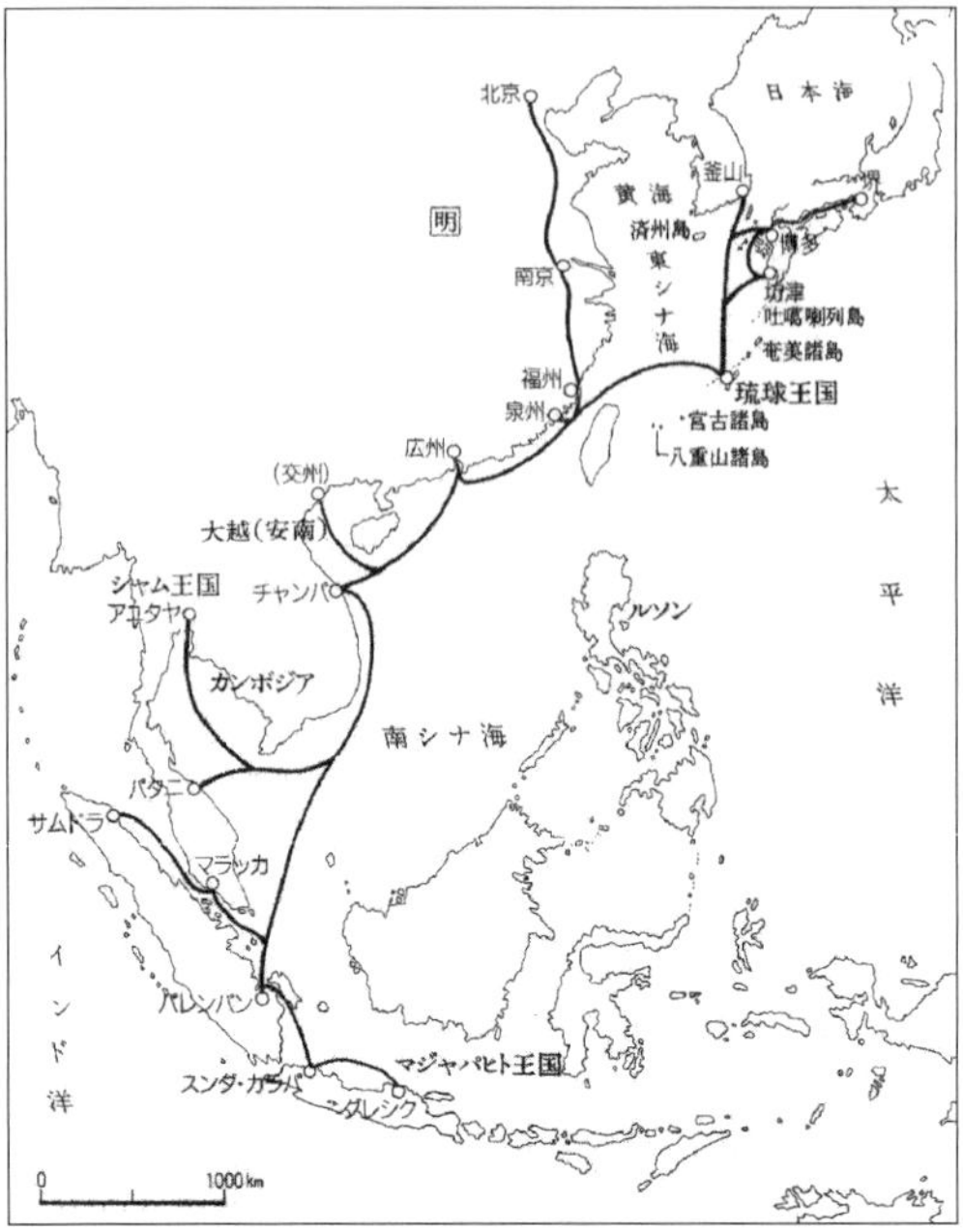

図６　琉球王国の交易ルート（豊見山・高良編 2005）

頭までにはみずから海上交易を運営する交易主体として成長する。いっぽう明朝は国内の民間人が勝手に海外と往来することを禁止する海禁政策をとったため、東アジア・東南アジア海域の交易をになっていた中国海商の活動が後退し、琉球の海上交易活動の重要性はさらに高まっていく。

琉球の海上交易は、一般に「中継貿易」として知られている。中国と日本・朝鮮、そして東南アジア地域の産品の流通を相互に「中継」する役割をになうことによって利得を得るのが琉球の海上交易の基本構造とされている。その変遷の総体を統計的に確認することは容易ではないが、琉球─明朝間の朝貢使節往来の変遷をみるかぎり、琉球─明朝間の朝貢使節往来は一四世紀末から一五世紀なかばまでを最盛期とみなすことができる。琉球の対中貿易の趨勢もおそらく同様だったと推定される。

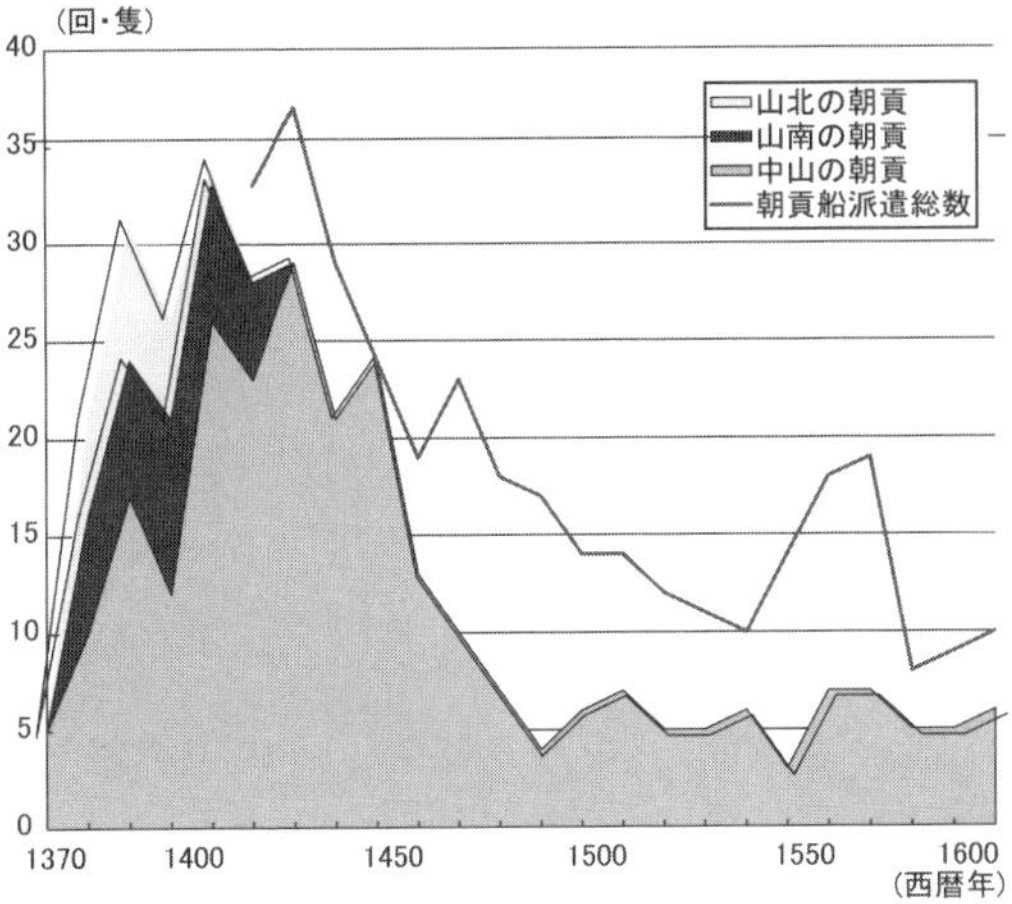

図7　10年期単位の琉球朝貢動向（岡本 1999）

いっぽう、琉球王国の交易は「中継貿易」とされたため、それ以前の琉球弧で主要な交易品であったヤコウガイのような琉球弧域内の産品に注意があつまることは少なかった。琉球から明朝への朝貢品として大量に貢献された硫黄などわずかな品目をのぞけば、琉球弧が交易品の産地として評価されることはほとんどない。この時期の琉球弧域内の産品をどう位置づけたらよいだろうか。

あるていどまとまった史料がのこされている事例として、『歴代宝案』に琉球から明朝への「特殊朝貢品」の品目リストがある。「特殊朝貢品」とは、通例の朝貢とはべつに、皇帝の即位・国王の冊封（任命）・その他皇帝の恩義に対する謝恩などの名目で貢献された品のことである。特殊朝貢品は通例の朝貢品（明代は原則として馬と硫黄）よりも多くの品目をふくみ、時期によって品目の出入りがある。この特殊朝貢品のうち、琉球弧域内で産出する品目の時代的変遷に注目すると、一五世紀前半は螺殻《らかく》（ヤコウガイ）・海巴《かいは》（タカラガイ）・磨刀石など、採集によって得られる原材料が中心である。しかし、一六世紀以後になると、芭蕉布《ばしようふ》・土夏布《どかふ》などの加工製品、あるいはベニバナなどの栽培作物が中心になるという変化がみられる。

ヤコウガイについては、正統元年（一四三六）三月に、琉球国の使節各人が持ちこんだ海螺殻《かいらかく》九十・海巴五万八千が申告漏れとして没収されたという記事が『明実録』にみられる。この数字は貝交易の規模として大きいとはいえず、おそらくは民間レベルでの貝交易の規模を大筋で示すものであろう。さらに翌正統二年二月、浙江市舶提挙司《せつこうしはくていきよし》の提挙《ていきよ》である王聡《おうそう》が琉球使節の持ちこむ海巴・螺殻を官に納めるべきと上奏したのに対し、皇帝は「それを取りあげたとしていったい何の役に立つのか」として却下している。螺鈿原料としてのヤコウガイ需要が日本では一三世紀以後低下していったことはすでに述べたが、これは中国・朝鮮においても同様であった。ヤコウガイのような貝厚の厚い貝の大きな切片で螺鈿をつくる技法から、アワビのような貝厚の薄い貝のこまかな切片をくみ合わせて文様をつくる技法に変化したことが原因である。したがって、一五世紀の明朝におけるヤコウガイの需要を高く見積もることはできない。この時期の琉球の海上交易が「中継貿易」として認知されたことも、それを裏づけている。

ヤコウガイのような琉球弧域内の産品が交易品としての重要性を低下させていくなかで、新たな琉球弧と広域海上交易とを媒介するシステムが必要とされていた。「琉球王国」登場の意義もじつはそのようなところに求められるべきなのかもしれない。

琉球王国の領域統合と「貢納制」

すでに述べたように、琉球の対明朝貢は一五世紀なかごろ以降、縮小傾向をみせる。それとほぼ対応して、琉球王国が沖縄本島から周辺の島々へ領域を拡大する動きをみせるようになる。ただし、一四四〇年代までにすすめられていた奄美・喜界島方面への進出と、一五世紀末以後の宮古・八重山方面への進出とは区別して考える必要があろう。奄美・喜界島方面は、琉球王国の成立以前からすでに交易センターとしての機能をもっており、琉球王国からみても対日本交易のルート上非常に重要な要所であった。また、同じ中部文化圏にあってながらく交流を維持してきた歴史がある。いっぽう、宮古・八重山方面は相対的に関係が希薄であった。『中山世鑑』、『中山世譜』など、後代の歴史書によれば、一二六四年には久米島・慶良間《けらま》・伊平屋島《いへやじま》から、一二六六年には奄美大島からの入貢があったとされる。対して、宮古・八重山からの入貢の開始は一三九〇年のこととされる。史料の信憑性にやや疑問がのこるとはいえ、ここに記される宮古・八重山との関係の希薄さは実情を反映したものと思われる。

琉球王国の貢納を示す語として、「ミカナイ」と「ミササゲ」という言葉が知られている。もともとはともに（不定期の）貢納物を意味していたこの二語が、琉球王国の領域拡大と定期的租税としての「ミカナイ」の広がりにともなって分化していくのが一五世紀後半以降である（入間田・豊見山 二〇〇二）。ただしそれも沖縄本島と周辺の各島々で度合いが異なっており、その意味合いもまた異なっていた。『朝鮮王朝実録』にみられる、一五世紀後半期の朝鮮人漂着民送還にかかわる八重山方面の見聞記録のなかには、与那国島に漂着した朝鮮人漂着民が島づたいに移送され那覇から朝鮮本国に送還される過程がことこまかに報告されている。ここから、琉球王国と宮古・八重山間の往来ルートが確立していたことは確認できる。しかし、そのルートを通じておこなわれた「入貢」は不定期のものであり、政治的従属を示すというよりむしろ交易とよぶべきものであったと考えられている。

宮古・八重山と琉球王国の関係が一変するのは一五〇〇年のアカハチ・ホンガワラの乱以後のことである。この事件において、石垣島の首長アカハチ・ホンガワラと宮古島の首長仲宗根《なかそね》豊見親《とうゆみゃ》との対立に首里王府が介入してから、宮古・八重山にも首里王府の実効支配がおよぶようになったというのが『世鑑』『世譜』などの理解である。一五〇九年につくられ、尚真王の業績が列挙された「百浦添《ももうらそえ》之欄干之銘《のらんかんのめい》」にもこの時の遠征が記されており、大事件であったことをうかがわせる。しかし、統治の実態をみると、近世琉球にいたるまで在地の地役人層が先島統治を主導しており、首里王府の関与は少ない。

首里王府はなぜ大軍を派遣してまで八重山遠征を実施したのだろうか。近世琉球初期における八重山の人口五四八二人、石高六六三七石（いずれも一六四七年）という数値をみるかぎり、八重山からの貢納物が経済的に大きなウェイトを占めていたとは考えにくい。むしろ、宮古と八重山のあいだの紛争に介入することによって尚真王の権威をみせつけ、本島など他の地域での統治をより強固なものにするという、政治的動機によるものと考えるほうが自然であろう。もちろん、一五世紀後半以降の対明朝貢の減少にともなう貢納体制の強化という側面も考えられる。

いっぽう、八重山は一四世紀末以降、徐々に琉球王国を中心とする経済圏に組みこまれていく。アカハチ・ホンガワラの乱鎮圧後は、首里王府の支配に服し、貢納を通じて王国中心の経済圏との結びつきをいっそう強めていく。しかし、八重山の支配層がおおむね従来からの地位をおびやかされることはなかった。これは琉球の対明朝貢がしだいに減少するなかで、より安定した再分配構造へ向けて、システムが再構築された結果とみることができる。一六〇三―〇六年に琉球に滞在した袋中《たいちゅう》は域内諸島からの貢納の内訳を記録しているが、コメを除くとそれぞれの貢納物は重複しておらず、琉球弧レベルでの分業体制の一面をうかがわせる（入間田・豊見山 二〇〇二）。ここにいたって、琉球弧の交易・流通システムは琉球王国と一体化しながら、王国の政治体制に沿うかたちで再編成されていく。

近世琉球における貢納制

一五世紀前半までに、琉球弧のほぼ全域を統合した琉球王国は、一六〇九年の薩摩藩による侵入を受けて、幕藩体制の一角に組みこまれることとなった。薩摩藩は琉球王国に対し慶長検地《けいちょうけんち》をおこなって石高制《こくだかせい》を適用するとともに、薩摩藩への貢納を義務づけた。琉球史では近世琉球とよばれるこの時期に、琉球王国はその体制を大きく変容させていくこととなる。もっとも、慶長検地にせよ、石高制の適用にせよ、当時の琉球の実態にはそぐわなかったようで、石高制の論理は地方レベルには浸透せず、王国のなかでは従来どおりの貢納関係が維持されたと考えられている。琉球から薩摩藩への貢納も当初はコメ以外の産品が中心であった。とくに古琉球期から「太平布《たいへいふ》」の産地として知られていた宮古は、土地面積・人口にくらべて格段に高い石高が計上されたが、貢布による相殺が期待されてのことと思われる。

八重山に関しては、宮古ほど高い石高は計上されていない。しかし、八重山の人口およびそれにもとづく生産力がそれほど高くないことを考えれば、やはり過大な石高・貢租額であった。慶長検地で定められた石高数は、のちに紆余曲折をへて、一六五九年には人数の増減に関係なく貢租額を固定する「定額人頭税」の導入にいたる。以後、明治にいたるまで約二四〇年間貢租額は固定されたままであった。一七世紀に琉球弧にひろまった甘藷《かんしょ》（サツマイモ）のおかげもあり、一七世紀後半から一八世紀なかばにいたるまで、八重山はその人口をめざましく増加させた。しかし、一七七一年のいわゆる明和の大津波によって八重山の人口は激減し、のちには災害もたびかさなり、人口停滞の時期をむかえる。大津波という自然災害を契機とするとはいえ、その後の停滞はとくに地方役人と庶民のあいだで顕在化した貢納制のシステム不全によるところが大きい。こうして、先島は

図 8　近世八重山の人口動態（高良 1989）

「人頭税」に苦しむようになる。

紀元前後からゴホウラ・イモガイなどの貝交易によって九州以北と分岐し、ヤコウガイ交易によってさらに発展した琉球弧の域内社会をおおう交易・流通システムは、やがて琉球王国という新たな交易システムを生みだした。しかし、その琉球王国も対明朝貢の減少にともなって、交易偏重のシステムから貢納制にもとづく地域システムへと変容をとげた。宮古・八重山をふくむ地域統合もその過程で実現したものである。この地域システムは近世琉球期にいたって相応に整備されたものの、明和の大津波のような急激な変化に十分対応できるものではなかった。

先島地域における地域システムのガバナンスは、明治以降の激動の時代にあってたえず模索しつづけられ、現在もなお進行中の課題である。その意味で、本章の射程は決して過去の出来事にとどまらないのである。

参考文献

安里　進　一九九〇『考古学からみた琉球史　上――古琉球世界の形成』おきなわ文庫五三、那覇：ひるぎ社。

――――　二〇〇六『琉球の王権とグスク』日本史リブレット四二、東京：山川出版社。

池田榮史　二〇〇七「古代・中世の日本と琉球列島」『東アジアの古代文化』一三〇号。

入間田宣夫・豊見山和行　二〇〇二『北の平泉、南の琉球』日本の中世五、東京：中央公論新社。

岡本弘道　一九九九「明朝における朝貢国琉球の位置付けとその変化――一四・一五世紀を中心に」『東洋史研究』五七巻四号。

（財）沖縄県文化振興会公文書管理部史料編集室（編） 二〇〇三 『沖縄県史 各論編2 考古』那覇：沖縄県教育委員会。

沖縄国際大学南島文化研究所（編） 二〇〇三 『近世琉球の租税制度と人頭税』東京：日本経済評論社。

木下尚子 一九九六 『南島貝文化の研究』東京：法政大学出版局。

――（編） 二〇〇三 『先史琉球の生業と交易―奄美・沖縄の発掘調査から――6―7世紀の琉球列島における国家形成過程解明に向けた実証的研究』改定版、熊本：熊本大学文学部。

九州国立博物館（編） 二〇〇六 『うるま ちゅら島 琉球』太宰府：九州国立博物館。

黒島為一 一九九〇 「人頭税」琉球新報社編『新琉球史 近世編（下）』那覇：琉球新報社。

高梨 修 二〇〇五 『ヤコウガイの考古学』東京：同成社。

高宮広士 二〇〇五 『島の先史学――パラダイスではなかった沖縄諸島の先史時代』那覇：ボーダーインク。

高良倉吉 一九八九 『琉球王国史の課題』那覇：ひるぎ社。

高良倉吉・田名真之（編） 一九九三 『図説 琉球王国』東京：河出書房新社。

豊見山和行（編） 二〇〇三 『日本の時代史18 琉球・沖縄史の世界』東京：吉川弘文館。

豊見山和行・高良倉吉（編） 二〇〇五 『街道の日本史56 琉球・沖縄と海上の道』東京：吉川弘文館。

第三章　アイヌの北方交易とアイヌ文化
——銅雀台瓦硯の再発見をめぐって

中村和之

アイヌと北方交易

一九世紀までアイヌの人びとは活発に交易をおこなっていたというと、多くの人は意外に思うのではなかろうか。少し前までは、研究者ですらそうだった。アイヌの生活は自給自足で、交易があったとしてもそれはごく小規模なものであり、しかも、南の和人の交易活動に巻きこまれるかたちで、交易に従事していたと考えていたのである。しかし、実際には、アイヌは、北のサハリン（樺太）の南半分に居住していたし、間宮海峡を越えてアムール河下流域の先住民とも交易・交流をしていた。また、東の千島（クリール）列島については、ラッコの毛皮を獲得するために季節的な出猟をおこなっており、北千島にまで居住域を拡大していた。このように、現在では、アイヌは日本と北東アジア世界とを結びつける役割をしたと考えられている。

アイヌの北方交易は、サンタン交易とよばれる。サンタンとは、アムール河の下流域に住むオルチヤやニヴフなどの先住民の呼び名であり、山丹・山靼・三靼などとも書かれる。サンタン交易によって、蝦夷錦《えぞにしき》や青玉などがもたらされたが、ごく小規模なもので影響も小さいとされてきた。

しかし、佐々木史郎のサンタン交易の研究は、これまでの北方先住民についてのイメージを完全にくつがえすものであった（佐々木 一九九六）。佐々木は、ニヴフ（旧称はギリヤーク）の人びとに、ヤ（ya）という貨幣単位が存在することを明らかにした。貨幣を使うのではない。ニヴフの人びとは、コインを手に入れてもせいぜい飾り物に使う程度である。しかし、いろいろな品物には、それぞれに何ヤという価格がつけられていたというのである。しかも、ヤとは満洲語のヤン（yan＝両）から生まれた単位で、清の両を通じてロシアのルーブルともつながっていた。一九世紀ロシアの民族学者であるレオポルト・フォン・シュレンクは、ニヴフの一ヤはだいたいロシア人の二ルーブルであると指摘している。ちなみに、当時の一両は二ルーブルであった。このような交易民としてのニヴフの姿は、これまでいわれてきたような、自然と共生する北方の先住民のイメージとはかけ離れたものである。では、サハリンでニヴフと隣りあっていたアイヌはどうだったのか。じつは、アイヌ語にも値段を意味するブンマということばはあるが、ニヴフのヤのような貨幣単位をもっていたかどうかはわからない。

このように、アイヌを含む北方先住民の研究は、交易を切り口にすることで、これまでにはなかった新しい成果を生みだしつつある（榎森 二〇〇七）。本章では、北方交易を中心に、アイヌの交易とアイヌ文化との関係について考えてみよう。

サハリンから来た硯

二〇〇七年の春、北海道でひとつの発見があった。実際には再発見というべきであろうが、江戸時代に北海道南部を支配していた松前藩の藩主、松前家に伝来していた瓦硯《がけん》が八四年ぶりに松前町に戻ったのである。『北海道新聞』(二〇〇七年四月七日朝刊全道版)の報道によれば、その瓦硯とは、かの三国時代の曹操《そうそう》が建てた銅雀台《どうじゃくだい》という建物の瓦で作った硯《すずり》だというのである。曹操は、三国志では劉備・関羽・張飛や諸葛亮《しょかつりょう》(孔明)の敵役であるが、稀代の英雄であることもまた事実である。そんな人物にゆかりのある品物が、なぜ北海道に伝わっていたのであろうか。

この硯について、松前藩の家老であった松前広長が一七八〇年に完成させた『福山秘府《ふくやまひふ》』の文明十七乙巳の条には、

伝に云う。是の歳、北夷より瓦の硯が出《い》でた。是は東漢の魏の曹孟徳の築いた所の銅雀台の瓦である。

と記されている。文明一七年(一四八五)に、北夷《きたえぞ》、つまりサハリンから北海道に銅雀台の瓦硯が伝わったというのである。

ここで東漢《とうかん》といっているのは、現在でいう後漢のことである。曹操は字《あざな》を孟徳《もうとく》といい、二一六年に、後漢の最後の皇帝である献帝《けんてい》から魏王に任じられた。だから「東漢の魏の曹孟徳」を現在の表現に直

図1　銅雀台瓦硯（左・表、右・裏）（松前城資料館蔵）

すと、「後漢の時に魏王だった曹操」ということになる。曹操が二一〇年に鄴《ぎょう》（現在の河南省安陽）に建てた銅雀台は、銅で作られた雀の像がすえつけられていたのでこの名がある。当時としては非常に高い建物だったようで、その落成の時に、曹操の三男の曹植《しょく》が作った「銅雀台賦《ふ》」はよく知られている。

さて、この銅雀台の瓦で硯を作ることは、中国でおこなわれており、瓦硯は日本にも伝わっていたという記録がある。しかし、曹操といえば、邪馬台国の女王・卑弥呼のころの人物である。卑弥呼は、二三九年に曹操の孫である魏の明帝（曹叡《えい》）に朝貢している。そんな古い時代のものが、一四八五年にもなって、しかもサハリンから伝わるなどということが本当にあるのであろうか。

そもそもこの硯は、どんな理由で銅雀台の瓦の硯とされているのであろうか。わたしは、現在は松前城資料館に陳列されている硯を、調べる機会を与えられた。瓦の表面には、上段に篆書《てんしょ》体の文字が左右に一六文字ずつ彫られている。中段には左右に六文字ずつ、下段には三五の文字が彫られている。中段と下段の文字は篆書体ではない。下段の左側には「洪武辛未重九」という文字が読みとれる。裏面には、大きく「建安十五季」の文字が浮き彫りになっており、その上には銭貨の形が彫られている。中央に四角い穴があいた丸い銭である。建安一五年（二一〇）は銅雀台が完成した年で、この年号が、銅雀台の瓦という解釈を生んだ根拠のひとつであろう。しかし、表面の下段にみえる「洪武辛未重九」とは、明の洪武二四年九月九日のことで、西暦に直せば一三九一年一〇月七日にあたる。建安一五年とは千年以上の隔たりがあり、本当に銅雀台の瓦で作ったものなのかという疑念が生ずる。わたしは、銅雀台の瓦の真贋については判断する能力がないので、この問題はここではしばらくおくとして、洪武辛未について検討してみたい。銅雀台の瓦が本物だったとしても、そうでなかったとしても、硯が洪武二四年以前に作られたものであれば、洪武辛未と刻むことは可能である。もちろん、後世の偽刻《ぎこく》、つまりのちの時代に刻まれた可能性もないではない。しかし、洪武辛未という年代は、とくに古い年代ではなく、わざわざ刻む価値があるとは思えない。洪武辛未については信用してよいであろう。では、一体どうやってこの硯が、一三九一年から一四八五年までの約九十年のあいだに、サハリンを経由して北海道に持ちこまれたのであろうか。その疑問を解くために、硯がもたらされた一五世紀から少し時間をさかのぼって、元の時代のサハリンの状況から検討してみよう。

元の東征元帥府とサハリン

モンゴル帝国（一二七一年からは元と称する）は、アムール河の下流域にある現在のティル村に東征元帥府をおき、この地域を支配するための中心とした。それより以前、金の時代にはここにヌルガン

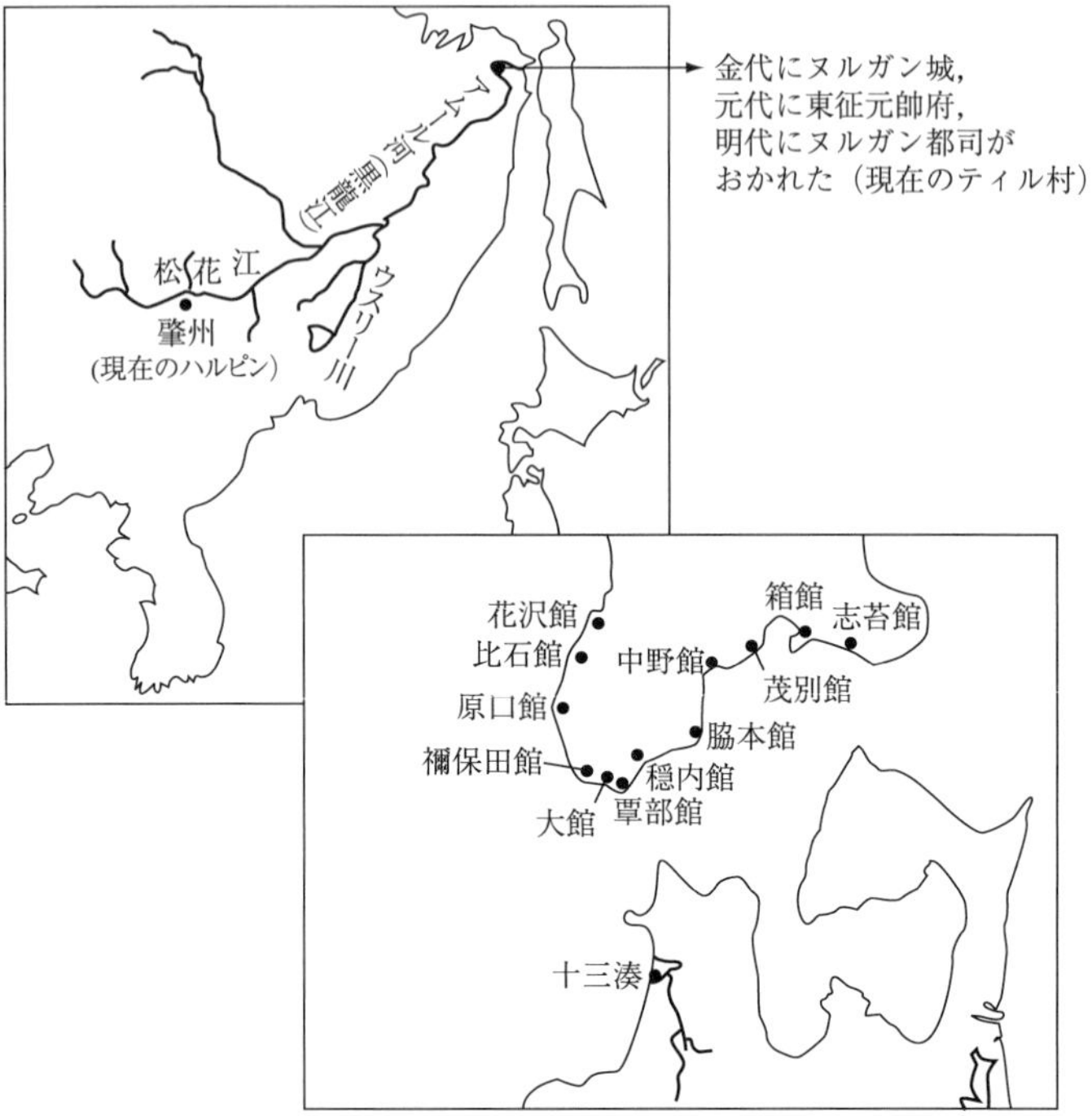

図２　13-15世紀の北東アジアと北海道・東北

（奴児干）城がおかれたという記録がある。ヌルガン城の位置や規模、それにどのような機能をもったものであるかについては、わかっていない。しかし、金がアムール河の下流域にヌルガン城をおいていたことからみて、金がサハリンにも力をおよぼしていた可能性は高い。

また、『高麗史』の一二八七年の記事には、「東真《とうしん》の骨《ク》嵬《イ》の国」に駐屯していたモンゴルの将軍が元に戻る途中で高麗に立ち寄り、王妃に拝謁したという記録がある。当時の高麗王妃・クトゥルクガイミシュは、クビライ・カアンの娘だったからである。さて、東真というのは、金の終わりころに、蒲鮮万奴《ほせんばんど》という人物が立てた東夏《とうか》という地方政権の別名である。東夏（東真）は、一二一五年から一二三三年までのわずか十八年間しか存在しなかったが、金の東北辺の領土を継承していた。さきの記述では、東真が、骨嵬の国を従わせていたようにみえる。骨嵬とはアイヌのことであり、オルチャ語などのツングース諸語やニヴフ語などで、アイヌを意味するクイ（kuyi ; kuyi ; kui）を漢字の音であてたものである。したがって、骨嵬の国とはサハリンを意味しているのであろう。ちなみに、現在の中国では、サハリンのことを庫《ク》頁《イエ》島とよんでいるが、あて字が違うだけで、音は同じである。モンゴル帝国の軍事的圧迫に直面し、わずかに十八年しかつづかなかった東夏が、新たにサハリンにまで勢力を伸ばす余力があったとは思えない。金の時代の領域がサハリンにまで伸びていて、東夏がそれを一時的に継承したと考えるのが自然である。このように考えると、金の勢力はアムール河の下流域から間宮海峡を越え、サハリンにまで到達していたと考えるのが自然であろう。

元代の東征元帥府は、おそらくは金の支配体制を引き継ぐかたちでアムール河下流域とサハリンに支配をおよぼした。元代の東征元帥府がいつ設置されたのかははっきりしないが、その機能としては、先住民の支配、流刑囚の管理、屯田の経営などがあげられ、恒常的な機関であったことがわかる（中村 二〇〇六）。

流刑囚の管理について少し述べておくと、元の時代、重罪人はアムール河の最下流のヌルガンへ流し、罪の軽い者は松花江沿いの肇州《ちょうしゅう》に流した。なお、ヌルガンへの流刑は元統年間（一三三三―一三三四）までつづけられていたことがわかっており、長期間にわたるものであったことがわかる。なお、同じ時期の蝦夷《えぞ》ヶ島（北海道の南部）もまた重罪人を流刑するところであった。罪人を流刑するのは鎌倉幕府の任務であり、現地で罪人を監督したのは、津軽半島の十三湊《とさみなと》に根拠地をおく安藤氏であった。安藤氏は、幕府の執権であった北条氏の被官である。ちょうど同じ時期に、北海道とアムール河の河口近くが、日本と中国の流刑地であったというのは、不思議な符合といえよう。

モンゴル帝国・元による屯田の経営は、一二八六年に始まり、何度かの中断があったようだが、一三一九年までは、アムール河下流域で屯田を経営していたことが確認できる。屯田の設置は、軍隊の食料の確保をめざしたものであるから、元がアムール河下流域からサハリンにかけての地域に、継続的な統治をめざしていたことがわかる。

モンゴルの交易ネットワークとアイヌ

モンゴル帝国は、かつては残虐な侵略者として描かれてきた。それは、モンゴル帝国の侵略を受けたロシアや東欧諸国で著しい。二度にわたる元寇を経験した日本でも同様であった。しかし、一九八〇年代以降、杉山正明ら日本のモンゴル史研究者が明らかにした新しいモンゴル帝国のイメージは、それらとはまったく逆といってよい（杉山・北川 一九九七）。たしかにモンゴルは殺戮をおこなったが、それはあくまで征服にあたって抵抗された場合にかぎられ、最初から降伏の意志を表した者に対しては、税金を納めることを条件に、それまでの生活を認めていた。ほんの数回あった殺戮の事実をみずから意図的にひろめることにより、相手の恐怖をあおり立て、降伏するようにうながしたというのである。モンゴル帝国に従った者は、少額の商税を納めるだけで、モンゴル帝国の交易ネットワークのなかで交易をおこなうことができた。このような繁栄の時代を「大モンゴルの時代」とよぶこともある。

第五代のカアン（皇帝）となったクビライ・カアンの時代、モンゴル帝国はユーラシア大陸から東アジアの海の世界に進出した（杉山 一九九五）。一二七四年と一二八一年の二度にわたる元寇もその一環であったし、前後してジャワ遠征などもおこなっている。クビライ・カアンが即位した直後の一二六四年に、モンゴル軍ははじめてアイヌを攻撃している。その理由は、サハリンに住むニヴフがアイヌの侵入をモンゴルに訴えたためと『元史』には記されている。しかし、もちろんこれはモンゴルの側の記述である。この後、約四十年間にわたって、モンゴル軍とアイヌとの戦いが断続的につづく。『元史』や『国朝文類』（『元文類《げんぶんるい》』）などの史料にその記録が残されている。この断続的な戦いを、モンゴル帝国とアイヌとの戦争と解釈する研究者もいるが、わたしはその考えには同意できない。その理由としては、まずモンゴル軍の行動が防御的で、侵入してきたアイヌを追い払う以上のことをしていないことがあげられる。それに、『国朝文類』のアイヌ関係の記述が、各地の農民反乱や宗教結社の蜂起の記事と一緒にされており、高麗や日本などモンゴル帝国が攻撃の対象とした国家との戦争とは別の項目にまとめられていることも指摘できる。おそらく

図3　劉貫道「元世祖出猟図」
（台湾故宮博物院蔵）

は、ニヴフとアイヌとの交易上の争いに、モンゴル軍が介入したといった程度の小規模な紛争であったと思われる。

一方、元代の北京の地誌である『析津志《せきしんし》』には、アイヌが「野人《やじん》」というツングース系の人びとと沈黙交易をしていたことが記されている。野人がサハリンに小屋をもうけて中国の物資を置いていくと、アイヌが「銀鼠」の毛皮を持ってきて交換するというのである。この銀鼠は、冬の毛皮が純白で尾の先が黒いとあることから、オコジョであることがわかる。オコジョの冬の毛皮はアーミンとよばれ、一四世紀のフィレンツェの商人であるペゴロッティが書いた『商業指南』の商品リストにも取りあげられている。この本は、大モンゴルの時代に、ユーラシア大陸をまたいだ遠隔地交易がさかんにおこなわれたことを示す記録として有名であるが、このなかにオコジョの毛皮は千枚単位で売られることが書かれている。

モンゴル帝国では、貴族や高官が参加する特別な宴会を年に十三回ひらいていた。その宴会は、ジスン（jisun）の宴とよばれた。ジスンとは、モンゴル語で色を意味し、全員が同じ色の衣装を着て参加することになっていた。少数の支配者で広大な領土を支配していたモンゴル帝国は、新しくモンゴル帝国に従った者たちとの一体感を高める必要があった。ジスンの宴はそのような目的でひらかれたものであった。マルコ・ポーロの『世界の叙述』（『東方見聞録』）によれば、十三回の宴のなかで、もっとも重視されたのが、正月にひらかれた「白い宴」であった。この「白い宴」では、身分の高い人たちは白い毛皮を身につけた。カアンが、白い毛皮を着ていたのはいうまでもない。劉貫道「元世祖出猟図」に描かれているのは、ジスンの宴に出席しているクビライ・カアンではないが、オコジョの毛皮で作ったコートを着ている。白い毛皮に、点々と黒い筋のようなものがついているが、これがオコジョのしっぽの黒い部分である。

モンゴル帝国の勢力がサハリンに進出すると、モンゴルの商業ネットワークもまたサハリンにおよんだ。モンゴル帝国には、オコジョの毛皮に対する需要があったため、アイヌを含むサハリンの先住民たちは、モンゴル帝国と中国の巨大な毛皮の需要にうながされるかたちで、オコジョの毛皮の生産に向かったのである。なお、野人が交易した中国の物資とは、元への朝貢の見返りとして下賜されたものであり、そのなかには絹織物もあったと思われる。これらの品物は、アイヌの手によって南に運ばれ、北海道南部の道南十二館とよばれる館《たて》の支配者を経て、彼らの主人であった安藤氏のもとにもたらされたと考えられる（図2参照）。アイヌと野人とが、沈黙交易という特殊なかたちをとって交易をおこなっていたのは、モンゴル帝国・元とアイヌとのあいだの紛争がつづいていたため、モンゴル帝国・元に従っていた野人がアイヌとは直接に接触できなかったためであろう（中村 二〇〇五）。

このように、モンゴル帝国がユーラシア大陸を支配した大モンゴルの時代には、アイヌも活発な毛皮交易をおこなっており、アムール河下流域・サハリン・北海道・東北北部という遠隔地交易の担い手として活躍していた。もちろん、そこにはアイヌだけでなく、和人やニヴフなども入りまじって行動していたであろう。その意味で、この時代に西海《さいかい》で活動していた倭寇《わこう》になぞらえて、この時期のアイヌと和人、アイヌとニヴフの混じりあった状況を「北の倭寇」とよぶこともできる（中村 一九九九）。

明のイシハの遠征とヌルガン都司

一三六八年に、明が南京を首都として成立し、やがて元を北京から追いだした。元の勢力は、万里の長城をはさんで明と対峙する状況がつづいた。元も明も、アムール河下流域にまで支配をおよぼす余力がなく、しばらくは混乱がつづいたらしい。

やがて、明の第三代皇帝である永楽《えいらく》帝が、甥である二代目の建文《けんぶん》帝から位を奪って即位すると、自分が重用した宦官を各地に派遣した。南海遠征の鄭和《ていわ》がもっとも有名であるが、チベットに派遣された侯顕《こうけん》や内陸アジアに派遣された李達《りたつ》などをあげることができ、アムール河下流域に派遣されたイシハ（亦矢哈）もそのひとりである。イシハの遠征は、鄭和のそれに比べると規模は小さく、あまり知られてもいない。しかし、北東アジア史に与えた影響は、見すごすことができない（寺田 一九八四）。

イシハの遠征について、のこっている史料は永楽一一年（一四一三）の「勅修《ちょくしゅう》奴児干《ヌルガン》

図4 「重建永寧寺記」拓本
（市立函館博物館蔵）

図5　間宮林蔵『東韃地方紀行』にみえるティルの図（内閣文庫蔵）

永寧寺《えいねいじ》記」（以下、永楽碑とよぶ）と宣徳八年（一四三三）の「重建永寧寺《じゅうけんえいねいじ》記」（以下、宣徳碑とよぶ）という二つの石碑と『明実録《みんじつろく》』である。この二碑は、現在はウラジオストークに移され、永楽碑が沿海地方国立アルセーニエフ総合博物館に陳列されている。また、宣徳碑は、同館の分館である国際展示館の前庭に置かれている。しかし、一九世紀末まではティルに立てられており、一八〇九年に間宮林蔵がアムール河の船上から遠望して『東韃地方紀行』に図をのこしている。ただし、間宮は石碑の文字を確認したわけではない。

　永楽碑によれば、イシハは、一四一一年にヌルガン（奴児干）都司をティルに設置し、翌一四一二年には帰還した。この年の冬に、また皇帝からの命令を受けているので、一四一三年の春に氷が融けるとともにティルへおもむいたのであろう。この年の秋に、永寧寺を建立したことは碑文に明らかであり、この碑文の日付は永楽一一年九月二

図６　吉林市の阿什哈達明代造船遺跡
（2007年７月、三宅俊彦氏撮影）

二日（一四一三年一〇月一六日）となっている。おそらく、翌一四一四年には帰還していたのであろう。

明の支配は、一方に朝貢交易、もう一方に仏教という宗教をもちいたものであった。イシハらは、大量の物資をヌルガン都司に持ちこみ、朝貢交易を展開した。明はそのために、現在の吉林省吉林市に造船所をおいて「巨船」を建造した。造船所の跡には、岩を平らにして文字を刻んだ、磨崖《まがい》石碑が現在ものこっている。イシハは女真《じょしん》（女直《じょちょく》）族のなかの海西女直の出身であり、明はイシハを任用することで、野人女直といわれるアムール河下流域の住民をうまく支配しようとはかったものであろう。イスラム教徒の鄭和を、イスラム教徒が多く住む東南アジア・南アジアの海の世界に派遣したのと、同じ意図を読みとることができる。イシハの活躍によって、明はごく短期間のあいだに、アムール河下流域に対する支配体制を確立することができた。また、サハリンにも三つの衛《えい》をおいたという（榎森 二〇〇三）。

しかし、このような明の支配がどの程度まで現地に浸透したのかは疑問である。ヌルガン都司が設置されたといっても、明の役人や軍隊がティルに恒常的に滞在したのではない。イシハがティルとのあいだを往復するのに合わせて、ヌルガン都司が中国内地に撤収していた時期もあったと推定されている。このような状況のなかで、永寧寺が破壊されるという事件が起こった。この事情は、宣徳碑にくわしく記されている。永寧寺を破壊したのは、アムール河下流域に住んでいたツングース系の野人とニヴフであった。このことは、仏教を利用して支配を円滑に進めようとした明側の意図が、先住民には受け入れられなかったことを示すものといえる。

宣徳碑の日付は、宣徳八年三月一日（一四三三年三月二一日）である。イシハは、翌一四三四年には帰還していたことが、『明実録』の記事でわかる。そして、これがイシハの最後の遠征となった。イシハの遠征軍は二千人を数えることもあり、元代に比べて規模の大きいものであった。その一方、元代の東征元帥府にくらべて、明代のヌルガン都司は安定を欠くものであったといえる。流刑囚の管理や屯田の経営など、モンゴル帝国・元がこの地域で展開したような政策を、明代のヌルガン都司の経営については見いだすことができない。明の影響力についても、軍勢の移動にともなう一過性の性格が強い。瞬間風速的には影響が大きかったであろうが、極めて不安定なものでもあったのである。

ヌルガン都司の衰退とその影響

『明実録』などの記載から類推して、ヌルガン都司は一五世紀のなかばには機能を停止し、実質的に消滅したようである。おそらくは、明の正統帝《せいとう》がオイラトのエセン・ハンの捕虜となった、一四四九年の土木《どぼく》の変《へん》を画期として、北東アジアに対する明の影響力が低下するのであろう。

北方における交易の縮小は、元代以降、交易への依存を深めつつあったアイヌ社会に大きな影響をおよぼさずにはいなかった。一四五六年、現在の函館市にあった志海苔《しのり》の鍛冶屋村で、アイヌの男性が鍛冶に小刀を注文し、その価格をめぐって言い争いになったため、鍛冶がアイヌの男性を殺害するという事件が起きた。このことがきっかけとなり、コシャマインの戦いが始まったのである。この事件は、はなはだ示唆的である。和人とのあいだで、館《たて》や湊《みなと》の取り合いではなく小刀、つまり鉄製品の交易をきっかけにこれだけ大規模な戦いが起きたということは、一体どういうことであろうか。

筆者は以下のように考えている。明の朝貢交易の縮小によって、絹織物などの中国製品を手に入れられなくなった。アイヌは、和人から鉄を購入する際に、自分たちが生産した乾しサケや昆布などの海産物と交換するしかなくなった。アイヌにとっては、あらためて鉄製品が高価なものと感じられるようになったのであろう。これが、アイヌの男性と鍛冶との争いの直接の原因であった。むろん、コシャマインの戦いの原因はこれだけではない。アイヌと和人との対立の激化という事情もある。しかし、北方交易の利益が小さくなったことが、その背景にはあったのである。

なお、一四三〇年代から、明の対外政策は縮小の方向に転換しつつあった。北東アジアでは、土木の変という突発事件のために劇的な変化が起きたが、東アジアの各地で、小さくなった交易の利益をめぐって対立が激化していた。いくつかの地域では、戦いに発展したり、新しい体制が再構築されたりした。目を南に転ずると、沖縄では第一尚氏《しょうし》王統が重臣の金丸《かなまる》によって滅ぼされ、金丸が即位して尚円《しょうえん》と称した。こうして第二尚氏王統が成立するのだが、これは一四七〇年のことである。

コシャマインの戦いと、それにつづく蝦夷ヶ島の戦国時代は、一五五一年に「夷狄《いてき》の商舶往還《しょうはくおうかん》の法度《はっと》」という和人とアイヌとの取り決めによって平和を取り戻すまで、百年近くもつづいた。この間に、現在の北海道上ノ国町の花沢館の館主であった蛎崎《かきざき》氏が台頭する。蛎崎氏は、道南十二館の館主のなかで支配的な地位を占めるようになり、さらに豊臣秀吉に臣従して安藤氏からの独立を認められる。独立した大名となった蛎崎氏は、松前氏と名乗りを変え、徳川家康からアイヌとの交易の独占権を認める文書を与えられて、松前藩の藩主となるのである。このように考えると、蝦夷ヶ島の戦国時代も、明という巨大帝国の動向と無関係ではなかったことがわかる。

北方交易とアイヌ文化

一四四九年の土木の変から三十年以上たった一四八五年、銅雀台の瓦で作ったという硯が蛎崎氏のもとにもたらされた。当然のことながら、アイヌの手をへてもたらされたはずである。この中国製の硯が蛎崎氏のもとにまで持ちこまれた経緯に、明のヌルガン都司とサハリンの三つの衛が関係しているであろうことは、容易に想像ができる。ヌルガン都司や永寧寺にかかわる事務や諸記録のために、筆や硯は必須のものであったはずである。そのようにして持ちこまれた硯が、ヌルガン都司の機能の停止によってティル近辺に置き去りにされた。それがあとになって北海道の南部にまで持ちこまれたのであろう。下賜品として先住民に硯が与えられたこともありうるのだが、『明実録』にはそのような記載がなく、可能性としては高いとはいえない。

しかし、硯が北海道にまで持ちこまれた事情はそれほど単純ではない。アムール河下流域からサハリンにいたる地域の先住民のなかに、この硯は価値がある、この硯を所有しようと思う人が何人もいなければ、この硯は北海道の南部にまで届かなかったからである。実用的には意味をもたないが、所有していることで持ち主の権威を高める品物のことを威信財《いしんざい》という。この硯は威信財の一種として交易されたと思われるが、わたしは、のちの時代のアイヌ社会で、硯が威信財とされた例を知らない。この硯の持ち主たちは、ほとんどが文字を書けなかったであろう。それにもかかわらず硯を持っていたということは、文字を書くこと、文書を作ることについて、なにがしかの権威を感じていたことの証拠といえよう。その意味で、この時期の北方先住民社会でも地位の高い人たちは、今日では考えられないほど中国の権威を受け入れ、中国化された感覚をもっていたのかもしれない。

すでにのべたように、一五世紀なかばから明の勢力はアムール河流域から姿を消した。ふたたび中国の勢力がこの地域におよぶのは、一八世紀になって清の辺民《へんみん》支配がおよんでからのことである。清との朝貢交易によって、蝦夷錦や青玉などの品物が大量に入ってくるようになった。これがサンタン交易なのであり、このような中国製の絹織物の流入をさして、「北のシルクロード」あるいは「東北アジアのシルクロード」とよぶ研究者もいる（楊 二〇〇三）。しかし、これらの中国製品は、和人との交易品としてアイヌ社会を通過していくだけで、アイヌ社会の内部にはさしたる影響をおよぼしていないと、最近まで考えられてきた。アイヌにはイオマンテ（飼い熊の送り儀礼）などいくつかの儀式・儀礼があるが、そのどの段階においても蝦夷錦は必要とされていないからである。かつて、辺境の歴史家といわれたオーウェン・ラティモアが、シルクロードの絹交易について、中国製の絹はオアシス都市を通過していくだけで、都市内部の経済活動には影響をおよぼさなかったと指摘したことがある（ラティモア 一九五一）。それと同じように、「東北アジアのシルクロード」においても、絹織物はアイヌのコタン（村）を通過していくだけのもので、和人との交易価値でしか意味をもたなかったのではないかと思われてきたのである。

しかし、最近では、アイヌを含む北方先住民の物質文化に中国製品が与えた影響が、少しずつ明らかになってきている。アイヌのタマサイ（首飾り）は、女性の正装には欠かせないものだが、玉の多くは北方から来たガラス玉であった。サンタン玉という呼び名でも史料に記されているが、これらはすべて交易で手に入れたものであった。また、サハリンのウイルタやニヴフなどの刺繍では、文様の途中であるにもかかわらず頻繁に色糸を変えることがある。なぜ文様の途中で糸を変えるのか、理由がよくわからなかったが、現在では、蝦夷錦の糸を引き抜いて刺繍糸に使ったためであることが明らかになっている（大塚 二〇〇三）。このように、物質文化に与えた影響をたどることは、困難ではあるが不可能ではない。しかし、支配や権威など精神的な側面に与えた影響については、検討すること自体が困難な場合が多い。今回再発見された瓦硯は、モンゴル帝国・元代から明代にかけての北方先住民社会に対する中国文化の影響力の大きさを、垣間見せてくれる貴重な資料といえよう。

参考文献

榎森 進 二〇〇三 「北東アジアからみたアイヌ」菊池勇夫編『日本の時代史19 蝦夷島と北方世界』東京：吉川弘文館。

――― 二〇〇七 『アイヌ民族の歴史』浦安：草風館。

大塚孝子 二〇〇三 「ナナイの刺繍――花嫁衣装を中心に」大塚和義編『北太平洋の先住民交易と工芸』京都：思文閣出版。

佐々木史郎 一九九六 『北方から来た交易民――絹と毛皮とサンタン人』東京：日本放送出版協会。

杉山正明 一九九五 『クビライの挑戦――モンゴル海上帝国への道』東京：朝日選書。

杉山正明・北川誠一　一九九七　『世界の歴史9　大モンゴルの時代』東京：中央公論社。
寺田隆信　一九八四　『中国の大航海者・鄭和』東京：清水書院。
中村和之　一九九九　「『北の倭寇的状況』とその拡大」入間田宣夫・小林真人・斉藤利男編『北の内海世界――北奥羽・蝦夷ヶ島と地域諸集団』東京：山川出版社。
――　二〇〇五　「十五世紀のサハリン・北海道の交易」東北中世考古学会編『海と城の中世』東京：高志書院。
――　二〇〇六　「金・元・明朝の北東アジア政策と日本列島」天野哲也・臼杵勲・菊池俊彦編『北方世界の交流と変容――中世の北東アジアと日本列島』東京：山川出版社。
楊　暘　二〇〇三　「明代の東北アジア・シルクロード」土井徹・中村和之訳、『史朋』第三六号。
ラティモア、オーウェン　一九五一　『アジアの焦点』中国研究所訳、東京：弘文堂。

第四章　南島の交流と交易
——環東シナ海における位置

角南聡一郎

円環モデルで南島の交流・交易をみる

「環日本海全図」という地図がある。この地図からは、日本がたんなる島国ではなく、北東アジア、環日本海という領域に位置していることをイメージすることができる。北海道、本州、四国、九州などの島々を領土とする「日本国」は海を国境として他の地域からへだてられた「孤立した島国」である、という日本人にひろく浸透した日本像が、まったくの思い込みでしかないことは明らかであろう。この図は同時に南島がおかれている位置も端的に示している。韓国、九州西部、南島、台湾が東シナ海を取りまき、あたかも内海の様相を呈している。このようなさかさ地図をとおしてみると、南島もそれぞれが孤立した島々というわけではなく、人・モノ・言葉が交流し循環してきた環東シナ海文化をイメージすることが容易となるだろう。こうした発想の転換は、すでに南島考古学のなかでも指摘されはじめているが（中山 二〇〇三）、まだ、一般論の域までには達していない。

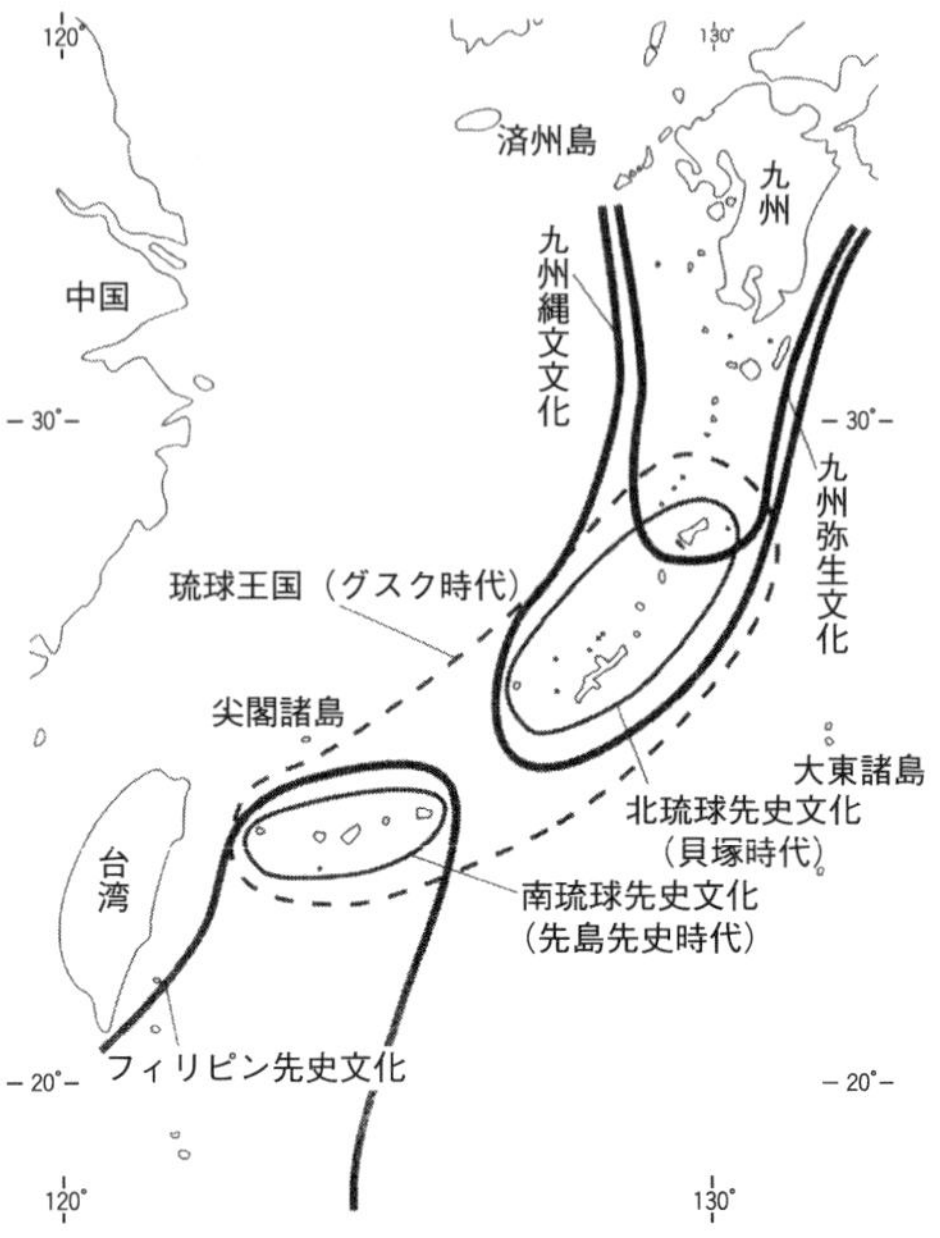

図１　琉球弧における考古学的枠組み（小田 2007）

　南島研究において、このような視点がこれまでまったくなかったわけではない。たとえば、環シナ海文化圏という構想が比較民俗学的手法をつかって提唱されている（漆原 二〇〇七）。とはいえ、これはあくまでも日本本土の歴史や民俗を主眼にすえた交流・交易論であり、南島などは周縁地域として位置づけられている。中国や日本本土との同心円状の交流は論じられても、円環的な説明はなされてこなかった。

　ここでいう同心円モデルとは、中心をもつことが前提となる。同心円モデルにおいて、文化や歴史はその中心からながめられる。文化人類学の自文化中心主義に近い歴史観といえよう。円環モデルとは、はじめに中心ありきではなく、なだらかな円環のエリアのなかでどこでも中心となりうる可能性があるという発想方法である。各エリアの歴史や文化は中心と周辺に序列化されることなく、平等な観点から諸々の事象について比較が実践されている。

　文化的に進んだエリアから技術などを取り入れようとすることは充分考えられる。しかし、はじめに中心ありきという見方では、他地域からの影響にばかりスポットがあたり、その地域独自の文化がみえなくなってしまう可能性もある。こうしたアプローチは、その地域が先進地域とくらべて劣っていたという評価にしかつながらず、当時の社会状況などの実態を解明するうえで、障害にしかならない。採用すべきは、文化人類学の文化相対主義に近い発想で、モノを考古学的にながめてみようという姿勢であろう。しかし沖縄など南島についての従来の研究は、地域独自の歴史や文化を意識しつつもあくまで同心円モデルを念頭にしたものであって、円環モデル的な切り口からの分析は定着していない。本章では、この円環モデルに則して南島の交流・交易をみていこう。

漢化という視点から

中国サイドから漢化という側面に注目すると、日本はどのようにみえるだろう。律令時代以降、日本本土は漢字文化を受容しており、当初は遣唐使を通じて中国的な習俗も多く伝わった。しかし、この時代にはすでに日本は国家形成を果たしており、日本としての主体性を保持していたため、生活文化すべてが漢化されることはなかった。朝鮮半島も同様に国家を形成しており、両地域は自国の文化に必要と考えられるものだけを取捨選択して取り入れることが可能であったと考えられる。そのかぎりにおいて、日本本土や朝鮮は中国文化の影響を終始受けてきたといえる。

では、琉球はどうだったか。琉球の国家形成は一三世紀ごろと考えられている。以降、琉球は独自の政治体制を保持しながら、中国との交流をおこなっていく。洪武二五年（一三九二）、琉球の硫黄《いおう》採集者才孤那《さいこな》ら二十八人が台風のために中国に漂着した。明の洪武帝はかれらを帰国させた際、明朝と琉球の往来の便宜をはかって、「閩人《びんじん》（福建人）の舟をよく操る者三十六姓」を琉球に下賜した。その福建人が那覇の東側の久米村に集住し、久米三十六姓になったとされる。こうした漢人の集団移住もあり、琉球には小規模なチャイナタウンが現出したのではないか。その後、久米村からは多くの中国留学生を輩出している。かれらは琉球に完全に同化したのではなく、移住後も漢人としてのアイデンティティを保持し、故地との交流も頻繁であった。現代の華僑、華人が故地と移住先を柔軟に往来し交流するさまを彷彿とさせる状況であったのだろう。これらの事実は、琉球における中国文化の受容形態が、日本本土や朝鮮とかなり異なったものであることを知るうえで重要である。中国文化の受容形態の差異は、日本本土と琉球における中国との交流・交易のあり方にも如実に反映された。

さかのぼって、国家が形成される以前は、どのような交流がおこなわれたのか。わずかにのこされた文献資料と、発掘調査によって得られた考古資料とが解明の手がかりとなる。考古資料からもっとも復元しやすく読みときやすいのは、生活様式である。そして、交流・交易が南島の生活様式にもたらした変化に注目したい。以下においては、南島における国家形成までの交易と生活様式の変化を、時間軸にそって論じる。なお、ここでもちいる「南島」ということばは、『続日本紀《しょくにほんぎ》』文武天皇二年（六九八）に種子島、屋久島、トカラ列島、奄美諸島をさす総称として登場した歴史的用語であり、主として島外人が、琉球列島の文化や歴史的事象をあつかう場合に使用してきた。そこに包含される範囲は時代とともに拡大し、最終的に現在の琉球列島とかさなった（木下 二〇〇三）。ここでは南島を琉球列島をさすものとしてもちいていきたい。

貝塚時代の交流・交易と生活様式の変化

南島は出土遺物の特徴などから、考古学的に大きく三つの文化圏に区分されてきた。種子島・屋久島などの大隅《おおすみ》諸島を中心とする北部圏、奄美諸島から沖縄諸島までの中部圏、先島《さきしま》諸島からなる南部圏である。

北部圏には、縄文時代前期に中部圏からもたらされたと考えられる土器が存在するが、基本的には九州の縄文文化の影響がつよいエリアである。屋久島では古墳が造営されており、南九州との関係が深い。いっぽうで種子島の広田遺跡から出土した「山字貝符（ふだ状の貝製装飾品）」のように、日本本土の文化ではなく中国の文化に起因する遺物もみとめられる。ただし、類似した貝符は中部圏の久米島清水貝塚からも発見されており、中部圏経由の文化である可能性もすてきれない。基本的には、南九州との交流が主体でありながらも、中部圏や中国との交流の痕跡がみとめられるエリアである。

中部圏における縄文文化は、大正八年（一九一九）、沖縄本島中頭郡北中城村《なかがみぐんきたなかぐすくそん》で荻堂《おぎどう》貝塚において縄文時代前期併行の土器が確認されたことで、その存在が知られるようになった。各遺跡の調査研究の進展にともない、現時点では、以下のように時期ごとの特徴が判明している。

南島の縄文時代早期、縄文時代前期は、九州との交流が深く、土器の形態も類似している。その影響によって、中部圏在来の生活様式に変化が生じた可能性が高い。具体的にいえば、土器の使用である。この背景には、南九州から縄文人が南下したことがあったと考えられている。つづく縄文時代中期には、九州からの影響は少なくなり、奄美諸島や沖縄諸島に独自の文化が生じたと考えられている。

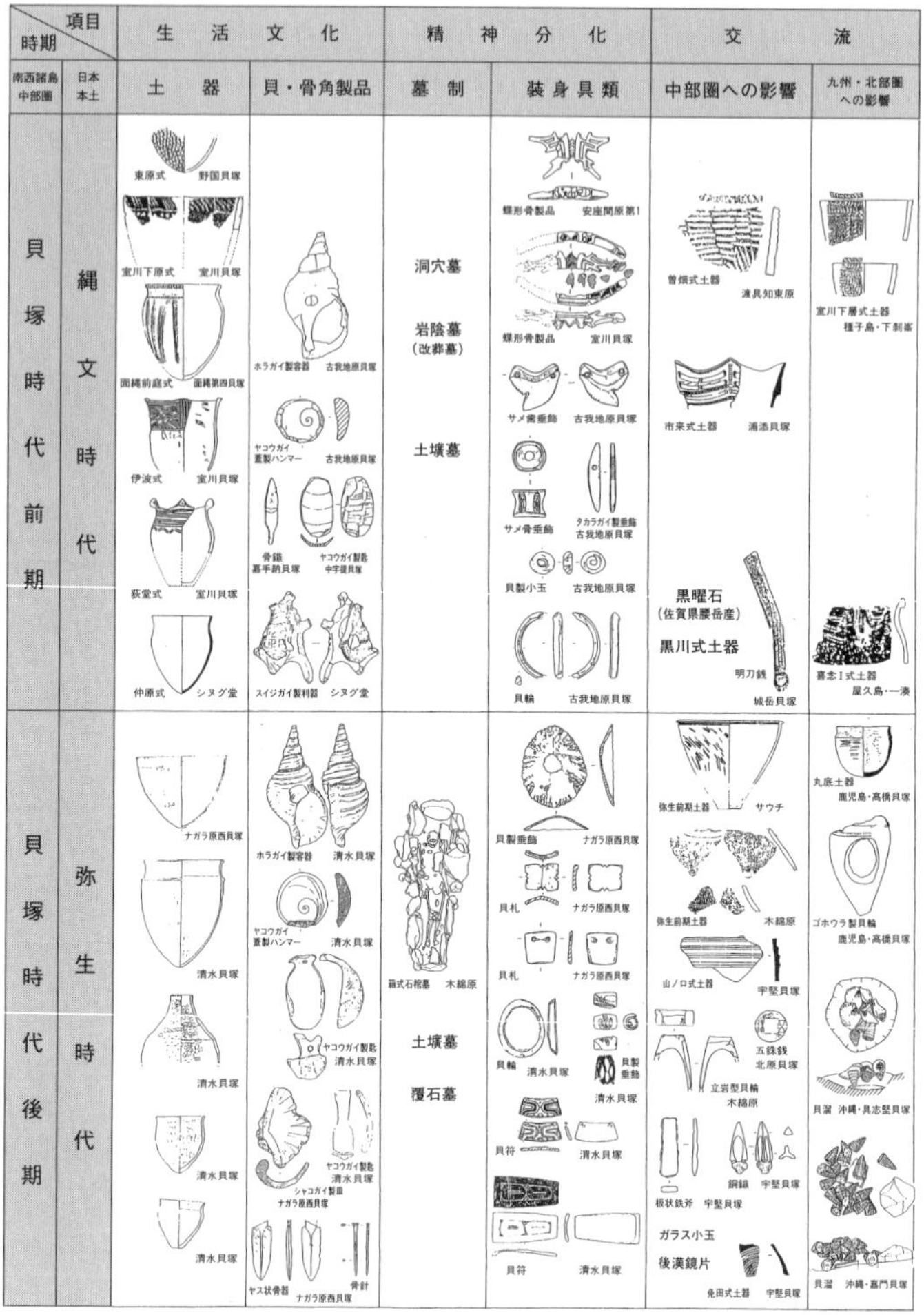

図2　中部圏を中心とした貝塚時代の概観（森井 1994）

縄文時代後期は変動がいちじるしく、前半はふたたび九州との交流がさかんになるものの、後半には九州との関係が希薄になる。縄文時代晩期には集落が形成され、九州との活発な交流があったと考えられる。こうした交流によって黒曜石や縄文時代晩期の黒川式土器が持ちこまれている。那覇市城《ぐすく》丘《おか》貝塚出土の明刀銭《めいとうせん》（刀型の中国銭）は、この土器にともなって流入したものと考えられている。流入経路が直接か間接かは不明であるものの、中国との交流、もしくは、中国文化の伝播を当時の人びとが身をもって感じていたことを示す資料である。

とはいえ中部圏の縄文文化は、九州からその影響を受けたものであっても、日本的な土器型式は主流ではない。また、中国からの影響はほとんどみとめられない。南部圏は縄文文化の影響を直接には受けず、南方系文化の影響を受けたと考えられる別系統の土器が存在している。こうしたことからも、縄文時代併行期の南島の文化は南島独自のものと考えるのが妥当だろう。

日本本土の弥生時代に相当する貝塚後期後半段階の遺跡は、海岸砂丘地に多く立地するようになる。この居住地の移動は注目に値する。この時代は、九州や中国とたんに交流があるというだけではなく、交易をおこなっていたと考えられている。主要な商品が何であったかは明確ではないが、ひとつにはイネが想定されている。ほかにも、九州から弥生土器、大陸系磨製石器、発見例は少ないながら、鉄やガラス、石製玉類などが持ちこまれている。また精神面をよく表す墓制では、弥生時代に一般的な箱式石棺墓による埋葬法が伝播する。中国大陸の製品としては、銅鏡（具志川《ぐしかわ》市宇堅《うけん》貝塚）や漢式銅《どう》鏃《ぞく》（宇堅貝塚、読谷村中川原《よみたんそんなかがわら》貝塚）、そして、五銖銭《ごしゅせん》（久米島町大原第二貝塚など）などが伝来している。

中部圏における弥生文化の影響はそれほどつよくはないものの、沖縄で製作された貝輪などの貝製品が本土、さらには北海道へ大量に運ばれたことが知られている。貝輪の原材料となったゴホウラなどは、九州に運ばれたものの代表である。当時は非常に貴重であった南海産貝製腕輪を南島から入手し、弥生人のうち限られた人びとが装飾品として使用している。古墳時代には、畿内の大王墓に副葬されたもののなかに、南海産貝製腕輪の模倣である腕輪型石製品（鍬形石《くわがたいし》、車輪石、石釧《いしくしろ》）が多くみられるようになる。腕輪の素材が南海産の貝殻から中国伝来の青銅や日本北陸産の緑色凝灰岩などの石材へと変化したことは、威信材に対する価値観の変化を示している。結果、南島との交易の必然性は失われ、南島の存在は日本本土の人びとからいったん忘れ去られたのであった。

南島にいたるモノの道

南島産の貝製品は、西日本だけでなく関東や北日本にまで流入していた。つまり、南島に起点をもつ交流・交易はかなりの遠隔地までおよんでいたことがわかる。逆に、南島へのモノの動きについても、明らかにされつつある。南島にいたるモノのルートを考えるうえで、興味深い資料が、新潟県糸魚川周辺産のヒスイである。このヒスイは、縄文時代から古代にかけて、北海道から九州まで移動していることが確認されている。沖縄県の四遺跡からも九点が出土しており、日本海ルートとの関係を考えるうえで重要である。これらのヒスイ製品の多くに共通するのは、①大型ないし中型の管玉《くだたま》の再利用品であること、②管玉の裁断にあたって擦切《すりきり》技法をもちいていること、③未製品がみとめられること、④時期については不明確なものが多いが縄文時代晩期を中心とする、という点である。北陸や北日本では管玉再利用の事例は知られていない。また、西部九州の出土品にみられる、扁平な石鋸《いしのこ》をもちいて溝を刻み切りとる擦切技法が北陸地方で一般的となるのは、弥生時代中期以降である。よって、沖縄県出土のヒスイ製品は、北陸以外の地域で再製作された可能性が高く、技法的特徴からは西部九州を経由していることが推定される（高橋 二〇〇五）。これまで南島からもたらされたモノにのみスポットがあてられてきたが、わずかな資料であっても、南島へもたらされたモノを仔細に検討することで、南島がどのように交流・交易をおこなっていたか、より具体的に確認できるだろう。

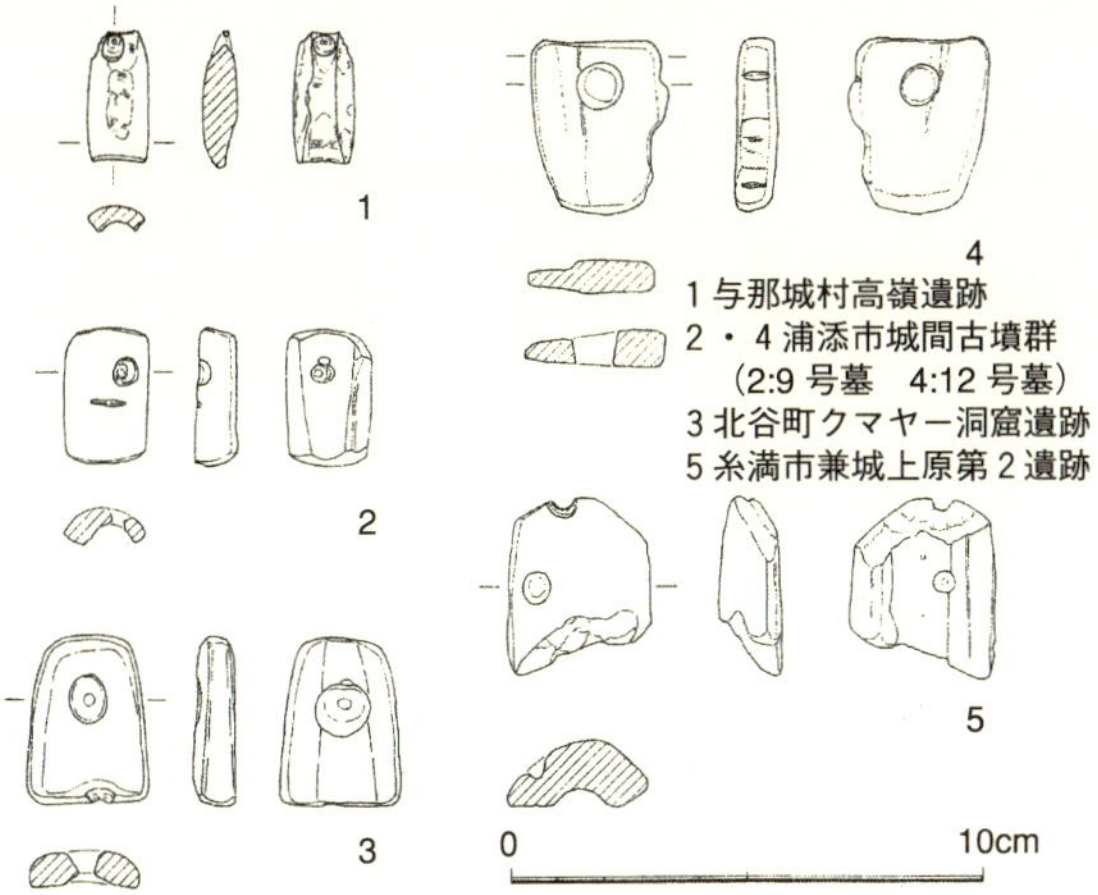

図３　沖縄県出土のヒスイ製品（高橋 2005）

ただ、沖縄へのモノの移動が西部九州のうごきと連動している可能性が高いことに変わりないが、素材の原産地の同定には不安材料もあり慎重を要する。これまで新潟産のヒスイや蛇紋岩《じゃもんがん》とされてきた九州出土の縄文時代後期の首飾りを、蛍光X線分析装置などを使って分析したところ、ほとんどが地元産の白雲母《しろうんも》（含クロム白雲母片岩）であったとする報告もある。そして、島根県、石川県、新潟県などの縄文後―晩期の十数遺跡で、九州に特有な形の含クロム白雲母の小玉が出土しているという（宮代 二〇〇七）。これがまちがいないならば、新潟産のヒスイの分布から語られてきた交易史の書き換えが必要であろう。

日本海ルートによる南島へのモノの移動は、後世の「コンブ・ロード」を思いおこさせる（大石一九八七）。現在、日本の昆布の約九割が北海道で生産されている。ところが、最大の消費地は生産地からもっとも遠い沖縄県であった（近年は富山県が消費量一位となった）。北海道の昆布は、すでに七―八世紀には東北に流通しはじめ、一八世紀には沖縄に到達したとされる。この時期、沖縄と大陸との貿易に昆布が登場するようになる。朝貢貿易で、清への貢物のひとつとして大量に運ばれたのが昆布であった。そのあと押しをしたのは薩摩藩、さらに、薩摩藩を助けたのが越中の薬屋であった。昆布を積載した廻船は北海道を出航し、東廻りであれば江戸へ、西廻りであれば敦賀《つるが》をへて下関経由で大阪にいたる。西廻り航路の昆布の一部は、大阪を経由せず鹿児島まで運ばれた。薩摩からさきは琉球に通じる。那覇には昆布を専門に取りあつかう役所もあり昆布座とよばれた。海の道によって、北海道と沖縄はつながっていたのである。

現代における「海上の道」の意義

柳田国男の最晩年の著作『海上の道』は、南島の交流・交易を考えるうえで重要な仮説を提示し、大きな反響をよんだ。柳田の仮説とは、中国大陸で貨幣としても使用された宝貝（コヤスガイ）を求めて、弥生時代に大陸から稲作技術をたずさえた人びとが宮古島に到来し、沖縄本島の東海岸を経由して島づたいに九州へとたどり着いたのではないかというストーリーである。日本人の祖先が黒潮の流れにのって、南から次第に北上していった経路が海上の道だとされる。柳田説にもとづいて日本文化の起源を考えると、南島の果たした役割が大きくクローズアップされ、日本人・日本文化の起源を追究するという意味から南島への関心は高まった。

しかし、柳田説を裏づける考古学的データはとぼしい。現在は、中国から朝鮮半島を経由して北部九州にヒトと文化が伝来したという北方ルート説が優勢である。そもそも、沖縄に稲作がはいった時期は、南城《なんじょう》市玉城《たまぐすく》の糸数城《いとかずぐすく》跡から麦とともに出土した炭化米の時代判定により、日本本土に稲作が持ちこまれた弥生時代よりずっと後の一〇世紀以前とみられている。イネは中国南部から沖縄へと直接伝来するよりも、日本本土を経由して沖縄にもたらされた可能性が高いとされる。

しかし、水稲以外に目を向けると柳田説を完全に否定することはできない。

温帯ジャポニカ（水稲）が水田での栽培に向くとされ東アジアに分布しているいっぽう、熱帯ジャポニカは（水陸両用の稲）、中国南西部からインドシナ半島奥地にかけての地域と、フィリピンやインドネシアなどの熱帯島嶼《とうしょ》部で栽培されている。熱帯ジャポニカは環境適応能力が高く、木を切り草を取り払って火を放つための道具と、地面に穴をあける棒がありさえすれば、焼畑式の陸稲栽培が可能である。また、熱帯ジャポニカ固有の遺伝子をもつ品種が、台湾の山岳部から南島をへて九州にまで点在している。この熱帯ジャポニカが焼畑農耕とセットで島々をつたって、南方より日本へと伝わったという仮説が提示されているのである（佐藤 二〇〇三）。この南方からのルートは「海上の道」そのものである。しかし、陸稲が植えられていたであろう畑の斜面などは、時間の経過とともに土がえぐられていくため遺跡としては残りにくく、決定的な証拠は提示されていない。

このように、柳田説では想定していなかった陸稲の存在によって、現在でも「海上の道」は魅力的な仮説として一部では支持されている（佐々木 二〇〇三）。しかし、問題はその具体的な根拠である。

遺跡が発掘調査されるとき、得られるはずの情報の多くが霧散していることは事実である。それは調査担当者の意識や調査方法、調査技術に起因するものである。水田のあぜと同様に、意識的に調査を実施すれば、陸稲の痕跡が遺跡から発見される可能性はある。

黒潮圏文化論

黒潮は日本海流ともよばれる暖流であり、フィリピンの東海上で誕生し、太平洋岸を流れ、日本列島の中央部以北まで到達する世界最大最強の海流である。この海流にかかわる広い範囲の考古資料の分布と類似から、南島をも包括する黒潮《くろしお》圏文化が提唱されている（小田 二〇〇〇、二〇〇七）。南島で発見されている石斧《せきふ》の大半は磨製石斧であり、そのほとんどが片刃である。磨製石斧は中部圏では貝塚時代前期・後期の全期間で、南部圏では新石器時代前期・後期の全期間で使用されている。縄文文化の一般的な磨製石斧は両刃（縦斧《たておの》）であり、片刃は日本本土では弥生時代になって出現する型式である。しかし南九州地域には、断面が円形で片刃の丸ノミ形石斧が分布する。分布の違いから、同地域の石斧は、列島北部などからの伝播や影響で誕生したものではないと理解される。いっぽう、琉球列島の先史時代には片刃石斧が多く、基部をややふくらませたものもある。南九州で出土した石斧の帰属時期が約一万二千―九千年前（縄文時代草創期・早期）であることと比較すると、中部圏では約七千―二千年前、南部圏では約四千―八百年前といずれも新しい。伊豆諸島の八丈島、小笠原諸島にも、断面が円形で片刃の丸ノミ形石斧が多数存在しているが、八丈島の年代は約四千―三千年前、小笠原は約二千年前と、琉球列島と同様に新しい。このことから、南九州の石斧が南島や八丈島に影響を与えたという解釈が可能となる。

八丈島、小笠原諸島に分布する片刃の円筒石斧は、さらに南のマリアナ先史文化後期（約二千―八百年前）に多数存在する円筒石斧との関連が指摘されている。この石斧はカヌー製作用の工具と考えられ、マリアナ先史人が黒潮本流外側の八丈島にまで北上した太平洋の道が推定される。マリアナ先史文化の起源については、東南アジア島嶼地域、フィリピン諸島あたりから四千年前ごろに船出した海のモンゴロイドの拡散とも関係することが示唆されている。さらに、新石器時代後期の八重山では、

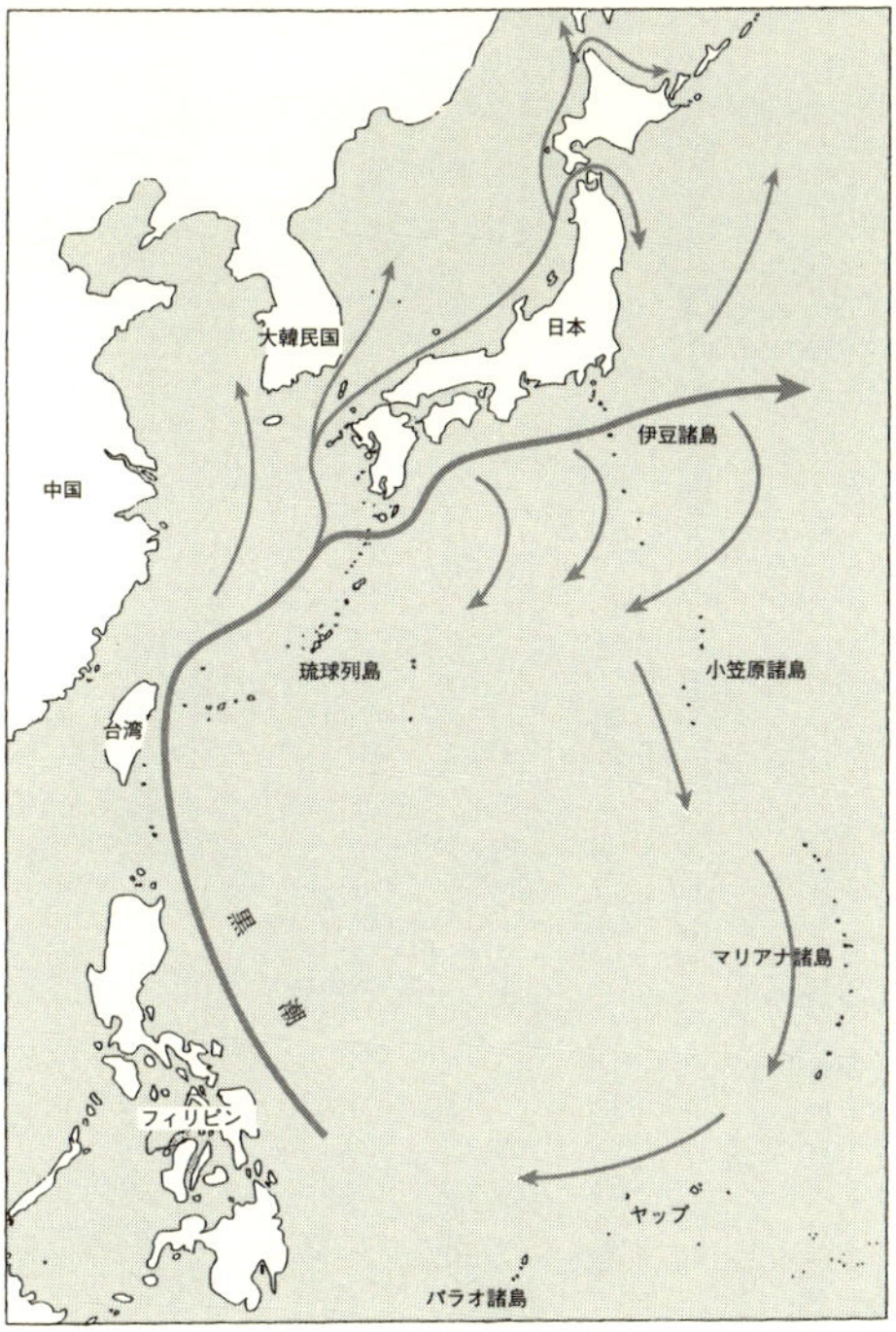

図４　黒潮の流れと黒潮圏の島々（小田 1999）

多量のシャコガイ製貝斧が発見されており、貝斧文化ともよばれる。これらの貝斧は、サンゴ礁の発達した太平洋地域にひろくみとめられるが、製作手法などの特長から、フィリピン先史文化との関係が指摘される。

　フィリピン諸島から台湾、琉球列島、九州、四国、本州中央部へ、そして、南に向かって伊豆諸島から小笠原諸島、

マリアナ諸島、さらに西に向かってヤップ、パラオ諸島へとつらなる環状の島嶼群からなる黒潮圏文化が、片刃石斧や貝斧の分布などを通じて、ひとつのネットワークとしてみえてくる。

しかし、石斧や貝斧のような出土例が少ないイレギュラーな考古資料を評価することには、しばしば困難がともなう。島嶼の文化を理解しようとする場合、視野を広くして、広範な地域との関係について模索することから可能性がひらけることもあろう。当然、資料のなかには似て非なるもの、つまり偶然にも形が類似しただけのものもあり、注意は必要である。しかし、広い視点に立って比較をこころみたり、イレギュラーな資料を無視せず評価しようとする努力が、さまざまなかたちをとる海上の道を復元する手掛かりとなりえよう。

グスク時代到来までの生業変化

日本の古墳時代から平安時代までは、南島では狩猟採集段階の社会が継続し、日本との交流もほとんどみとめられなくなる。『続日本紀』によれば、七一四年に「信覚《しがき》」・「球美《くみ》」などの人びとが来朝している。「信覚」は石垣島、「球美」は久米島のことだとされる。七五三年には、鑑真が日本を訪れる途中、阿児奈波島《あじなわじま》に漂着している。これは沖縄のことだとされる。以後、南島は文献からながらく記録から消える。ふたたび記録にあらわれるのは、一一世紀をまたなければならない。

近年、この空白期間の生業変化について、高宮が刺激的な仮説を発表している（高宮 二〇〇五）。従来、縄文・弥生時代から平安時代併行期の南島は、狩猟採集が主要な生業の、「（食料の）豊かな平等社会」であったと想定されてきた。今日まで蓄積された考古学的なデータも、この想定を支持するようにみえる。しかし、南島の環境を考慮すると、この想定は理解しがたいというのがかれの主張である。出土した動物遺体を分析すると、縄文時代後期には、もっとも効率のよい動物獲得システムが沖縄諸島で確立されていたことがわかる。しかし、弥生時代から平安時代にかけて、このシステムは崩壊し、もっとも効率のわるい動物獲得システムへと変遷していったようである。また、住居跡や遺跡の立地および交易システムなどを検討すると、この時代が「単純な狩猟採集」の時代であったとは断言できないようだ。とはいえ、グスク時代（一二―一五世紀）のような複雑な階級社会も成立していなかった。グスク時代には、人口の増加と環境の劣悪化によりフード・ストレスが生じ、集団間の資源獲得競争が発生した。各集団を率いる首長を頂点とする階級社会を形成することがその解決策のひとつとなったのではないか。

また、八・九―一〇世紀のあいだに南島では狩猟採集から農耕へと生業が変化したことが、遺跡から採取された植物遺体の種類からわかる。しかし狩猟生活から農耕生活への突然の変化を単純に「発展」と評価することはできない。狩猟という楽な生活形態から、農耕という手間のかかる生活への変化であった。島という環境で、狩猟採集から農耕へというような劇的な生業変化があった事例はあまり知られていない。この背景には、八・九―一〇世紀、あるいは、一〇―一一世紀における九州などからの農耕民の殖民があろう。この農耕民が近世沖縄人の祖先であると考えられる。骨格やＤＮＡの分析からも、近世沖縄人はアイヌや縄文人よりも、渡来系弥生人やその子孫に近いという見解が出されており、高宮説の蓋然性は高い。

しかし、それならばなぜ、沖縄の遺跡からの出土物に九州系の遺物がそれほどみとめられないのだろうか。かりに九州から人の移住があったにせよ、前述した漢化のように先住民が文化的に同化することはなく、生業のみが突出して変化したという事実について、確固とした解釈はなされていない。

大交易時代の南島

一一―一二世紀ごろには、南島においても農耕と鉄器使用が開始され、各地の共同体に按司《あじ》と呼ばれる首長が出現し、グスク時代が到来する。このような社会の変化は、人とモノの交流が非常に活性化したことに起因する。モノの流通としてこの時期に注目されるのは、南島全域でカムィヤキ（亀焼）と滑石《かっせき》製石鍋《いしなべ》が流通したことである。

南島で特徴的に出土する中世の須恵器《すえき》様の土器については、ながらく生産地が不明であったことから、「類須恵器」などとよばれていた。昭和五八年（一九八三）に徳之島の伊仙町《いせんちょう》亀焼《かむいやき》で古窯跡が発見され、そこで「類須恵器」が大量に出土したことからカムィヤキとよばれるようになった。発掘調査の結果、伊仙町の古窯跡のカムィヤキはちょうどこのグスク時代に生産されていたことが明らかとなった（新里 二〇〇七）。この窯は、日本や高麗の陶器にかかわる技術や運営方式の影響をうけて成立したと考えられている。カムィヤキの出土は鹿児島県から与那国島までの広範囲でみとめられる。カムィヤキは、南島中部圏をこえた環シナ海文化が生んだものでもあった。

滑石製石鍋は、西日本を中心に平安時代末から室町時代にかけて使用された煮炊き道具で、関東地方でも出土する。滑石製石鍋の主要な生産地は、長崎県西彼杵《にしそのぎ》半島である。この滑石製石鍋が南島の島々で多く出土している。南島の人びとにとっては、調理用以外の意味もあったようで、土器に混和材として入れられたりもした。さらに南部圏では、石鍋を模倣した土器も製作されている。石鍋は朝鮮半島か中国に起源をもち、これらの地域から石鍋を使用する習俗や、製作技術がもたらされたと考えられている（鈴木 二〇〇七）。

カムィヤキと滑石製石鍋の南島全域への流通は、交流・交易の活性化および広域の物流ネットワークの形成をものがたる。おのおのの商品について、南島各地で売買するための集団が組織されたことが想定される。

喜界島城久《きかいじまぐすく》遺跡群からは、カムィヤキ壷や白磁壷などが副葬された土坑墓《どこうぼ》や火葬墓とともに、九－一一世紀の外来系の土師器や須恵器《すえき》などの搬入遺物が多くみられる。逆に、在地土器である兼久《かねく》式土器がまったく出土しない古代段階の遺跡なども知られる。兼久式土器の減少は、本土からの人の移動があったことを示し、外来系土器の出土は、大宰府や南九州とのかかわりを示す。いっぽう、西彼杵半島産の滑石製石鍋、中国産陶磁器、朝鮮産陶磁器、鉄滓《てっさい》、鞴《ふいご》の羽口《はくち》なども出土し、このことは、喜界島が大宰府などを通じて、長崎、中国や朝鮮半島からのモノを受け入れていたことを示している。

南島の古代段階の遺跡からは、ほかにヤコウガイが大量に出土する事例が知られている。平安時代の文献にみえる螺鈿《らでん》はヤコウガイを材料とすることから、螺鈿の生産地は南島であったと考えられる。螺鈿素材は沖縄や先島などで生産され、交易によって日本や中国、韓国にもたらされたと考えられてきた（木下 一九九六）。しかし、ヤコウガイを大量に出土する遺跡は奄美にもっとも多く分布する事実が近年判明している（高梨 二〇〇五）。古代段階の遺跡から出土する鉄器も、沖縄よりも奄美のほうが多い。この当時、南島で鉄を生産することは困難であったから、鉄は貴重品であった。奄美の鉄器出土遺跡はヤコウガイ大量出土遺跡と重複する傾向もみとめられる。こうした事実から、鉄器がヤコウガイ貝殻をめぐる対外交易の交換財であり、南島における交易で奄美が占めた重要性を想定できるのではないだろうか。

円環から直線へ

南島の先史文化は、シナ海をめぐる円環運動と北西太平洋をめぐる円環運動の両作用から形成された。それは、相互の自由な交流と交易の結果であった。この交流・交易を通じて、それぞれの文化が融合し、南島独自のスタイルへと変化したのであろう。

技術的側面からみれば、交易が開始された当初、航海は丸木舟やイカダを中心としたものであり、必然的に長い時間の航海は困難であり、ある程度のサイクルで島々に寄港する必要があった。しかし、船舶技術の発達によって、それまで燃料や食料といった補給物資の提供を受けてきた場所には立ち寄らなくともよくなり、出発地から目的地まで最小の労力で到達する直線的な移動形態が選択されるようになったといえる。

制度的側面からみれば、中国や朝鮮、そして、日本においては、南島よりも早く国家形成をみた。交流や交易は国家に統制されるようになり、それに対応するべく南島の交流・交易のあり方も変化せざるをえなかったであろう。交易圏を形づくる諸地域が国家形成をなしとげることによって、交流・交易の動きは自由度を失い、ゆるやかな円環から、経済性と合理性を求めて出発点の港と目的地の商港とのあいだを直線的に結ぶような形態へと変化したのではなかろうか。交流や交易も商品の移動が主要な目的となり、経済活動に適合する情報や人のネットワークが形成されていったと考えられる。この動きは日本本土や中国などでの南島観の変化も生じさせたであろう。いまだ国家形成をみていなかった南島は、それまでの円環運動の一部から切り離され、日本や中国を中心とした直線的な関係の辺境に追いやられたのではないだろうか。

参考文献

安里　進　一九九〇『考古学からみた琉球史』上、那覇：ひるぎ社。
大石圭一　一九八七『昆布の道』東京：第一書房。
小田静夫　二〇〇〇『黒潮圏の考古学』東京：第一書房。
――　二〇〇七「琉球弧の考古学」青柳洋治先生退職記念論文集編集委員会編『地域の多様性と考古学――東南アジアとその周辺』三七―六二頁、東京：雄山閣。
木下尚子　一九九六『南島貝文化の研究――貝の道の考古学』東京：法政大学出版局。
――（編）　二〇〇三『先史琉球の生業と交易―奄美・沖縄の発掘調査から――6―7世紀の琉球列島における国家形成過程解明に向けた実証的研究』改定版、熊本：熊本大学文学部。
佐々木高明　二〇〇三『南からの日本文化』上・下、東京：日本放送出版協会。
佐藤洋一郎　二〇〇三『イネが語る日本と中国』東京：農山漁村文化協会。
新里亮人　二〇〇七「カムィヤキとカムィヤキ古窯跡群」『東アジアの古代文化』一三〇号。
鈴木康之　二〇〇七「滑石製石鍋のたどった道」『東アジアの古代文化』一三〇号。
高梨　修　二〇〇五『ヤコウガイの考古学』東京：同成社。
高宮廣衛　一九九一『先史古代の沖縄』東京：第一書房。

高宮広土　二〇〇五　『島の先史学――パラダイスではなかった沖縄諸島の先史時代』那覇：ボーダーインク。
高橋浩二　二〇〇五　『ヒスイ製品の流通と交易形態に関する経済考古学的研究』富山：富山大学考古学研究室。
中山清美　二〇〇四　「赤木名グスクの発掘調査の成果から」沖縄県今帰仁村教育委員会編『グスク文化を考える――世界遺産国際シンポジウム〈東アジアの城郭遺跡を比較して〉の記録』東京：新人物往来社。
橋口達也　二〇〇四　『護宝螺と直弧文・巴文』東京：学生社。
宮代栄一　二〇〇七　「『新潟産ヒスイ』地元の石だった　交易史の書き換えも必要？」『朝日新聞』二〇〇七年六月六日付。
森井貞雄（編）　一九九四　『サンゴ礁をわたる碧の風――南西諸島の中の弥生文化　平成6年秋季特別展』和泉：大阪府立弥生文化博物館。
柳田国男　一九六一　『海上の道』東京：筑摩書房。
和田春樹　二〇〇三　『東北アジア共同の家――新地域主義宣言』東京：平凡社。

第II部　社会をつくる人びと、つなぐ人びと

人間はなににしたがって社会を構成するのだろう。国家は統治集団を編成する根拠をどこにもとめるのだろう。東アジア内海世界に多くみられる家系図は、マンジュ人や琉球の士のようにある個人が国家や社会のなかで特定の地位につく正当な資格を保証することもあった。国家や社会の制度にもとづいて統治者は交易を管理するが、周縁部、あるいは、境界領域にいたると制度のありようは一変する。複数の制度のあいだで交易のためのすり合わせ、妥協がおこなわれなければならない。台湾の番割、マンチュリアのアンダのように境界領域において両属的に生きる人びとがとりもつ交易は、制度を異にする社会からすれば周縁をのばし、資源の吸入口を広げる営みでもあった。

扉上：『北夷分界余話』（国立公文書館蔵）より
扉下：『皇清職貢図』巻３より

第五章　清代マンジュ（満洲）人の「家」と国家
――辞令書と系図が語る秩序

杉山清彦

ある武将の跡目相続

時は一八世紀の初め、群雄割拠の戦乱の世は遠く過ぎ去り、天下のまつりごとをになう武人たちからも戦場の匂いはうすれ、毎日の役人としてのつとめがご奉公となっていた。そんなある日のこと。大封の重臣でもある上様の弟が御前にまかり出て、創業の功臣の家柄である家臣の跡目相続について願い出た。

「わが麾下《きか》の某は、勤務評定のさい病につき隠居させることとなりました。調べますにこの者の知行は、その先祖が手勢を率いてご初代にお仕えしたときに安堵したものにて、いま六代目にあたります。ついては跡目の相続につき願い出たる次第です。」

そして、某の一族から選んだ跡目候補七名の年齢・続柄・現職、それに弓の腕前を書き出した身上書を家譜とともに提出したところ、上様からは二番目の候補に継がせるよう沙汰があった。

――このように書くと、だれしも江戸時代、徳川一門や譜代大名・旗本衆を想起されるであろう。しかし、さにあらず。まかり出た「御前」とは、江戸城中ではなく北京は紫禁城中、跡目相続を裁可した「上様」とは、独裁君主として名高い清《しん》の雍正帝《ようせいてい》（位一七二二―三五）にほかならない。

くだんの家臣某は名をエシテンといい、その曾祖父ボルジンなる武将が、「ご初代」すなわち清の太祖ヌルハチ（一五五九―一六二六）に仕えたことに始まる譜代の重臣の家である。明《みん》末の豪族であったボルジンが帰順したさいに元来の配下・領民を安堵され、以後一三〇年以上にわたって代々世襲してきたのである。

清の皇帝の出自が東北アジアの森林地帯より興ったツングース系の満洲《マンジュ》人であることは、よく知られている。では、かれらはいかなる価値観・慣習をもち、どのような社会生活を営んでいただろうか。そして、それらにもとづいて、みずからの国家をどう組織・運営していたのだろうか。一般的な理解では、清といえば、明を引きついで完成させた独裁権力をふるう皇帝のもと、明とおなじく科挙試験で採用された儒教知識人が文官として統治にたずさわる中央集権国家、というものであろう。だが、ここでは所領・官職の世襲が当然の前提とされており、その根拠は先祖の功績に求められていた。後任の選考にあたっても、参考とされたのは、科挙で問われる学識・文筆ではなく、系図・続柄と弓の腕前であった。じつはこれこそが、清の真の支配者たる満洲人の国家・社会のあり方だったのである。そこで本章では、右のエピソードを手がかりに、かれらが独自に築きあげた権力編成・政治秩序の一面にせまりたい。

マンジュ人の社会

満洲人はかつて一二世紀に金を建てたジュシェン（女真《じょしん》・女直《じょちょく》）人の後裔で、現在の少数民族・満族の前身にあたる。満洲とはマンジュ（manju）なる語に漢字をあてたもので、一七世紀にかれらが清を建てるにおよんで、それまでもちいられてきたジュシェンすなわち女真・女直の称に代えて、みずからの民族名としたものである。以下では、原語にしたがってマンジュ（人・語など）と表記することにしよう。

マンジュ人は固定家屋に住んで農牧業を営むいっぽう、しばしば森に入って狩猟・採集に従事し、漢人ともモンゴル人ともちがう社会をつくっていた。しかし、モンゴル社会との関係は密接で、話しことばとしてはトルコ語やモンゴル語と同系統のアルタイ系のマンジュ語を使い、それを明代にはモンゴル語に訳してモンゴル文字で、のちにはモンゴル文字を改良したマンジュ文字によってマンジュ語で、書きあらわした。服装もモンゴルと同様式の筒袖《つつそで》・ズボンにブーツというもので、髪型も、かれらたちは多少異なるが、ともに頭髪の一部を剃り一部を伸ばして結ぶ辮髪《べんぱつ》である。狩猟・武芸でも、やはりモンゴル人と同様にあやつりやすい短弓を武器とし、馬上からの射撃に長けていた。順治《じゅんち》元年（一六四四）に日本海で遭難・漂流してかれらに救助された越前《えちぜん》・三国湊《みくにみなと》の商人一行は、「武具は弓が第一のようです。毎日弓の稽古をし、馬上でも自由自在にあやつって、的をも射当てます」（『韃靼《だったん》漂流記』）と伝えている。冒頭のエピソードにあるように、弓の歩射・騎射は、のちの時代になってもかれらにとって不可欠の武芸とされた。

図1　明末に描かれた「女真国」人すなわちマンジュ人の姿（王圻『三才図会』）。帽子や襟元・袖口に毛皮をあしらい、短弓をたばさむ。

マンジュ人は、モンゴル人と同様、ふだん姓を名のる習慣こそなかったが、父系出自集団とその出自を意識する観念が、社会の根底にあった。マンジュ人の父系出自集団は、姓に相当する固有名をもつハラ（hala）と、その細分化・地縁化された下位集団であるムクン（mukūn）とからなる。現実に社会生活の単位として機能していたのはムクンであるが、ハラすなわち氏族の門地の高下の意識は根づよく、相続においても母親の出自による嫡庶の別が問題とされた。家産については、長じた子から順に資産を分与されて独立してゆくことがふつうだったが、家督は嫡出子間の実力主義であって、長子相続などの一定原則は存在しなかった。これは厳しい環境で暮らすために有能な指導者を選ぶ必要があるモンゴルやマンジュの社会の特徴である。

ヌルハチが現れた一六世紀後半当時、ジュシェン諸部族は、スクスフ、フネヘ、ジェチェン、ワンギヤ、ドンゴからなるマンチュリア（満洲）南辺のマンジュ五部（明側でいう建州《けんしゅう》女直）と、その北方で強盛をほこったハダ、イェヘ、ウラ、ホイファのフルン四国（海西《かいせい》女直）、そしてそれら以東に広がったワルカ、ウェジ、フルハなどの東海諸部（野人《やじん》女直に相当）に分かれ、大小の領主たちが割拠・抗争していた。ヌルハチはスクスフ部内の一豪族、これに対しボルジンは明初以来の名門ワンギヤ部首長家の一人であった。万暦一一年（一五八三）にこれら諸部の統一戦に乗りだしたヌルハチは、一六一〇年代までに全ジュシェンの統合をほぼ果し、その力を背景に対明戦争に突入する。その過程で、かれはみずからの国家をマンジュ・グルンすなわちマンジュ国と名づけ、天命元年（一六一六）にはハン位に即いて後金《こうきん》という漢字国号を立てた。これが大清帝国の起源である。ついで第二代ハンとなったホンタイジ（位一六二六―四三）は、崇徳《すうとく》元年（一六三六）に都盛京《せいけい》（瀋陽《しんよう》）で皇帝位に即き、あらたにマンジュ語でダイチン・グルン、漢語で大清国というマンジュ語・漢語で対応した国号を定めた。これが清という名の起こりである。

注意すべきなのは、国と訳されるグルン（gurun）の含意である。この語は、領域としての国家というよりも国家を構成する国人・国民をさす。こののち一六四四年に明が李自成《りじせい》の乱で自滅すると、かわって大清国が山海関《さんかいかん》を越えて北京に入り（入関《にゅうかん》）、中国支配を開始するが、これはいわばグルンそのものの移動であった。マンチュリアの地を離れても、人間集団としてのグルンとその社会は、存在しつづけたのである。

国家組織としての八旗制

マンジュ国から大清国にいたるマンジュ人のグルンの根幹をなしたのが、八旗《はっき》制である。八旗の組織は、在来の集団を再編成したニルとよばれる単位を基本とし、五―十数ニルで一ジャラン、五ジャランで一グサすなわち旗を構成するという階層組織からなる。グサとは集団、軍団という意味であるが、八つあるグサは黄・白・紅・藍色それぞれの縁《ふち》取りのない旗（正）・ある旗（鑲《じょう》）によって区別されたので、旗と称されるのである。国家の兵役や労役、租税の賦課、戦利品の分配などあらゆる行為は、これら旗・ニルを単位としておこなわれ、戦時も平時も、一ニル当たり何人というかたちで均等に動員・賦課された。すべての家臣・領民はいずれかのニルに属し、さらにそのニルが所属する旗の構成員だったので、八旗とはマンジュ国そのものであったといえよう。グサ以下の各単位は、グサ・エジェン—メイレン・エジェン—ジャラン・エジェン—ニル・エジェンとよばれる八旗官がそれぞれ管轄した（このうちメイレン・エジェンは副司令官職で、管轄単位はない）。一六三四年以降グサ・エジェン以外のエジェンはジャンギンと改称され、さらに入関後に都統《ととう》—副都統《ふくととう》—参領《さんりょう》—佐領《さりょう》という漢語訳がそれぞれに与えられた。

　これらピラミッド状の組織に編成された八つの旗は、しかしハン＝皇帝が一元的に掌握していたのではない。各旗は旗王《きおう》として分封《ぶんぽう》されたヌルハチ一族が支配しており、ヌルハチ自身も正黄・鑲黄の両黄旗を直率していた。皇帝直属旗は、のちに正白旗が加わって上三旗《じょうさんき》とよばれるようになるが、その後もそれ以外の五旗は一族諸王が分有しつづけた。つまりハンは八旗全体の頂点に立つのではなく、ハン自身も他の王族たちと同列に、旗を領有する旗王の一人だったのである。しかしいっぽうで、ハンは国家全体を指導する君主として、また旗王たちの家長として、強力な指導力を発揮した。マンジュ＝大清国政権は、ハンの統率力・指導力にみられる強い集権性と、それを支えかつ牽制する八旗の連合体制という、二つのベクトルのバランスのうえに成り立っていたということができる。この体制はべつにマンジュ伝統というわけではなく、ヌルハチが統一戦のなかで作りあげたものだった。それだけに、創業者ヌルハチが定めたこの仕組みは、不可侵のものとしてながく尊重された。かれらの社会は、以後二〇世紀に清が滅びるまで、正確にいえば段階的に八旗が廃止される中華民国時代までつづくことになる。

所領としてのニルの認定・相続

ピラミッド的階層組織にのみ目を向けると、八旗は近代軍隊のように整然とした非人格的組織にみえるであろうが、その中身は、いうまでもなく統一戦の過程で傘下に入ったマンジュ人諸勢力である。かれらは帰順・投降すると、その勢力の大小に合せていくつかのニルに編成され、八旗制の下でおおむね在来の領主としての地位を認められた。ワンギヤ部の豪族であり、部衆を連れて帰順したボルジンも、そのような一人であった。ニル・ジャンギンの多くは、これら元来独立の領主であったものが旗人《きじん》として位置づけなおされていったものであり、八旗制は、整然としたピラミッド的組織という形式のいっぽうで、領主の連合という内実をも有していたのである。したがって、これを強力に統制するためには、内にはかれらの在地性や自律性を排し、外には明の権威・権力から自立した、ハン＝皇帝を頂点とする職官体系と位階制秩序とを確立することが不可欠である。

前者にあたるのが、八旗各単位を管轄する八旗官制と行政事務を分掌する六部《りくぶ》などの諸官制である。これに対し、旗人たちを統一的に序列づけるのが、世職《せいしょく》とよばれる位階制である。世職は武官・世爵ともよばれ、八旗制とほぼ並行してヌルハチ時代に創設された。その序列は、当初は明の武官制を借用した総兵官―副将―参将―遊撃―備禦《びぎょ》（備禦以外はさらに三等級に分かれる）からなり、天聡《てんそう》八年（一六三四）にはアンバン―メイレン―ジャラン―ニルの各ジャンギン（やはりニル・ジャンギン以外三等級に分かれる）に再編成された。このため、天聡八年からしばらくの間は、メイレン以下のジャンギンの称は八旗官と同じであったが、別々の体系であることに変わりはなかった。位階は、のちにアンバン・ジャンギンの上位に公・侯・伯（これらも三等級に分かれる）が加わり、名称も入関後さらに改称・漢訳をかさねて、乾隆《けんりゅう》元年（一七三六）、最終的に爵制として完成する。

以上のような官制・位階体系のもとで、旗人たちは、ふつうみずからの所領としてニルを支配（もしくはニルに所属）するとともに世職を与えられて序列づけられ、八旗官や国政の役職に任じられて職務にあたっていた。つまりかれらは一面において国家の軍人・官僚であり、他面においては武功・家門を背景に領民を統治する領主でもあったのである。

そこで、冒頭のエピソードに戻ってみよう。この跡目相続とは、じつはニルを管轄するニル・ジャンギン職の継承のことであった。雍正三年（一七二五）七月六日付で、ボルジン家の所属する鑲紅旗《じょうこうき》の司令官職にあった皇弟の果郡王允礼《いんれい》から、つぎのような上奏があった（『鑲紅旗檔』黄字二十三号奏摺《そうしょう》）。

鑲紅旗満洲都統・多羅《ドロ》果郡王允礼らがニル・ジャンギンの任命について謹んで奏する。我らの旗のニル・ジャンギンのエシテンは、武官の勤務評定のときに病とて辞めさせた。調べてみると、元来このニルは断事官・都統・侍衛であったボルジンが、天命《ママ》年間の初め〔実際には一五八九年頃と思われる〕にマンジュ部衆を率いて太祖高皇帝〔ヌルハチ〕に帰順したので編成したものである。そのときに率いてきたマンジュ部衆をニルに編成して、ボルジンに管理させた。ついで実の孫ロドリが管理した。ついでボルジンの第二子ショントホイが管理した。ついで第四子テジンが管理した。ついでショントホイの子エンテヘイが管理した。ついでエンテヘイの子エシテンが管理した。今、エシテンのいたポストにニル・ジャンギンを任命することについて、謹んで上奏して仰せを請う。

このニルはボルジンが一族郎党を率いてヌルハチに帰順したことに始まるもので、そのさい、いわば本領安堵のかたちでそのままニル・ジャンギン（エジェン）職に任じられて引きつづき管轄し、以後その子孫が代々世襲したというのである。そして、添附書類として、後任候補七人の身上を書きだしたリストと、歴代在任者および候補者の続柄を示す系図が添えられていた。

申立ての内容を整理すると、（一）ニルの縁起、（二）ニルの継承過程、（三）現任者・後任候補の身上に大別することができる。ここからつぎの諸点が知られよう。すなわち第一に、なにを来源とし、どのようにして編成されたかという、ニルの起源が最重要の位置づけを与えられていたということである。ニルに組織された人びとの来源とニル創立の始祖の功績とが、それ以降のニル管轄職の継承の根拠とされているのである。第二に、現任者までの歴代在任者と後任候補者が、すべて創立者の子孫であるということである。すなわち当該ニル管轄の継承資格は、家系に付着し専有されたものなのである。これが官職の私物化・家産化によるものではなく、制度的に公認されたものであることは、後任選定にあたり系図が必要書類とされていることから明らかである。

しかし同時に、たとえ来源が元来の所領であり管轄権の世襲が保障されているにしても、あくまでそれが八旗制下のニルとして編成・把握され、支配権は官職のかたちで授与されねばならなかったということが、第三点として指摘できる。始祖の功績を根拠とし、世襲が権利として認められていても、相続自体は族内で決めるのでも長子などに自動的に決まるのでもなく、そのつど公的な人選・裁可が必要なのである。

このように、マンジュ旗人層には、国家創業以前にさかのぼる独立した領主としての側面と、国家組織のなかに位置づけられ公的な人事に依存する官僚としての側面という二つの性質が、八旗制のもとで融合して存在していたのである。

世職の授与と辞令書

他方、家にとっての所領としての性格をもつニルに対し、旗人個人に授与する色彩のつよい世職の授与はどうだろうか。ニルの任免・継承の具体的手続き・書類については当初は不明の点が多いが、世職については、ヌルハチ時代から辞令書を交付して授与していたことが、国初のマンジュ語年代記『満文老檔《まんぶんろうとう》』（一六〇七―三六年分を収録）などに多数みえる。

一例をあげよう。『満文老檔』天命八年（一六二三）五月三日条に、つぎのような記事がある。

同じその日、「ハンがいうには、ヤングリはあらゆる戦で先頭に立って行動した功により、一等総兵官の職を与えた。子々孫々、代々この職を絶やさない。ガガイ・アドゥン〔いずれも過去に粛清された大臣〕のように政道にそむく罪を犯せばその身を殺すが、過って罪を得たときは殺すべき罪であっても殺さず、財貨を取るべき罪であっても財貨を取らない。一二〇五両の罪を免じる。」

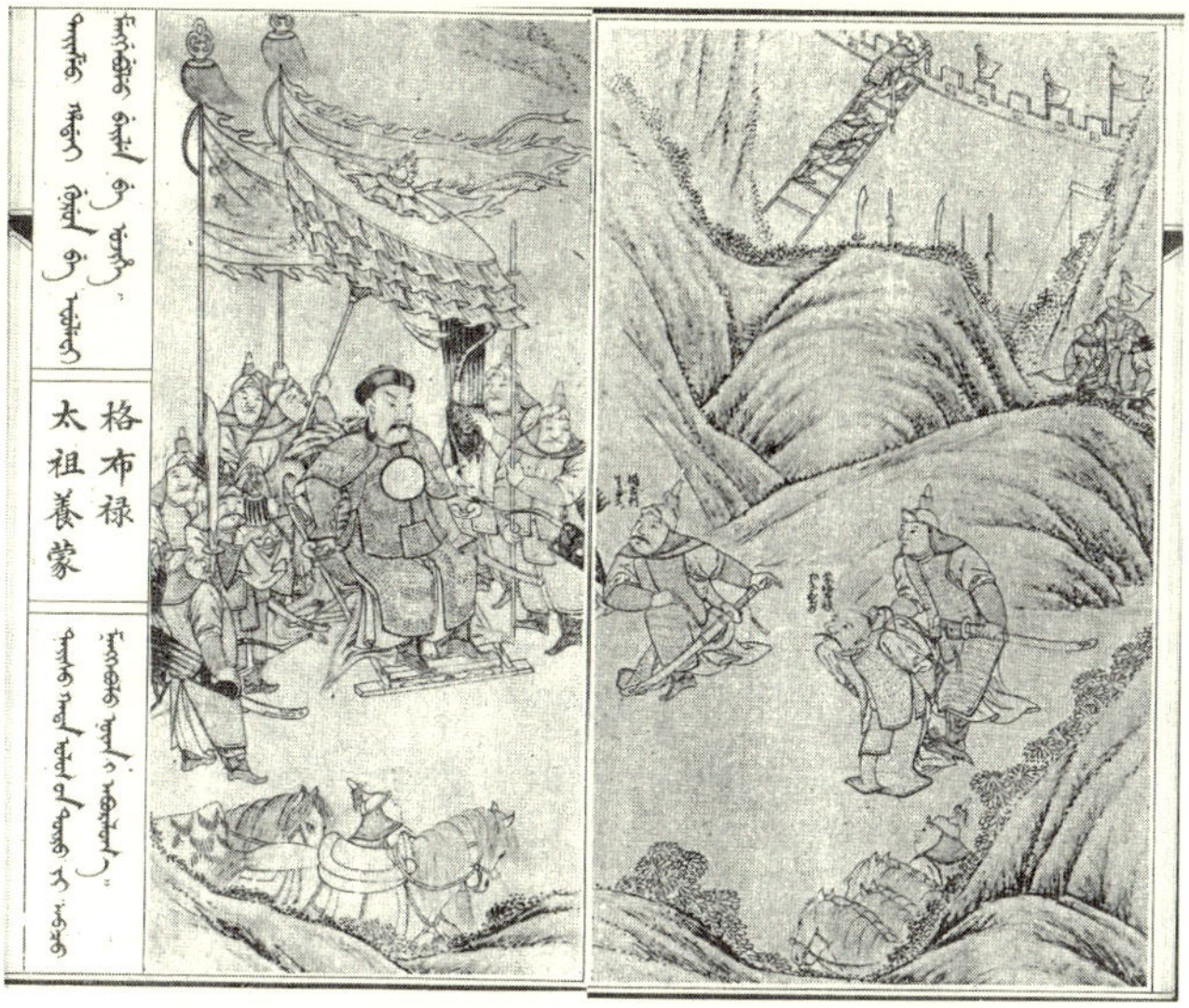

図２　ハダ国を滅ぼし、王（図右）を捕らえてヌルハチ（図左）の前に引き出す重臣ヤングリ（図中央で片ひざをついている人物）。『満洲実録』巻３、己亥年（1599）９月条。本文は上段からマンジュ文・漢文・モンゴル文。行は左から右に進む。

この言を文書にして、八王以下、備禦以上が首に掛けている。黄色の勅書に書いて印を捺《お》し、ヤングリに与えてある。

ヤングリは日本海沿岸にいたクルカ部族の首長家という名門で、少年時代に帰順して以来戦功をかさね、ヌルハチ、ホンタイジ二代にわたって宿老として重きをなした。これは、そのかれが世職最高位である一等総兵官を授けられた記事であり、「黄色の勅書」が与えられたことが記されている。ここでいう勅書（マンジュ語でエジェヘ）とは、辞令書のことである。分析を加える前に、ヤングリに与えられたもう一通の辞令書をみてみよう（『満文老檔』天命一一年五月条)。

「ヤングリを、いずれの戦でも一身に引き受けて頭となって行動した功で、八王につぐ左翼の兵の主、一等総兵官とした。三度死ぬ罪を免じる。千二百五両の罪を免じる。」この言を文書にして、八王以下、備禦以上が首に掛けている。

先の記事はかれ単独の授与の記録であったが、こちらは天命一〇年(一六二五)八月付で多数の旗人に授与した勅書の記録リスト中の一通である。ここには四百人近い旗人に与えた勅書が抄録されており、このとき発給した勅書の台帳というべきものとみられる。全体の冒頭部には、

「天命で時運を受けたハンがいうには」から「怠るな」にいたるまでの訓言を、総兵官以下、備禦にいたるまですべての勅書のはじめにみな書いてある。「怠るな」について各等の諸大臣の名を挙げて、功・死すべき罪・取るべき罪を書いてある。

として凡例が書かれている。つまりこのとき授与した勅書には、共通の定型文言、大臣名、等級すなわち世職、それに「功・死すべき罪・取るべき罪」が書かれているというのである。したがってヤングリ勅書も、ここでは省略されているが、現物には冒頭に「天命で時運を受けたハンがいうには」で始まる定型文言があったのであろう。

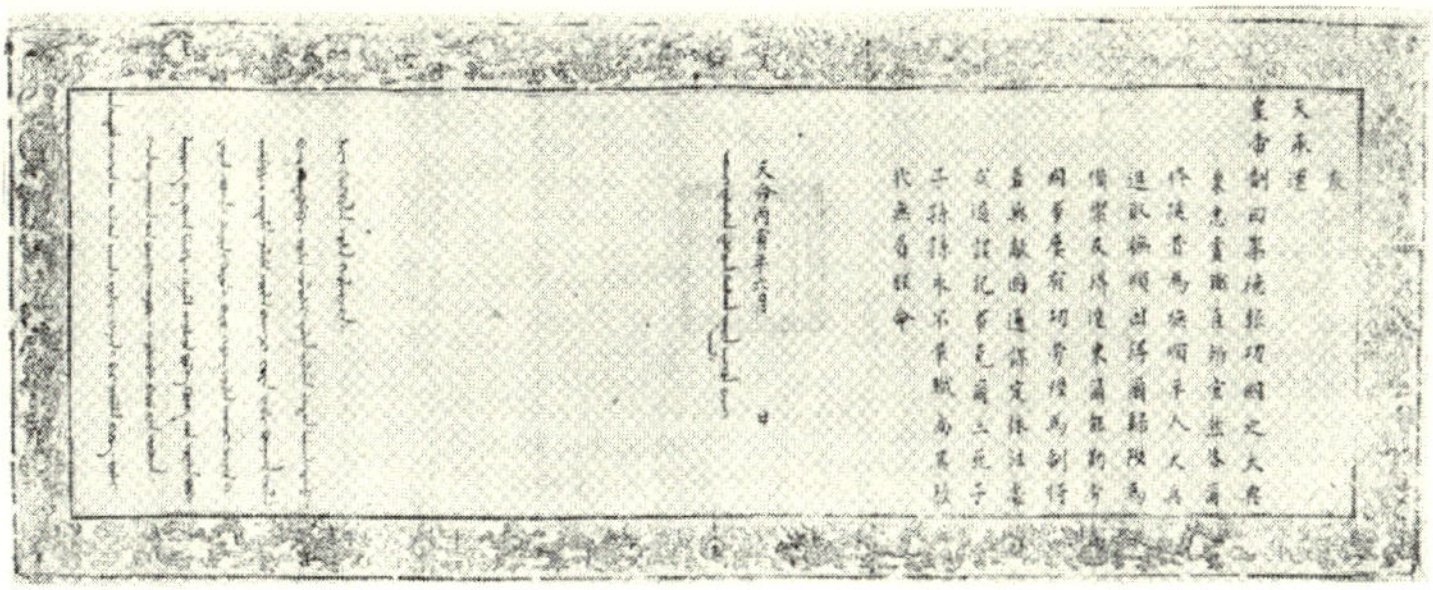

図3 「佟延《とうえん》天命丙寅年勅書」（『清代檔案史料叢編』第七輯、口絵図版）。
天命丙寅年（1626） 6月に佟延を副将に任じた勅書。左から右に向かって満文で、右から左に向かって漢文でそれぞれ同文が記され、両文末尾の日付がくる中央部に、ハンの印が捺される。

内容には精粗の差があるし、文言も多少異なるが、ヤングリが二年余の間に授かった勅書二通はおおむね共通しており、一定の様式・内容がすでに定まっていたことが読みとれる。そこでこれらをまとめれば、勅書すなわち辞令書の内容・形式は、つぎのように整理されよう。

①発行者・授与者。「ハンがいうには」とあるように、ハン＝皇帝であることが明示されている。

②共通文言。定型の訓示がかかげられるが、天命八年の授与記事にはみられないように（省略された可能性もあるが）、必ず記載されるわけではないようである。

③受給者。任用される人名が明示される。

④功績。叙任理由となる受給者の功績が記載される。ただし、ヤングリのように具体的に明記される例はむしろ少ない。

⑤世職。辞令書としての主内容である。

⑥刑罰免除権。叙任に付帯して、免罪特権が付与される。内容は、大逆罪など減刑されない重罪以外に対する死罪寛免権と贖罪《しょくざい》権からなり、死罪寛免権はその回数、贖

罪権は罰金刑の金額表示で示される。

⑦世襲権。これは高位世職に限られ、規定も当初は厳密ではないが、「子々孫々」「代々」などといったかたちで、受給者本人だけでなく将来にわたる世襲権が記される場合がある。

なお、台帳とちがって個々人に授与された勅書現物はほとんど伝存しないため、モノとしての勅書については詳しいことはわからないが、数少ない現物である「佟延《とうえん》天命丙寅年勅書」（天命一一年）によれば、さらに末尾に日付が記され、そこに印が捺されるようである。すなわち、⑧発給日付をさらに加えることができよう。

それにしても、北京に入ってからならいざ知らず、明との全面戦争のさなかに、文書行政にそれほどなじみがあるとも思われない人びとを対象として、これだけまめに辞令書が作成・交付されていたことは一種のおどろきである。なぜそれほどに辞令発給がおこなわれるのか、またそれが『満文老檔』などの一級史料に長々と記載されるのか。それは、かれらの社会において、またかれら自身が組織した国家において、たんなる顕彰や古証文ではない重要な意味をもつからであろう。そこで、マンジュ国の辞令書すなわち勅書をさらに分析してみよう。

勅書の発給と運用

対象は異なるが、辞令書を分析・駆使したすぐれた研究の成果に学ぶと、任用文書・任職文書たる辞令書の構成要件は、㈠発給者、㈡受給者、㈢給与内容、㈣発給年月日、の四つからなるという。「いつ、誰の名で、誰に対して、何を与えるか」ということである。これを念頭において右の①〜⑧に整理を加えると、（一）と①、（二）と③、（四）と⑧は、いずれも問題なく合致する。（三）の給与内容、すなわち発給者が受給者に対し、辞令書の交付を通じて与える内容という点に関しては、マンジュの場合は、官職だけでなく特権の付与などもあって、やや複雑である。また、功績の認定・記載のように、給与内容というにはそぐわないが、付帯特権・世襲権と密接に関係する内容もある。ここでは、これら認定内容とよぶべきものもふくめて、（三）給与内容として把握することとしたい。その内容は、授与される世職（⑤）、認定される功績（④）、そして刑罰免除権・世襲権などの付与特権（⑥⑦）からなる。このように整理すると、マンジュ国の勅書は、辞令書としての一般的要件をじゅうぶん満たしているといえる。むしろ、辞令書として必要な条件をこえて盛りこまれた部分さえある。このことについては、のちにあらためてふれるであろう。

では、このような内容をもつ辞令書すなわち勅書は、どのように運用されていただろうか。まず、作成と授与について。先の『満文老檔』の記事から復元すれば、ある旗人に世職を授けるさいには、まず専用の「黄色の勅書」用紙（図3）に本文を書いてハンの印を捺し、これを受給者本人に授与する。いっぽう、発給者たるハンの手許には控えの台帳があり、発給のつどその内容が摘記される。くわえて、「この言を文書にして、八王以下、備禦以上が首に掛けている」とあったように、実際にいつも首にぶら下げていたわけではないにせよ、八旗の旗王・旗人たちも勅書の発給・叙任を確認するようになっていた。さらにそれだけでなく、控えの台帳は、八旗各旗でも一部ずつ作成・管理することとされていた（『満文老檔』天命八年五月五日条）。

つぎに、発給後の運用・管理について。辞令書というものは、あるポストにある人物を任用するた

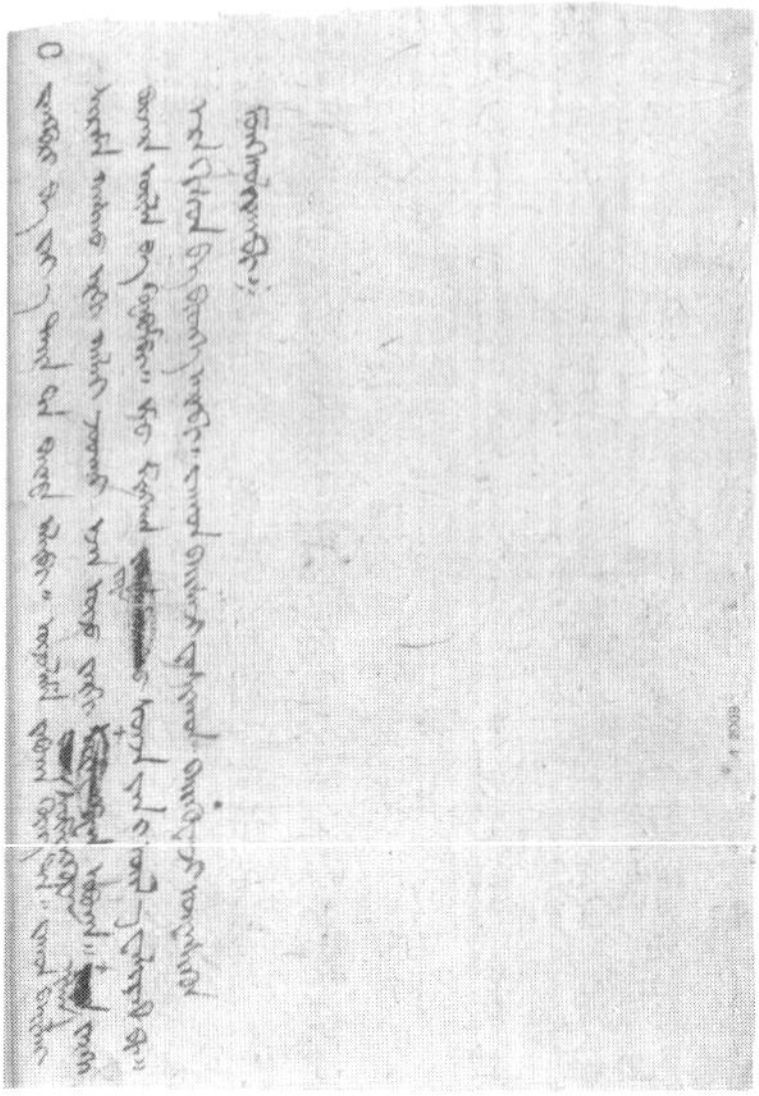

図４　『満文原檔』に収めるヤングリ勅書の控え（『満文原檔』「黄字檔」所収）。
天命10年（1625）の授与後、世職・死罪寛免権が書き換えられている。

めの公文書であり、任用のさい一回だけ使われるものにすぎない。そもそも、発給後に受給者名なり給与内容なりが書き換えられたとしたら、そのほうが問題であろう。ところが、マンジュ国の勅書は〝生きた書類〟であった。たとえば、先にあげた天命一〇年のヤングリ勅書には、給与内容は世職一等総兵官・死罪寛免権三回・贖罪権百二十五両分とあった。ところが『満文老檔』のもとになった清書前の満文古文書冊『満文原檔《まんぶんげんとう》』の該当部分をみると、世職・死罪寛免権ともに書き換えられていることがわかる（図４）。じつは世職はいったん一等副将に降格され、その後ふたたび一等総兵官に返り咲いたものであり、また死罪寛免権は発給当初は十回で、七回分差し引かれて三回になったのである。このように世職の昇降や賞罰があるたびに、勅書台帳と、おそらくは受給者本人の手許の勅書とが、まめに書き換えられたのである。

勅書と原簿とは厳格に照合されていたらしい。くだんのボルジン家は、始祖ボルジンの死後、世職の勅書を紛失したために継承が許されなかった（『八旗通志初集』巻一六二）。ニルのほうは冒頭みたとおり世襲しているし、故人を知る重臣たちもまだ健在であるにもかかわらず、照合すべき勅書をなくしたがために、つれなく不許可とされたのである。子孫に伝えられたボルジン家の世職は、第四子テジンが己の武功でふたたび一からかちとったものであった。

勅書が認定する世職と「功」

このようなマンジュ的辞令書＝勅書の内容と運用から、なにを読みとることができるだろうか。

まず指摘できるのは、これはハン＝皇帝が臣下に対して発給するものだという点である。あたりまえのことのようだが、これは発給権をもつのがハンのみであるということを意味する。八旗を分有支配する旗王たちや、担当大臣の名義で発給された辞令書は、知られるかぎり存在しないのである（ただし、のちに三藩《さんぱん》となる漢人軍閥は例外）。つまりこの点からみるかぎり、マンジュ＝大清国においては君臣間の一方的上下関係が存在し、任命権・発給権はハンが一元的に掌握していたのである。

では、ハンを頂点とする整然とした一元的な権力が成立していたかというと、そう単純にはいいきれない。世職の授与が旗王・旗人たちに周知され、控えの台帳が各旗にもそなえられたように、発給・管理はハンと受給者の二者だけでなく、八旗全体の関与のもとでおこなわれていたのである。これは、恣意的な与奪・昇降を防ぐものであるだけでなく、寵臣の取り立てのように、発給者・受給者二者間で正当に完結しうる人事をも監視・制約する仕組みであったといいうる。このように、ハン＝皇帝の集権的権力と八旗制下の連合体制というマンジュ＝大清国をつらぬく二つの特質が、勅書の発給・管理においても看取できるのである。

興味ぶかいことに、ヌルハチ時代には、世職授与時の勅書発給に対し、しばしば旗人が職務履行を宣誓する誓書を提出していた。これは一見するとハンの専制性を示すもののように思われるが、誓書の提出という行為は、そこにいかに上下の関係があろうとも、君主の絶対的な優位がまだ成立していないことを意味する。絶対的な権威が確立していれば、君主はただ一方的に任命・委任すればよいのであって、いちいち誓書などとる必要はない。ここにもまた、臣下に有無をいわせない強力なハン権力と、にもかかわらず授官の証明書を公開発行し、委任に対し誓約をとりつけるというある種双務的な権力秩序との並存を読みとることができる。

勅書はまた、辞令書でありながら一回性にとどまらず、随時書き換えがなされていた。これは、かれらの運用法がユニークであるというだけでなく、先に指摘したように、給与内容として辞令書の条件をこえる内容が盛りこまれていることにもよる。そこで内容についてみてみると、給与内容たる世職とともに、給与理由と剝奪条件とが明示されていることが注目される。前者は、ヤングリ勅書にみえた「あらゆる戦で先頭に立って行動した功」をはじめ、他国・遠地などから帰順した場合の「本地を離れて従ってきた功」、功臣の子に対して認めた「父の功」など、さまざまなかたちの「功」として表現・把握された。漢語起源の「功」は、マンジュ語でも漢語そのままにグン（gung）というが、これは漠然と手柄一般をいうのではない。「功」とは国家に対するあらゆる寄与を包含する幅の広い概念で、右にみたように戦闘・統治における功績も「功」ならば、手間をかけさせず自発的に帰順することも「功」であり、また父兄のたてた「功」は、国家への寄与という点で不動なるがゆえに、子弟に継承しうるのである。「功」の特徴は、第一に国家が認定したものであること、第二に数値化され継承や加減が可能な概念であることである。このような「功」を具体的に表現するものが、世職とそれに附随する特権であった。

端的な例として、天聡六年(一六三二)に建国の重臣のエイドゥ家が「功」の認定・世職回復を請求した一件がある(『老檔』天聡六年正月二〇日条)。エイドゥの息子たちが「父の功が絶えているので、子らが父の功をこのとおり求める」とて、エイドゥが生前みずからの歴功を列記した記録を提出したのに対し、ホンタイジは「この功のぶんの官職はすでに年長の子らに与えたが、罪によって免職していたのだ」といって、あらためて末子《ばっし》のエビルン(のちの康熙《こうき》帝幼少時の輔政大臣)に一等総兵官の世職を授けた。ここにみえる「功が絶える」「功を求める」といった表現は一見奇異に映るが、これは「てがら」という意味ではなく、「認定された〝功〟によって得られることになっている得分」ということなのである。このように「功」とは堂々と請求できる権利であり、かつ官職・位階におきかえられるものであった。やりとりしたり足し引きしたりできるという点で、一種のポイントのようなものということもできよう。

いっぽう、これと対応して、勅書にはまた、給与内容の剝奪条件として「罪」(マンジュ語ではウェイレという)が明示されていた。叛逆などの大罪は減免なし、過失・失策などの場合は一定の刑罰免除権を付与するというかたちで、減等・剝奪の条件が示されているのである。このことは、授与・管理と同様に内容面でも、公平性・透明性の確保がつよく意識されていたということを意味する。ここにもまた、一元的だが絶対的ではない関係を見いだすことができよう。

このように、勅書によって付与された給与内容は、国家が認定した「功」にもとづいて選定・授与され、国家が明示した条件にもとづいて減等・剝奪されたのである。これは見方を変えていえば、給与内容とはたんなる〝御恩〟ではなく、国家から公式に認定された臣下の側の〝権利〟でもあるということである。つまり勅書とは、受給者たる旗人の側にとって、官位や刑罰免除権を記録した権利書であり、国家に対する功績の認定書でもあったのである。くわえて、そこで認定された「功」は、家の功績として世職やニル領有のかたちで代々受け継がれ、時の皇帝でも恣意的に剝奪することはできなかった。

であるならば、世伝されるべき「功」とともに、「功」の伝わった過程の明示と継承資格者の範囲の確定とが重要となってこよう。かくて系図・家譜の作成が、国家・旗人の双方において重要な関心事となるのである。

権力秩序を支える系譜と由緒

マンジュ旗人にとって、支配層としての地位や特権は、帰順以前からの勢力・門地がただちに保障してくれるわけではなく――尊重・考慮はされるにせよ――、ハン＝皇帝による認可・承認によってはじめて獲得できるものであった。領民統治にかかわるニルと異なり、旗人個々人の「功」に対する恩典という性格をもつ世職は、とくにその色合いがこい。ニルの継承・任免の手続きが初期においてあまり明らかでないのに対し、勅書をとおした世職の与奪・昇降のシステムが早い時期から整えられていたことも、これと関係しよう。しかし同時に、世職は世襲権と不可分に結びつくために、政権が安定しそのもとで世代交代が進むなかで、世職の授与・保有は、個人への権利付与という側面をこえて家系への権利付与という側面をつよめていく。ここにおいて、国家による官人層編成の面でも、編成される旗人各家の側においても、ともに系譜の把握・記録が重要な問題となるのである。

くわしい実態はわからないが、旗人各家・各ニルにおいて、早くから勅書をもとにして世職・ニルの継承記録が家譜のかたちで作成されていたとみられている。これらは、先にみたエイドゥ家の申立てのように、ときに公的な場で活用されることもあったが、基本的に私的な文書・編纂物にとどまった。ところが康熙六一年（一七二二）に即位した雍正帝は、八旗制度全般にわたる大改革に着手し、その一環として、雍正五年（一七二七）に八旗の要覧「八旗通志」の編纂を下命した。これが、帝の歿後完成する『八旗通志初集』（乾隆四年、二百五十巻）である。

雍正帝は、そのために旗人各家・各ニルに系図・家譜の提出、由緒書の作成・提出を命じ、それをもとにしてニルに関する佐領家譜冊、世職に関する世職家譜冊の編纂が始められた。系図・家譜がもともと各家で作成されていたことは、雍正帝の下命に先だつ雍正三年のボルジン家のニル相続のさいに、家譜が添えられていたことからも知られる。雍正以降、これが公的な位置づけを与えられるようになったのである。ここにおいて、勅書と系図にもとづいて編まれてきた各家の家譜は、「家」の「功」とその相伝を記録・証明する公文書となったのであり、以後佐領家譜冊・世職家譜冊は相続の証拠書類として位置づけられた。

ついで雍正一三年（一七三五）に即位した乾隆帝の命により、旗人系譜を集成した『八旗満洲氏族通譜』（乾隆九年、八十巻）が編纂された。その形式は、氏族（ハラ）ごとに巻を立て、さらに地方ごとに類別したうえで、始祖や代表的人物を立伝して、以下その子孫を列記するというものである。こ

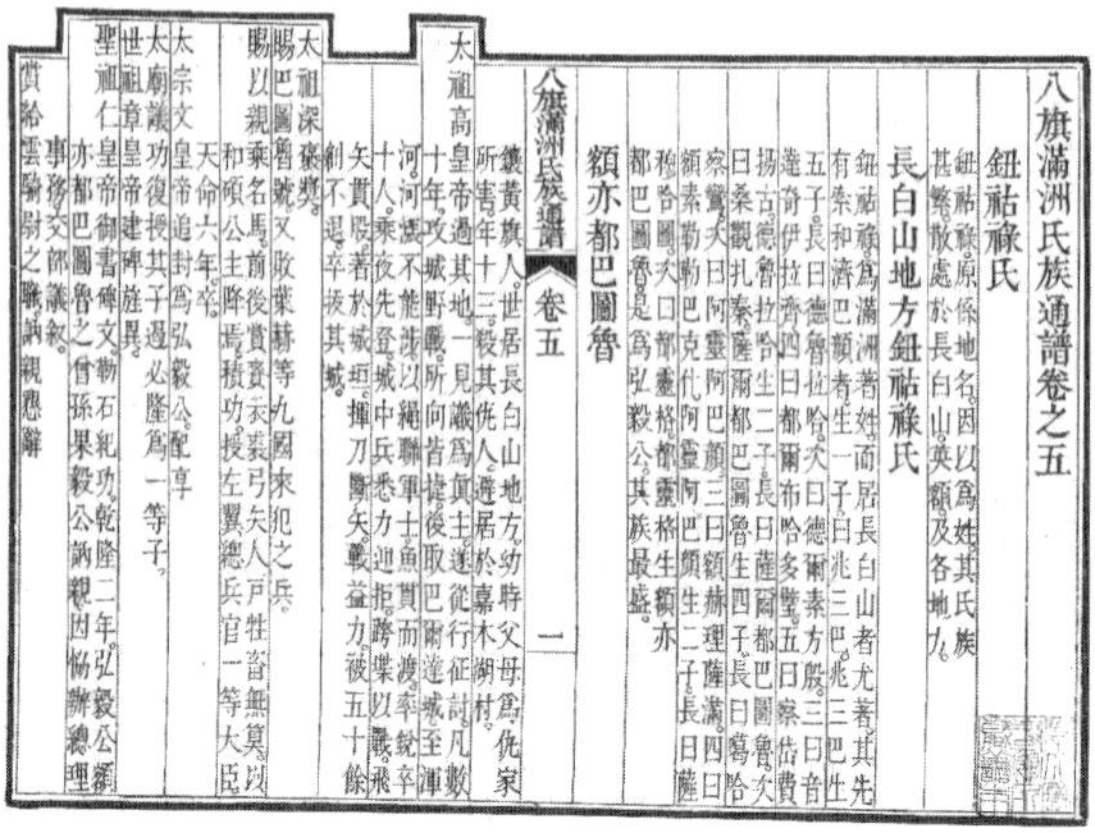

八旗滿洲氏族通譜卷之五
鈕祜祿氏
鈕祜祿原係地名因以爲姓其氏族
甚繁散處於長白山英額及各地方
長白山地方鈕祜祿氏
鈕祜祿爲滿洲著姓而居長白山者尤著其先
有索和濟巴顏者生一子曰兆三巴兆三巴生
五子長曰德魯拉哈次曰德爾素方殷三曰音
達奇伊拉齊四曰都爾布哈多璧五曰察岱費
揚古德魯拉哈生二子長曰薩爾都巴圖魯次
曰桑觀扎秦薩爾都巴圖魯生四子長曰葛哈
察鸞次曰阿靈阿巴顏三曰額赫理薩滿四曰
額素勒勒巴克代阿靈阿巴顏生二子長曰薩
穆哈圖次曰都靈格都靈格生額亦
都巴圖魯是爲弘毅公其族最盛
額亦都巴圖魯
八旗滿洲氏族通譜　卷五　一
鑲黄旗人世居長白山地方幼時父母爲仇家
所害年十三殺其仇人避居於嘉木湖村
太祖高皇帝過其地一見識爲眞主遂從行征討凡數
十年攻城野戰所向皆捷後取巴爾達城至渾
河河漲不能涉以繩聯軍士魚貫而渡率銳卒
十人乘夜先登城中兵悉力迎拒躋堞以戰飛
矢貫股著於城垣揮刀斷矢戰益力被五十餘
創不退卒拔其城
太祖深褒奬
賜巴圖魯號又敗葉赫等九國來犯之兵
賜以親乘名馬前後賞賚衣裘弓矢人戸牲畜無算以
和碩公主降焉積功授左翼總兵官一等大臣
天命六年卒
太宗文皇帝追封爲弘毅公配享
太廟議功復授其子遏必隆爲一等子
世祖章皇帝建碑旌異
聖祖仁皇帝御書碑文勒石紀功乾隆二年弘毅公孫
亦都巴圖魯之曾孫果毅公訥親因協辦總理
事務交部議叙
賞給雲騎尉之職訥親懇辭

図5『八旗満洲氏族通譜』（漢文本）。写真は巻5、長白山地方ニュフル氏巻頭のエイドゥ伝。

れは、全八十巻のうち六十五巻までにマンジュ姓氏六百四十余を収めるが（六六巻以降は八旗満洲所属のモンゴル・朝鮮・漢人姓氏）、その配列は、はっきりとうたってはいないが明らかに家格の高下にしたがっており、有力な十数氏族だけで前半部を占めている。

ところが、『八旗満洲氏族通譜』を一読して戸惑うのは、その表題とはうらはらに、系譜の記録になっていないことである。各伝は、たとえば「Aに三等伯を授けた。死んだので子のBに継がせた。死んだので叔父のCに継がせた。戦功があったので二等伯に昇せた。死んだが後継ぎがいないのでAの孫のDに継がせた」のごとく記される。これでは、Aの孫であるDがBの子なのか甥なのかさえもわからない。つまり、これはある家の系譜そのものではなく、その家に与えられた世職の継承の記録なのである。

他方、所領に相当するニルの相伝を記録したのが『八旗通志初集』巻頭部に収める「旗分志」である。これは、北京の八旗に属する千をこえるニルすべての継承を記録したもので、ボルジン家のニルも、鑲紅旗満洲第四ジャランの第一ニルとして収められている。そこには、相続にさいしてのくだんの申立てと同様、このニルが初代ボルジンの出身であるワンギヤ部の人々を編成したものであること、それが以後代々どのようにして継承されてきたかが明記されている。

このように、一八世紀に整備される八旗の公的記録は、旗人各家系が国家に対しどのような由緒をもち、それがどのような官職・爵位として反映され相伝されてきたかを記録・公開することに主眼があったのである。これらの公的記録のあり方は、旗人社会が家系・家格を重視する社会であったこと、さらにそのもととなった系図・家譜が公的な位置づけを与えられ、個々の家の存立と密接に関係していたことを示すものにほかならない。

八旗制下の「家」と国家

次章はじめ本書の諸章であつかわれる琉球王国を「辞令書王国」と表現したのは、高良倉吉氏であった。じつは、本章でマンジュ＝大清国の辞令書すなわち勅書を検討するさいに援用した研究とは、はるか南の海上に浮かぶ琉球王国の辞令書を分析した高良氏の研究のことであった。同時代なれど一見無縁に思われる北のマンジュ＝大清国が、意外にもさしずめ「辞令書帝国」とでも形容するにふさわしい観を呈していたことは、本章でみたとおりである。とともに、帝国が拡大をつづけ、世代交代が安定的にくり返されるようになるなかで、重点はしだいに個人から家系へと移り、一七世紀後半には辞令書にかわって系譜が社会編成の中心に浮上してくる。このような推移もまた、南北の興味ぶかい並行現象といえるであろう。もとより、両者の間になんの連関も模倣関係もなかったことはいうまでもない。しかし、にもかかわらず、ともに中国の漢人社会とは相違した社会を築いていたという点において、両者はふしぎな一致をみせるのである。

近世の漢人社会は、賦課される負担であれ付与される特権であれ、公権力からのなんらかの割り当てを、血筋や地縁から切りはなしてゆく方向に展開していたということができよう。血統ではなく、個人に対する能力（人格）判定によって特権付与・負担免除をおこなう科挙制度は、その核心をなすものである。これに対し、清代のマンジュ社会は、公職・公的負担が家系と結びつくことが、八旗制のもとで制度化されていたのである。そもそもマンジュ人の定義自体が、漢人一般の民籍と区別される旗籍（八旗専用の戸籍）に登録されていることを条件のひとつとしており、かれらは軍務を本業とすることが定められ、農工商業に従事することは禁じられていた。すなわち、ひとつの身分集団を構成していたのである。そして領主層も領民も、世職・八旗官から一般兵丁まで各種の公職・公務を、それぞれの地位・出自に応じてになっていた。身分・職業や社会的地位と公的負担との結びつきを「役《やく》」とよぶならば、八旗制のもとに組織されたかれらのグルンは、いわば「役」をになうマンジュ旗人の「家」々と、その連合体として描きだすことも可能であろう。

いっぽうでこれは、その存立基盤を八旗すなわち国家に全面的に依存するものであり、そのために「家」の功績と由緒とを証明するのが家譜であった。すなわち、漢人社会における宗族《そうぞく》が、王朝と価値観を共有しながらも、いずれ交替する個別の王朝とは一線を画して生きのこるための戦略的選択であり、そのための手段のひとつとして族譜が私的な編纂物でありつづけたこととは、性格を異にする。ここに、三百年つづいたマンジュ支配の強靭さと、王朝崩壊とともに社会までもが運命をともにしていかねばならなかった一体性とに通底する理由を見いだすことができよう。
ひるがえって、マンジュ旗人社会は一六四四年前後を通じて連続して存在したという、あたりまえのはずでありながら軽視されている事実に、あらためて目を向けねばなるまい。たしかに、入関とともに北京はじめとする漢地のただなかに入ったために、明示的・排他的な領域をもったかたちでかれらの社会を空間的に切りとることはむずかしい。しかし、冒頭にのべたように、国家をいうグルンとは、国人・国民のことでもあった。その意味では、巨大な大清帝国の領域、膨大な漢人人口のなかにあっても、そこにかれらのルールで動く独自の社会が存在するかぎり、そのグルンは確固として存在しつづけたのである。では、そのルールにはほかにどのようなものがあるか、またそれはどう移り変わっていくか。なぜ無縁のはずのマンジュ国と琉球王国が相似した特質をみせるのか、その共通点と相違点は。その対比から、なにが浮かびあがってくるのか。新たな、そして魅力的な課題ではないだろうか。

参考文献

岡田英弘・神田信夫・松村潤　二〇〇六（一九六八）『紫禁城の栄光——明・清全史』東京：講談社学術文庫（初版文藝春秋社）。
岸本美緒　一九九八「東アジア・東南アジア伝統社会の形成」樺山紘一ほか編『岩波講座世界歴史一三　東アジア・東南アジア伝統社会の形成　一六—一八世紀』東京：岩波書店。
杉山清彦　二〇〇八「大清帝国と江戸幕府——東アジアの二つの新興軍事政権」懐徳堂記念会編『世界史

を書き直す　日本史を書き直す――阪大史学の挑戦』大阪：和泉書院。
高良倉吉　一九八七『琉球王国の構造』東京：吉川弘文館。
――　一九九三『琉球王国』東京：岩波新書。
――　一九九八「琉球王国の展開――自己改革の思念、「伝統」形成の背景」『岩波講座世界歴史一三　東アジア・東南アジア伝統社会の形成　一六―一八世紀』東京：岩波書店。
谷井陽子　二〇〇四「清朝入関以前のハン権力と官位制」岩井茂樹編『中国近世社会の秩序形成』京都：京都大学人文科学研究所。
尾藤正英　二〇〇六（一九九二）『江戸時代とはなにか――日本史上の近世と近代』東京：岩波現代文庫。
細谷良夫　一九六八「八旗通志初集「旗分志」編纂とその背景――雍正朝佐領改革の一端」『東方学』三六輯。
――　一九七二「「鑲紅旗檔――雍正朝――」について」『東洋学報』五五巻一号。
――　一九九一「「満文原檔」「黄字檔」について――その塗改の検討」『東洋史研究』四九巻四号。
松浦　茂　一九九五『中国歴史人物選11　清の太祖　ヌルハチ』東京：白帝社。
三田村泰助　一九九〇（一九六九）『世界の歴史14　明と清』東京：河出文庫
矢澤利彦　一九九三『西洋人の見た十六―十八世紀の中国官僚』東京：東方書店
『満文老檔』満文老檔研究会訳註、全七冊、東京：財団法人東洋文庫、一九五五―六三年。
『鑲紅旗檔――雍正朝』東洋文庫清代史研究室訳註、東京：財団法人東洋文庫、一九七二年。
『韃靼漂流記』東洋文庫、園田一亀、東京：平凡社、一九九一年（初版満鉄鉄道総局庶務課、一九三九年）

第六章　近世琉球の社会と身分

――「家譜」という特権

渡辺　美季

家譜をめぐる裁判

一八六〇年閏三月、琉球王国の士《サムレー》・佐久川里之子《サトヌシ》親雲上《ペーチン》は王府（政府）の裁判所へ訴えを起こした。事情があって系図座という役所に保管されていた親戚の平田家の家譜（系図）が、どういうわけか島袋という人物の手にわたり、かれが平田の子孫と称していることが判明したので、その糾明を求めたのである。さっそく取り調べが開始されたが、この事件の背景には複雑な経緯があり、結審まで十年近くを要する長期裁判となった（比嘉・崎浜　一九六五）。

いったい、なぜこのような事件が起きたのだろうか。そもそも当時の琉球の人びとにとって家譜はどのような意味をもっていたのであろうか。本章ではこの事件を手掛かりに、家譜をめぐるさまざまな現象をひもとき、家譜とはなにかという問題を考えていくことにしたい。

中日の狭間としての近世琉球

琉球は一二世紀ごろに王国形成を開始し、その後「沖縄県」として日本に組みこまれる一八七九年まで、東アジアの一王国として存続してきた。その対外関係の主軸となったのは一四世紀後半に開始された中国との君臣関係（冊封・朝貢関係）である。いっぽうで一六〇九年、琉球は薩摩藩の侵攻に敗れ、以後は徳川幕府の支配をも受けるようになった。すなわち一六〇九年（薩摩の侵攻）から一八七九年（王国の消滅）までの二百七十年間、琉球は中国・日本に二重に臣従するという複雑な国際的立場におかれていたのである。この期間を琉球史研究では一般に「近世」と区分している。

近世はまた、中日両国からの諸制約を受けつつも——むしろそれゆえに——、琉球が王国としての自意識を強化し、中日どちらにも包摂されない自律性を発揮した時代でもあった。この傾向は、一七世紀中葉から約一世紀にわたって王府が推進した国家体制の刷新・強化の動きのなかでとりわけ顕著になっていく。この王府の施策とあいまって、やがて琉球は中日の影響をさまざまなかたちで消化しながら固有の文化や社会状況を確立していった。今日われわれが「沖縄の伝統」とよんでいるような文化・芸能・工芸・風習はほとんど近世において形成されたものである。そしてまた、本章でとりあげる家譜もまたこの時代の産物であった（高良 一九九八）。

家譜の成立

家譜は、王府による国家体制の刷新・強化の取り組みのなかで制度化された。その端緒は、一六八九年に王府が家臣層（当時王府に奉職していた人びと）に対して家譜の作成と提出を命じたことにあった。これにより王府は、それまでおもに個々人の役職や位階を通じて把握していた家臣層を、家格という規準によって——具体的にはその家の祖先の王府への奉職時期・家業・戸籍などの区別によって——格付けしなおそうとしたのである。つまり、王府は従来の「国王と個人とによる（ともすれば一過的な）君臣関係」としてではなく、継続する「家」の束として家臣団を組織化しようとこころみたのであった（田名 一九九〇、一九九二、二〇〇二。本章の記述は多くこれらに拠る）。

王府の命を受けた家臣たちは、さっそく家譜の作成に着手した。家譜には客観的な裏付けが求められたため、家臣の各家では、先祖に発給された国王の辞令書など自家の古文書類をそろえ、そのほかにも碑文の記事など祖先の認定に結びつくような史料を収集し、家譜の記載の信憑性を高めようとした。こうして作成された各家の家譜の草稿は、やがて王府内に新設された系図座という役所に提出された。

系図座では担当の官人らがこれらの草稿を厳しくチェックし、記載事項の真偽の検討や、家譜への搭載の許可・不許可の判断をおこなった。そのうえで添削済みの草稿をいったん各家へと返却した。すると、各家は系図座の添削にしたがってこの草稿を清書し、正副二冊を作成してふたたび系図座に提出した。系図座はそのうちの一冊を保管し、もう一冊には「首里之印」の四字を刻した御朱印（国王印）を押し、さらに別紙の挿入や記事の勝手な書き足しを防止するための押印を適所に加えたうえで、それぞれの家に頒賜《はんし》した。このとき作成された家譜の総数は不明だが、一七二八年の段階では一三七〇冊余の家譜が存在していたという。また、沖縄県が設置されてまもない一八九四年の段階では

写真1　表紙（複製）

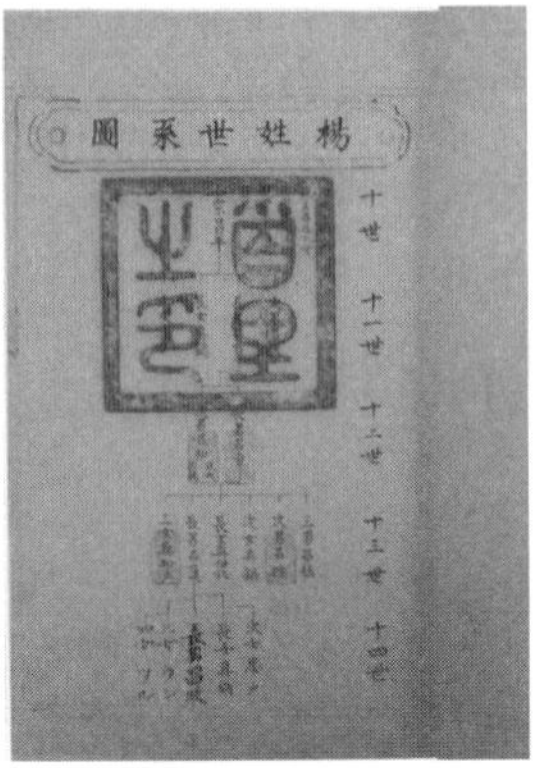

写真2　世系図

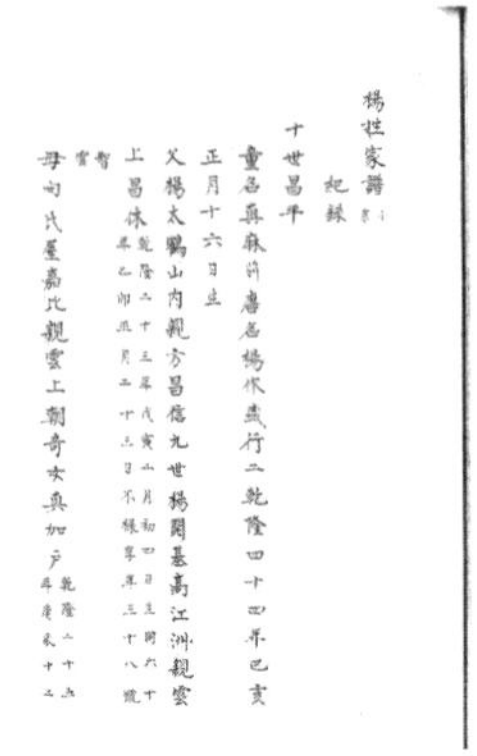

写真3　記録

約三千冊の家譜が確認されている。ただし、残念ながらその過半は先の大戦のさいに灰燼《かいじん》に帰してしまい、現在われわれが見ることのできる家譜は写本を含め四割に満たない。写真（1〜3）はそのうちの一冊で、首里の高江洲家（楊氏）の家譜である（那覇市歴史博物館所蔵）。

この写真からわかるように琉球の家譜は糸で綴じられた冊子の形体をとり、おおむね序文（ないものもある）・世系図（いわゆる系図）・家譜記録（各人物の名前・生没年月日・婚姻関係・位階・役職・業績・褒賞などの記録）によって構成されていた。この形式には中国の系譜《けいふ》（漢民族の族譜）の強い影響が確認できる（ただし初期の家譜には日本の系図の影響もみられる）。家譜の本文は原則的に漢文で記され、年号も一貫して中国年号が使用された。記載事項は公的な内容に限定され、たとえ三味線《サンシン》や空手の達人であっても、それが「公」と無関係であれば当人の家譜に記されることはなかった。ただし、国王の御前に召されて三味線を演奏した場合などは、「公」の出来事であるとして家譜に記載された。家譜は五年に一度、書き継ぎ（仕次《しつぎ》）がなされる決まりであったが（よって冊子は仮綴じである）、そのさいにも作成時と同様の手続きがとられた。すなわち、琉球の家譜は、①「公」にかかわる事柄のみを記載し、②王府がつねにその内容を管理・公認するという二つの意味において「公文書」であったといえる。

身分制の確立――士と農

家譜の成立は、家臣層の家格の把握という王府の当初の目的をこえて、琉球における身分制の確立（士農の分離）をもうながすことになった。家譜の有無が士農の別と同一視され、家譜（系図）をもつ者が「系持ち」＝士《サムレー》（良人）、もたない（もてない）者が「無系」＝農（百姓）と認識されるようになったためである。すなわち、家譜の所有は支配階級である士の特権として理解されるようになったといえよう（田名 二〇〇二）。なお、「サムレー」とはいうものの、琉球の士はすべて文官であり、軍役を任務とした日本の武士とは性質を異にする存在である。また、琉球の農（百姓）は「民衆」あるいは「一般人民」といった意味であり、農民だけでなく商工業者も含まれる概念であったことにも注意しておきたい（比嘉・崎浜 一九六五）。

さて、家譜が決定づけた士農の分離は、王府の政策によってより補強された。王府はさまざまな法令を発布し、刑罰の軽重、衣服の布地・色・柄、家屋敷のひろさ・材木の種類・屋根瓦の有無、冠婚葬祭の際の料理の種類や墓の規格などの面において、士と農のあいだに歴然とした格差をもうけた。居住地と職業に関しても、士は町方《まちかた》と呼ばれる都市部＝首里・久米・那覇・泊《とまり》（すべて現在の那覇市の一部）に居住して首里の王府に仕官することが基本とされ、同じく都市に居住する町百姓は主とし

図１　高位の士

図２　農（百姓）

（いずれも『沖縄風俗図会』より）

て商工業に、農村部に住まう田舎百姓はもっぱら農業に従事するよう定められ、勝手な移住や職業の変更はきびしく禁じられた。こうして士農の別は徹底的に明確化され、侵しがたい秩序として琉球社会に刻みこまれることになった（比嘉 一九五九、田名 一九九〇）。

　家譜による身分編成は離島に対しても適用された。先島（宮古・八重山）では一七二九年に、久米島では一七五八年に家譜の編集が許可されている。ただし、沖縄本島とは異なり、離島の士は農の一部である地方《じかた》役人層に与えられた身分であり、その家譜も王府の系図座ではなく地元の役所（蔵《くら》元《もと》）の管理下にあった（田名 二〇〇二）。以下、本章では原則的に本島における家譜に関してのみをあつかうことにする。

「身上り」を願う人びと

家譜の意味が次第に周知されてくると、家譜をもち士籍を得ることを願う無系の者が現れるようになった。とくに家譜制度が創始されたさいに、士の資格を有しながらもなんらかの都合で家譜を得られなかった者たち（たとえば当時たまたま地方におもむいていて申請の機を逃した者など）にとって、これは切実な希求であった。そこで、かれらは「申請が遅れた（＝訴《うつたえ》後《おく》れ）」という口実でつぎつぎと王府に請願をおこない、先祖の功績や辞令書の存在を主張して家譜編集の許可を求めた。王府はかれらの訴えを吟味し、その一部に対しては一七一二年に士籍を認め家譜の編集を許している（田名 一九九〇、一九九二）。

この「訴後れ」への対処が一段落すると、農から士への「身上り」は格段にむずかしくなった。しかし、その道は完全に閉ざされたわけではなく、国家に対して多大な貢献を果たした者であれば、例外的に士族に取りたてられることがあった。たとえば、疫病流行のさいに多くの人命を救った医者や、農業指導に尽力した人物などが、その勲功に対して王府から士籍をたまわっている。さらに、一八世紀なかばになると、王府の財政難を背景に、多額の献金（ただし名目上は王府による「借金」）をおこなったり、自己負担により公共工事を実施したりした農民に対し、家譜を与え士に取りたてるシステムまでもが機能しはじめた。つまり、士の身分は金で買えるようになってしまったのである。このようにして士になった人びとは買い士《コーイザムレー》・買い良人《コーイユカッチユ》とよばれた。なお、無系から「新参」とよばれる下級士になるための献金の相場は銅銭十六万貫であり、さらにもう十六万貫を出せば上級士の「譜代」になることも可能であった。

こうした状況のなかで、まっとうな手段で、あるいは不正な手段で、家譜を手に入れて士への「身上り」を実現しようとする農はあとを絶たなかったのである。

縋《すが》り入りと掠《かす》め入り――家譜をめぐる二つの行為

冒頭にあげた裁判事件は、まさに琉球の巷間にうず巻く「身上り」願望が表出した事件であった。この事件は「縋り入り」と「掠め入り」という家譜をめぐる二つの行為によって特徴づけられる。縋り入りとは、いったん士籍に列したのにもかかわらず、都市を離れて農村へ移住するなどして家譜の書き継ぎを怠たり忘れ去られた者などが、しかるべき手続きを経て古い家譜を復活したり継続したりすることであり、いわば合法的な「復籍」手段である。いっぽう、掠め入りとは、縋り入りを装いつつ不正に士籍を得ることで、当然のことながら非合法である（比嘉・崎浜 一九六五）。

さて事件は、一八五七年五月に首里の士・仲松里之子《サトヌシ》が、沖縄南部に居住する無系の花城《はなぐすく》筑登之《チクドゥン》を訪ねたことから始まった。仲松は花城が家伝の古文書をもっていると聞き、これを閲覧しにきたのである。調べてみると花城の古文書とは、かれの祖先がかつて王府の役職を務めたときの辞令書や、製陶関係の勲功を理由に王府に褒美を求める請願書などであることが分かった。そこで仲松は「このとおりなら家譜もあるはずだ」と述べ、縋り入りの世話を申し出た。花城は喜んで仲松に縋り入りを依頼した。

後日、仲松は系図座へ行き、そこに勤める士・池原《いけばる》筑登之の協力をあおいで「製陶に関する勲功によって家譜を下賜され士族に取り立てられた者の家譜」を探した。すると、ちょうど条件に適合する平田家の家譜がみつかったので、二人でこれを盗みだし、花城に見せた。花城は自分の祖先の家譜だと思いこみ、内祝いをして、縋り入りの手数料の一部を仲松に支払った。また、仲松の紹介で池原にも会い礼金を支払って縋り入り手続きを頼んだ。

しかし、その後仲松と池原は口実をもうけて手数料をつり上げたので、花城には金銭の工面がむずかしくなった。すると、仲松がほかに縋り入れるべき親族があれば、誘って出資を分担すればよいと提案してきた。そこで花城が親類の渡口《とぐち》という女世帯に話をもちかけたところ、渡口は長女の夫である豆腐屋の島袋の縋り入りを頼んだため、花城は島袋を仲松に引き合わせ、金銭の共同負担の件も含めて縋り入りの話がまとまった。

ところが後日、島袋がすべての費用は負担するので、花城らは除外して自分の一族だけを家譜に入れてほしいと仲松に要求してきた。仲松はやや躊躇したが、結局この申し出を受諾してしまった。花城は事の成り行きに激怒したが、最終的にはいたしかたなく縋り入りを断念した。こうして事件は、花城の縋り入り計画――実際には掠め入りだが花城は縋り入りであると信じていた――から、島袋の掠め入り計画へと移行した。

その後、島袋から金銭を受けとった系図座の池原は、「縋り入り」らしく平田家の家譜を書き替え(このとき池原は公印の偽造までおこなっている)、平田家の人物とさも縁続きであるかのように島袋一族の約三十名を書き加えて、一八五九年五月に掠め入りを完成させた。この家譜を得て、無系の島袋一族は晴れて系持ちの「平田御一族」となったのである。

しかし、「平田御一族」の栄光はまたたくまに終わりを告げることになった。本章冒頭に述べたように、まもなく本当の平田家の人びとが掠め入りの陰謀に気づいてしまったからである。やがて、長期にわたる裁判の末に事件の全貌が明らかになると、島袋一族の家譜記録は削除され、島袋・仲松は宮古島に八年の流罪、池原は久米島に四年の流罪となるなど、関係者はみな処罰された。

ところで、平田家の家譜は、じつは約三十年前にも一度「掠め入り」の被害に遭っていた。当時の主犯は長嶺という人物で、かれが平田家に頒賜された家譜、および系図座が保管している家譜の副本をともに盗みだして、無系の某を「掠め入り」させるべく両家譜の改竄をおこなったのである。長嶺の目的は無系の某から礼金を得ることであったが、けっきょくその陰謀は露見し、長嶺は八重山島に終身流刑となった。長嶺に書き換えられた平田家の家譜は、修正のために系図座に預けられたが、作業が遅れそのままになっていたところ仲松・池原がこれを盗みだして第二の事件に発展したのであった。運悪く二度も掠め入りの標的となった平田家の家譜ではあるが、その悪運ゆえにこの家譜は、「身上り」に挑む琉球の人びとの激しい欲望をわれわれになまなましく伝えてくれるのである。

「身下り」する人びと

ところで、琉球の身分制には「士は増えるが官職は増えない（せいぜい微増）」という大きな矛盾が内包されていた。なにしろ、琉球では士の兄弟子孫はみな士であり、さらに農から士への「身上り」もある。したがって、その数は増えつづけ、一六九〇年には六千人強（総人口の約五パーセント）であった士の人口は、一八七三年の段階で約六万人（総人口の約三七パーセント）にも達していたという。この急激な士の増加に対し、当然のことながらポスト（仕官先）の数は追いつかず、一八世紀にはいると職に就けない貧士の存在が目立つようになってきた（田名 一九九二）。

王府はかれらの就職対策として、いくつかの役職を新設したり従来の役職を輪番制にしたりしたが、たいした効果はあがらなかった。そこで王府はやむをえず、士の職業規制を緩和し、仕官以外の就職の道をある程度までは容認することにした。たとえば、表具師や船頭といった「下業」へ従事する士は、これまで上級士なら下級士に、下級士なら百姓に降格される決まりであったが、一七一八年にこの制約は廃止された。また、一七二五年には、従来百姓の職業とされた絵師・料理人・細工師などの諸職への士の従事が許可され、そればかりか貧士に対してはこれらの職に就くことが「国の用事に備える」という名目で推奨されるようになった。

同時に王府は、困窮化した士族が本籍のある都市を離れて農村部に移住し開墾耕作に従事することも認めた。これらの士族は「居住人」(=寄留人の意)とよばれ、つてを頼って首里・那覇の近郊へ、さらには中部や北部へと下り、百姓の集落である村のそとに、屋取《ヤードゥイ》(=仮の「宿り」の意)と称する小集落を作った。かれらの大半は一般の百姓よりも劣悪な条件のなかで苦しい生活を送っていたが、多くが士としての自覚を保ちつづけ、いつかは都市部に帰ることを望んでいたという。しかし王府から遠く離れて暮らすかれらにとっては、五年に一度おこなわれる家譜の書き継ぎはもとより、王府への出生証明書の届け出すら容易ではなく、士として公認される(=家譜に登載される)ことなく実質的な「農」へと転落していく者があとを絶たなかった。こうして、琉球では農から士への「身上り」がつねに志向されるいっぽうで、士から農へと「身下り」する人びともまた累々と生みだされていったのである。

士《サムレー》たちの上昇と下降

上昇と下降の潮流は士・農のあいだだけではなく士集団のなかにもうず巻いていた。士は、家柄や位階などによって細かく階層分化され、国王を頂点とした緻密なヒエラルキーのなかに組みこまれていたが、その地位は不変ではなくつねに変動するシステムになっていたからである。そしてこのシステムは、家格・位階・官職という三つの要素が複雑にからみあって機能していた（渡口 一九七五、田名 一九九〇）。

まず、家格（＝家柄）であるが、これには二つの指標があった。第一は「上級＝譜代」「下級＝新参」という分類である。第二は筋目《すじめ》の区別であり、譜代の各家は格上の里之子《サトヌシ》筋目か格下の筑登之《チクドウン》筋目に区分された。また、新参はすべて筑登之筋目とされた。ちなみに、先の裁判事件に登場した仲松里之子は、その呼称から「譜代の里之子筋目」の家格に属する士であったことがわかる。家格はおもに各人の位階（後述）の昇進コースや遅速を左右した。端的にいえば、家格の高い者ほど良いコースをはやく昇進できたのである。なお、琉球の家格は永代不変のものではなく、功績を挙げないと一定の世代数で降格される決まりであった。ただし、新参の筑登之筋目は下がりようがないのでそのままである。また逆に、相当の功績（献金を含む）を積むことによって新参から譜代、あるいは、筑登之から里之子に上がることも可能であった。このように家格には「実力」も反映されるしくみになっていた。

つぎに位階であるが、家格が「家」という組織を単位とした規準であるのに対し、位階は個人の地位を示すバロメーターであった。琉球の位階は全人民を対象とした制度であったので、農でも功績をあげるなどすれば下位の位階へ昇ることは可能であった。ただし、位階制度の主役はあくまでも士であった。位階は手続きさえふめば年齢に応じてある程度まで自動的に昇進できる決まりであったが、その上限とはやさは家格によって差がもうけられていた。たとえば、里之子筋目の嫡男なら二十四歳のときに最初の位階として従八品に昇ることができたが、筑登之筋目の嫡男のスタートラインは二十五歳・従九品であった。また、前者の自動昇進の上限は二十八歳・正七品で、後者は三十歳・従七品であった。なお、これより先へと昇進するためには、「実力」(つまり功績)か「運」(当人の長寿や国家の大慶への遭遇など)のどちらか、またはその両方が必要であった。

琉球は官位相当制を採用していたため、位階は官職と連動していた。すなわち、高次の官職に抜擢されれば、それにふさわしい位階へと昇進しえたのである。位階=官職が上がれば、それにともなって収入も加増され、また、より多くの功績を積むことも可能になった。功績を積めば、それはふたたび官職=位階の上昇に反映された。したがって、昇位・昇官と功績のサイクルを円滑に維持することが、琉球における士の出世の大原則であったのである。

有禄と無禄――士の収入

家格・位階・官職は士の収入とも密接にかかわっていた。収入という面からみれば、士は有禄者と無禄者の二タイプに大別できる(渡口 一九七五、田名 一九九二)。

有禄者とは、領地(指定された土地からの作得)と知行(王府から支給される俸禄)の双方、あるいは、そのどちらかいっぽうを与えられている者である。それは高い家格・位階に属する者に給せられた。また高次の官職に就く者には官禄としての知行（役知）も与えられた。役知をのぞく領地・知行は世襲されたが、それらは家格同様、代が下がるにつれ自動的に削減された。したがって、現状の維持（あるいは現状の改善）のためには相応の功績を積む必要があった。

無禄者とは領地も知行ももたない士を指す。かれらは仕官期間に応じて支給される給料（年俸）のみを収入源とする一種のサラリーマンであり、士の過半（一八七三年の段階で士全体の七九パーセント）を占めていた。みな一様に王府の下級吏員として出仕し、長い年月をかけて少しずつ功績を積み、より良い役への昇進をめざすというコースを歩んでいた。有禄者と異なり、無禄者は現状より「下降」することはないので、ひたすら「上昇」を試みるのみである。そのきわめて達しがたい最終ゴールは、功績をあげて高位高官に就き、領地や知行を得て有禄者の仲間入りをすることであった。

しかし、王府のポストが不足していくなかで、無禄者はスタート地点に立つことすら容易ではなかった。かれらが最初にめざすべき下級吏員への就職方法は大雑把にいって二つある。一つは官吏登用試験である科《こう》（下級吏員のみの登用試験で中国の科挙にならって開始された制度である）を受験し合格することである。ただし、その合格者は五、六百名に数名という狭き門であった（田名 一九九六）。もう一つの方法は、無給の吏員見習となって功績を積みながら下級吏員のポストが空くのを待つというものである。だが、これも希望者がいく人も待機しており、そう簡単に順番がまわってくるものではなかった。

琉球の下級吏員の功績（勤務実績）は星という点数で計算された。有給の下級吏員の星は勤功、無給の吏員見習の星は勤星とよばれ、六万点の星を貯めれば「心付役」（金穀物品を出納する役所の吏員で役得が多い）に就職できたという。ただし、一日の勤務に対して与えられる星は、せいぜい四―八点、多くても十五点であり、六万点貯めるには延べ十一年（一日十五点の場合）から四十一年（四点の場合）も働かなくてはならなかった。まったくもって「士も楽ではなかった」のである。

功績簿としての家譜

ここまで述べてきたように、琉球の士の地位は家格・位階・官職・領地・知行・功績などの要素の総和として決定されていた。しかも、これらの要素はそれぞれがつねに変動しており、その総和を国家が正確に把握することはそう容易なことではなかったであろうと考えられる。

しかし、琉球にはこれらの要素にかかわる詳細な情報が、すべて記載されている公文書があった。――家譜である。先に述べたように、家譜には系図だけではなく「公」にかかわる各士の「記録」が掲載されており、それをみれば誰がいつどこの役所に何日勤め、いかなる言動によってどのように「公」（国王や王府）に貢献したのかが一目瞭然であったからである。

家譜記録のなかでとりわけ重要だったのは、各人の「公」に対する功績の記載であった。士の上昇・下降には、「生まれ」に加えて「実力」（＝功績）も大きく影響していたためである。その意味で家譜は士の「身分証明書」であっただけでなく、本人の、そして祖先の、ひいては家の功績を明記する公的な「功績簿」でもあったといえよう。

こうした家譜のあり方は、もと王府高官であった伊江親方《ウェーカタ》の日記から具体的にうかがうことができる。一八一一年一月二四日、隠居中の伊江親方はつぎのように記している。

末吉里主《さとぬし》の先祖である森山親方は、在番（官職名）を勤めなかったが、旅役（官職名）を数回勤めた勲功により知行八十石をたまわったという。仲村親方（伊江親方の兄弟）も旅役を四度も勤めた功績があるので将来在番を勤めなくても、森山の例に準じて知行を加増されるかもしれないと思い、〔加増申請の根拠として王府に提出するために〕系図座の吏員と親しい者に頼んで末吉里主の系図を抜き書きさせたいと仲村親方と相談した。（財団法人沖縄県文化振興会 一九九九）

親方といえば高位高官の有禄の士であるが、かれらにとってもみずからの、または他人の家譜に記された功績を数え、確認し、比較・参照することが切実な意味をもっていたことがみてとれるだろう。

東アジアにおける琉球の家譜

琉球が家譜制度を成立・機能させていたころ、東アジア各地においてもまたさまざまな系譜（系図・家譜・族譜）が編纂されていた。

たとえば、明清時代の中国においては、漢民族の宗族（父系血縁団体）の結集がさかんにおこなわれ、宗族内の相互関係の確認のために族譜が作成された。しかしこれらの族譜はあくまでも個人やその宗族の意志によって編纂されており、そこに国家が関与することはなかった。また、科挙制度に準じていた漢民族にとって官職や身分は世襲の対象ではなかったため、族譜は身分を反映するためのものでもなかった（岸本 一九九八、井上 二〇〇二）。

李朝の朝鮮では、社会的身分構造の最上位に位置していた士族（両班《ヤンバン》）層において、一七世紀以降、父系のみ（かつ長子重視）の系譜認識が形成され、特権集団としてみずからを他と区別するために族譜が作成されるようになった。朝鮮の族譜も国家の管轄の外にあったが、それが両班という社会的身分を象徴している点で、琉球の家譜と若干通じるところがある。ただし、朝鮮の法的身分は良民と賤民の二つのみで、両班は国家から法的に固定された身分ではなかった点に留意したい（岸本 一九九八、岸本・宮嶋 一九九八）。

ベトナムでも一八世紀後半ごろから家譜がさかんに作成された。「家譜」という呼称が示すように、それらは中国や朝鮮の宗族よりも小規模な一族または家族の系譜であり、この点では、琉球の家譜に近い存在である。ただし、ベトナムでは家譜に対して国家が積極的に関与することはなく、また家譜の有無が身分を反映するわけでもなかった（末成 一九九五）。

江戸時代の日本には「士農工商」の身分制が存在していたが、系図の所有は士のみの特権というわけではなかった。また、その作成に必ずしも幕府や藩の認定を必要とするわけでもなかった。ただし、士への「身上り」（士分化）を希求する農工商の人びとが、武士の家筋につながる家系であると証明できることを望んで、自家と士分とのつながりを示す「由緒書」の作成に熱意を燃やす、あるいは、財政難を背景に金銭と引き替えに農工商に武士身分を与える「金上侍《きんじょうざむらい》」が各藩で政策化されるなどの点において、琉球との近似性が確認できる。身分制が明確に定められているからこそ起こりうる両国共通の現象といえよう（深谷 二〇〇六）。

また琉球の家譜制度に類する江戸幕府の施策として、一六四一年・一七九九年の幕府令によって実施された諸大名・幕臣の系図（『寛永諸家系図伝』・『寛政重修諸家譜』）の編纂事業があげられる。この事業は一部の武士層のみを対象としたものではあるが、国家が家臣団に系図を提出させることにより将軍を頂点とする階層秩序と家格の確認をおこなった点で琉球との相関性がうかがえ、とくに『寛永諸家系図伝』は一六八九年における琉球の家譜制度の創始になんらかの影響を与えたものと推測されている（近藤 一九八九、田名 一九九〇）。

さて、これらの系譜類と比べると、琉球の家譜は、その所有が士の身分と直結している、つねに王府の管理下にある公文書である、という二つの点で独特の存在である。では、このような特徴をもつ系譜は東アジアのなかで琉球のみにおいて作成されていたのだろうか。ここで、本書第五章で杉山がとりあげているマンジュ（満洲）人の系図・家譜に目を向けてみたい。それらは公的な身分認定の基礎となる各家の世職継承の記録であり、皇帝の下命により作成・整備された一種の公的記録であるという点において、意外にも琉球の家譜に近い性格をもつものである。

琉球王国とマンジュ国――この両国がならべて比較されることはこれまでほとんどなかったといってよい。しかし、東アジアの南辺・北辺に同時期に存続した両国において、共通性を有する系譜の存在が確認できるという事実は、今後、既存の地域概念を問いなおしつつ新たな比較の視座を掘り下げていく必要性を、われわれに強く示唆しているのではないだろうか。

付記：本章執筆に際しては家譜研究の第一人者である田名真之氏から数々のご教示をたまわった。記して深謝申し上げたい。また本章における「身下り」とは、深谷克己氏の「身上り」に関する研究からヒントを得た筆者自身の造語である。

参考文献

井上　徹　二〇〇二「中国の近世譜」『系図が語る世界史』青木書店。
『沖縄風俗図会』一九九二（一八九六）『廃藩置県当時の沖縄の風俗』（沖縄風俗図会複刻版）那覇：月刊沖縄社。
岸本美緒　一九九八「東アジア・東南アジア伝統社会の形成」樺山紘一ほか編『岩波講座世界歴史一三　東アジア・東南アジア伝統社会の形成　一六―一八世紀』東京：岩波書店。
岸本美緒・宮嶋博史　一九九八『世界の歴史12　明清と李朝の時代』東京：中央公論社。
近藤安太郎　一九八九『系図研究の基礎知識――家系みる日本の歴史四』東京：近藤出版社。
末成道男　一九九五「ベトナムの『家譜』」『東洋文化研究所紀要』一二七号。
高良倉吉　一九九八「琉球王国の展開――自己改革の思念、「伝統」形成の背景」樺山紘一ほか編『岩波講座世界歴史一三　東アジア・東南アジア伝統社会の形成　一六―一八世紀』東京：岩波書店。
田名真之　一九九〇「身分制――士と農」『新琉球史　近世編』下、那覇：琉球新報社。
――　一九九二『沖縄近世史の諸相』那覇：ひるぎ社。
――　一九九六「平等学校所と科試」高良倉吉ほか編『新しい琉球史像』宜野湾：榕樹社。
――　二〇〇二「琉球家譜の成立と門中」歴史学研究会編『系図が語る世界史』東京：青木書店。
渡口真清　一九七五『近世の琉球』東京：法政大学出版局。
比嘉春潮　一九五九『沖縄の歴史』那覇：沖縄タイムス社。
比嘉春潮・崎浜秀明（編訳）一九六五『沖縄の犯科帳』東京：平凡社。

深谷克己　二〇〇六『江戸時代の身分願望——身上りと上下無し』東京：吉川弘文館。
財団法人沖縄県文化振興会公文書管理部史料編集室（編）一九九九『沖縄県史資料編7　伊江親方日々記』那覇：沖縄県教育委員会。

第七章　ダイチン・グルン時期のアンダ
——帝国の編成から交易における活用まで

承　志

記憶のなかのアンダ

いまから、三十数年前になろうか、わたしの故郷、新疆ウイグル自治区にあるイリ渓谷の南、チャブチャル・シベ族自治県イラチ・ニル（第三ニル）では、子どもたちがよくアンダ（義兄弟）関係をむすぶという儀式を自発的におこなっていた。気の合う友だちが、「これからたがいにアンダになるよ」と言いながら小指をからませ力強く引っ張る。この儀式が終われば、はれて正式にアンダとなる。ようするに同盟・友人関係を結ぶ行為である。これによって、子どもたちは生活の中で困ったことがあると、協力しあい、そして、援助しあい、アンダと呼びかわして行動をともにしたものだった。

アンダの関係は、わたしの祖父の生活においてもみられた。わたしが五歳だったとき、祖父が亡くなった。その後、祖父のアンダと称するカザフの遊牧民がときどきわが家にやってくることがあった。かれらは流暢なシベ語で父と挨拶をし、涙を流しながら祖父との友情を語り、わたしたち家族に対しては非常に親切に接してくれた。とりわけよく訪れてくる祖父のアンダのことを、わたしたちは「カザフ・アンダ」、「白いひげのアンダ」と名づけて呼んでいた。かれの本当の名前は、いまも知らぬままである。これらのことを思い出してみると、祖父にもアンダをむすんだ人びとが多くいたことに気づかされる。このように、アンダを結ぶならわしは同族のあいだだけのことではなかった。言語や宗教すべてを超越しておこなわれていた。現在、このような光景は、チャブチャル・シベ族自治県の生活にはすっかりみえなくなっている。しかし、わたしの記憶からはアンダのことを消し去ることはできない。

ところが、ダイチン・グルン時代の古文書を調べているうちに、わたしはアンダに関する記録にしばしば出会うようになった。ときに熱いものをこみ上げさせる幼い日の思い出の背後には、じつに長い歴史が脈打っていたのである。いまもなお生きた言葉であり、行為でもあるアンダ、それはかつて中国を支配したマンジュ（満洲人）が建てたダイチン・グルンにおいても多くみられた習俗を継承したものである。そして、マンジュの社会からユーラシア世界にいたるまで、広範な地域で結ばれた人間関係を理解するには、アンダというキーワードを見すごすことはできない。

なお、従来の歴史学における呼称では、一六四四年に山海関を越えて、北京に遷都（入関《にゅうかん》）するまえのダイチン・グルン期をもっぱらダイチン・グルンとしてあつかうが、マンジュ語では入関後もダイチン・グルンが正式な国号である。そして、当初、マンジュ語が共通して使われた外交文書などでも、やはり、ダイチン・グルンとされる。こののち、本章では、ダイチン・グルンということばをアイシン・グルン（金国）から大清帝国崩壊まで幅はあるが一貫性をもつ国家をさすものとして用いる。

アンダの起源

アンダという関係や行為は、いつの時代までさかのぼれるのか。アンダはマンジュ語で anda と書き、漢文では「按答、諳答、諳達、案塔、安大」などさまざまな字で音写される。ともに「友人、仲間」という意味である。その起源については、はやくは王国維が著した『観堂集林《かんどうしゅうりん》』巻一六「蒙古《もうこ》札記安答《さっきアンダ》」に指摘がある。『元史』巻一「太祖本紀《たいそほんぎ》」のなかに出てくる「按答《アンダ》」の起源をさらにさかのぼって調べると、『遼史』巻十「聖宗本紀《せいそうほんぎ》」の統和元年（九八三）八月に、皇太后の前で聖宗皇帝が耶律斜軫《やりつしゃしん》という大臣と弓矢鞍馬を交換して、友人関係をむすんだ、という記事がある。王の説によれば、この事例はのちのモンゴル時代にあらわれる「按答」と同じ意味をさす行為である、とされる。ここから読みとれるのは、アンダというのは二人が物を相互に贈答することを通じて、たがいに友好関係をむすび、かつ、たがいにアンダと呼び合う、ということである。

アンダのような人と人の関係を表すことばとしては、モンゴル時代の中央アジアや西アジアにもことなる名称で出てくることがあり、おなじく友人関係をむすぶ行為として認められる。間野（二〇〇一）には、ティムール朝における事象として、つぎの記事が引かれている。

スルターン・マフムード・ハンは、終世、わたしの父を「ダシュ dash」と呼んでいた。モグール語で「友」の意味である。

スルターン・マフムード・ハンは、ムハムード・フサイン・ミールザーと非常に親しくなり、お互いに友人となった。そしてお互いを「ダシュ」と呼んだ。「友」の意である。

ここに引かれている「ダシュ」は、主従関係というより、おたがいに対等な関係である。おそらく、モンゴル帝国期のアンダの関係に類するものか、と間野は推測している。また、マンジュ人、モンゴル、遼東ニカン（漢人）、朝鮮人のあいだにも同じくアンダをむすぶ行為があった（増井 二〇〇五）。

広範な地域にひろがり、そして、多くの部族や集団にいきわたるアンダという関係をとおして検討をすすめていけば、ユーラシアにおける人と人の関係を復元することが可能であることが示唆されるように思う。このような関係が具体的にどのような役割を果たしてきたのか、そして、どのような社会的構造のもとでおこなわれていたのか。これらの疑問にこたえるために、ダイチン・グルンの建国者とされるヌルハチがむすんだアンダ関係や、アムール河周辺の諸集団におけるアンダを具体的な事例としてとりあげて解説していこう。

ヌルハチのアンダ

サンクトペテルブルグ東洋学研究所には、乾隆六年（一七四一）に作成された『正藍旗《せいらんき》満洲宗室バヤムブが承管した勲旧《くんきゅう》ニルの族長ジュンの執照《しっしょう》』という史料がある。それをみると、マンチュリア（満洲）の地に、アイシン・グルンの建設者であるヌルハチとアンダ関係をむすんだ人物が確認される。以下、あえて直訳に近いかたちで紹介する。

正藍旗満洲都統である臣フナイらが謹しんで奏する。ハン〔皇帝〕のお考えを請うためである。われらの旗のニル・ジャンギン〔ニルの長官〕である臣スンガリは以下のように申し出た。「われらが管理したニルは、もともとは太祖皇帝〔ヌルハチ〕がチン・バトゥル・マンガ・ベイレ〔ヌルハチの弟＝シュルハチ〕にその功績がとくにすぐれているとして与えたジュシェン・ニルである。ひとつは全ニル、ひとつは半ニルであった。全ニルをベイレの四男である鎮国公ハンダイに管理させた。罪によりハンダイの官職を罷免したあと、ニルをジュシェンのフゲイに管理させた。フゲイが昇進して欠員が出たので、ジュシェンのムチェンゲに管理させた。辞めたあと、ハンダイの孫であるハルサに管理させた。ハルサが亡くなったあと、ハルサの叔祖タハイの子デレンに管理させた。デレンが亡くなったあと、デレンの子エルヘブに管理させた。エルヘブが亡くなったあと、エルヘブの伯父ダイムブルの子マンジュシリに管理させた。マンジュシリの官職を罷免したあと、マンジュシリの伯祖ウダハイ第二世代の孫スンガリが現在もともとの全ニルを管理している。半ニルをベイレの次男ウダハイに管理させた。ウダハイがグサイ・ベイレに封じられたので、全ニルとしてジュシェンのサンタイに管理させた。サンタイが年老いたあと、ウダハイの兄ダルチャンの孫レセリに管理させた。レセリが亡くなったあと、レセリの子ダリフに管理させた。罪によりダリフの官職を罷免したあと、ダリフの叔父デセリの子チュニャンへに管理させた。チュンヤンへが亡くなったあと、チュンヤンへの叔父レセリの孫バヤムブが現在もともとの半ニルを管理している。」

図1　ヌルハチ座像（北京故宮博物院所蔵）

チン・バトゥル・マンガ・ベイレはヌルハチの弟である。ここに説かれるのは、ヌルハチによってチン・バトゥル・マンガ・ベイレにあたえられたニルが代々その子孫によって管理されてきたことである。つまり、ニルの縁起と継承過程である。この文書が書かれた当時、全ニルはスンガリに、もともとの半ニルはバヤムブに管理されていた。

本書第五章で杉山が説明しているとおり、正藍旗と後出の鑲《じょうこう》黄旗はそれぞれ八旗のなかの所属である。ニル・ジャンギンとは旗の基本となる編成単位であるニルの長官のことである。ジュシェン・ニルはのちの勲旧ニルのことであり、功績がある大臣らにジュシェン（隷民、属下）を与えて編成された。ここにいうジュシェンはマンジュ（女真《じょしん》）のことをさした言葉とは異なる。ニルに編制された人口が規定より少ない場合は、半ニルとよび、満たされた場合は全ニルとよぶ。

ヌルハチの時代から営々と管理されてきたニルに変化が起きたのは康熙五七年（一七一八）のことであった。チン・バトゥル・マンガ・ベイレ家の管轄にはもともと属していなかったニルでいさかいが起きたことに端を発する。

康熙《こうき》五七年に四つのニルの人びとはジュシェン、ハランガンではないと訴えたため、管理三旗事務ドロ・ボルゴ郡王がとがめて上奏し、マンピ、ヘボオジュらの官職を辞めさせた。聖祖皇帝〔康熙帝〕の詔によってふたたび管理させたジュシェン・ニルとした。雍正九年に、世宗皇帝〔雍正帝〕の詔によって管理させたニルを勲旧ニルとした。よって現在は勲旧ニルであると報告した。臣たるわれらスンガリ、バヤムブらが報告したことについて、ニルの人びとを集めさせて、花押を押させるとき、シヨオゲ・ニルの管庫官マンピらが報告してきて、「康熙五七年に、われらの四つのニルの人びとを別々に分けて管理させたジュシェンのことについてはっきり調べてほしい。管旗ドロ・ボルゴ郡王がわれらをいたずらに僥倖《ぎょうこう》を求め事件を起こしたとして弾劾したとき、調査した文書やわれらが提出した書を刑部から取り寄せて記録したことはまったくなかった。ただ郡王が非とした言葉だけみて、冤罪におとしいれ、われらを罷免した。現在われらのニル＝ジャンギンは『依然としてチン・バトゥル・マンガ・ベイレに管理させたジュシェンを編成させたニルである』と書いたのである。チン・バトゥル・マンガ・ベイレは、天命五年（一六二〇）に亡くなった。わたしマンピの祖先はアジュゴ・バヤンで、もともと白山のギヤンの地に住んだグワルギヤ姓の者で、太祖皇帝のアンダであった。ネズミの年に一族の人とともに善良なものといっしょになって、太祖皇帝に帰順したので、鑲黄旗にいる。わたしの二番目の叔祖チンギヌの名前をギンジュと変えて、太祖皇帝の側近にした。最初は三百の成年男子を一つのニルに編制するとき、半備禦《びぎょう》とした。亡くなったあとわたしの曾祖父チムブロに管理させた。天聡八年（一六三四）に二百の成人男子を一つのニルに編制するとき、太宗皇帝〔ホンタイジ〕がわたしの曾祖父チムブロに対して、『おまえのニルを鑲黄旗に所属させるように、おまえは善良な者どもと話し合ってハンダイのニルに行け』と言ったため、三つの族がいっしょにハンダイのニルに入った。現在、成人男子がその数を統計して公文書に記録されたことは明らかである。これはまったくチン・バトゥル・マンガ・ベイレに与えたジュシェンではない」と申し上げたのである。

ここに引いたのは、長大な文章のうち、チン・バトゥル・マンガ・ベイレ家とアジュゴ・バヤン家のニルにかかわるごく一部分である。

備禦は世職《せしょく》とよばれる位階のひとつである。この世職としての備禦に任じられるために規定の条件を満たしていないものを半備禦とよび、満たした場合は備禦と称した。ハランガンは属下の者という意味であるが、日本語でジュシェンと明確に定義分けすることはむずかしい。

マンピがニルの継承過程を報告する部分からは、(一)かつて建国者のヌルハチとアンダ関係を結んだアジュゴ・バヤンが、最初にハンが率いる鑲黄旗に編成されたニルを管理していたこと、(二)太宗時代に入ってから正藍旗ハンダイのニルに編入されることになり、チン・バトル・マンガ・ベイレの末裔が管理するニルに編制されることになったことがわかる。当初は、異なる旗色、鑲黄旗のニルに所属したものが、太宗時代になると正藍旗に所属することになった。そこで、チン・バトル・マンガ・ベイレの末裔たるスンガリと太祖ヌルハチのアンダだったアジュゴ・バヤンの子孫マンピがそれぞれニルを管理した経緯を報告したのであった。

注目すべきは、マンピが初代のハンであるヌルハチとアジュゴ・バヤンがアンダ関係を結んでいたと主張しているところである。それは、かれらが同盟関係になったことを意味している。ヌルハチがアンダをむすんだ事例はこれまで発見されていなかった。アンダという人と人の結合関係を利用して、マンジュ集団を編成していくことが、ヌルハチの時期からはかられていたことを明確に示すこの文書がもつ意味は大きい。

アムール河周辺の情報

国家編成の問題から、交易にかかわる場面で活用されたアンダ関係に話を移そう。舞台はアムール河流域となる。

一七世紀後半、アムール河周辺の地理とそこに生活する諸集団に関するダイチン・グルン、帝政ロシア双方の人文・地理に関する知識は、わたしたちの想像をはるかにこえて進んでいた。これは、ロシアとダイチン・グルンとのあいだに大きな衝突をもたらすほどに熾烈であった、アムール地域における利益争奪戦の結果でもあった。一六八九年にネルチンスク条約が締結されたあと、ダイチン・グルンはアムール河以北の地域において、国境を哨戒する制度をもうけ、定期的に警備隊を派遣していた。その際にいくつかのルートから国境地帯を視察することが義務として定められていた。国境視察をおこなった最大の目的は、ロシア人がダイチン・グルンの領内に移住しているかどうかを調査することであったが、巡回の過程において、アムール河周辺にいた各集団の具体的な生活地域、移動範囲、暮らしぶりについてきわめて詳細な調査記録がのこされることとなった。

たとえば、康熙四五年（一七〇六）に黒龍江将軍が皇帝の上諭にしたがって、アムール河周辺の旧

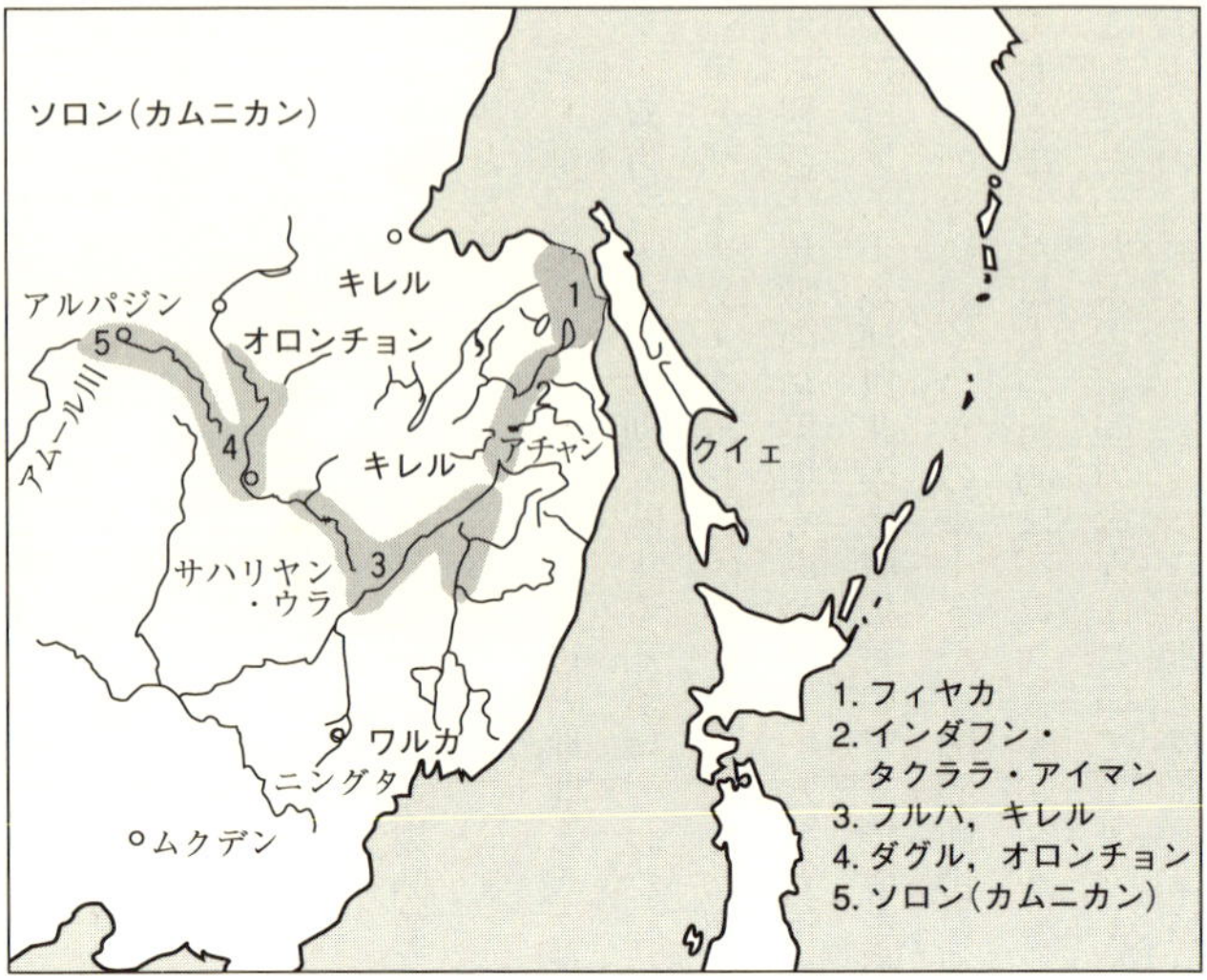

図2　17世紀、北東アジアの諸集団

マンジュ、新マンジュ、クヤラ、オロンチョン、キレルという集団の古老を訪ねて方言調査をおこなった。その結果は、『黒龍江将軍衙門《がもん》檔案《とうあん》』とよばれる公文書群のなかに、マンジュ語の語彙との比較記録とともにのこされている。ロシア側でもさまざまな国境事件に関する調査記録がのこされている。

アムール一帯はロシア、ダイチン・グルンという二大帝国が衝突することによって、新しい地域に関する現状把握が、これまでにない規模でおこなわれた。その結果、膨大な文書と絵図、地図がのこされた。しかし、そのほとんどは手つかずのままである。

オロンチョン人のアンダ

アムール河の周辺ではオロンチョン、ダグル、ソロンという集団も狩猟・漁撈生活を送っていた。ダグルとソロンは早い時期からダイチン・グルンによって八旗に編入され、康熙時代にはブトハ八アバ、すなわち狩猟生活にもとづいた八つの狩猟集団が編制された。かれらはチチハル周辺に移住させられ、テン皮の貢納や真珠を採集する義務が課された。

康熙時代のシリムディ川の周辺に生活していた集団について、ここでは述べていこう。ダイチン・グルンはオロンチョン人を通じてその地理的情報や各集団の関係を調査している。

康熙時代、オロンチョン人はシリムディ川の周辺で遊牧・漁撈生活を送っていたが、定住する場所がないため、つねに長い距離を移動しながら暮らしていた。康熙二三年（一六八四）の鎮守黒龍江等処将軍（アムール河周辺地域を管理する長官）の上奏には、シリムディ川に住んでいるオロンチョン人に関する報告として以下のように述べられている（『黒龍江将軍衙門檔案』康熙二三年六月初八日）。

鎮守黒龍江等処将軍サブスが（三月一二日）上奏した文書は、シリムディ川に住むオロンチョンのリクディンガがした、つぎのような報告を引く。「二月中に、われらが遊牧するところに、五人のロチャ人〔ロシア人〕が来て、『われらが北の海のウディル川に町をつくって住んでいる。おまえたちがわれらのロチャを殺したので、われら八十人が来て、おまえたちの子供らを人質として捕まえる』と言った。かれらはわれわれより人数が多く、抵抗できないため、われらの子供を人質として与えて送った。」この報告を受けて将軍サブスは「ロチャは北海を越えてきて、リクディンガなどのオロンチョンの子供を人質として捕らえ、シリムディに留まるかもしれない。そのため、営長二人、兵三百人を派遣して、聖武将軍四人を連れて船で送った。ロチャがシリムディ川にいればかれらに降伏するように言え。降伏しなければ、情況をみて攻撃せよ。もし、ロチャが人質を返還し、かれらの町に帰れば、派遣した兵士たちは戻ってくるように」と言った。

そしてサブスらは康熙帝に「ロチャは北海を越えてきて、シリムディに留まるかもしれない。将兵を派遣して、聖武将軍を連れて、船で派遣したい」と上奏した。康熙帝は「上奏のとおりにせよ。派遣された将兵らにきびしく訓示して、シリムディ地方にロチャがいれば、たくみに話をして降伏させるように。降伏しなければ殺して始末させるように。もし、ロチャがシリムディに居らず、帰ったのであれば、現在どこに留まっているか、どのように行ったのか、本当の情報をくわしく調査したうえで、将兵らは戻ってくるように。得た情報を奏聞させるように」と命令を出した。

康熙二三年四月四日にこの事件に関してふたたび上奏された。七日、康熙帝のお言葉があった。「将兵が行ってロチャがいれば、適切に行動するように。文書の中に、『ロチャが北海のほうから海を越えてきた』というのは、どの北海を越えてきたのか。戻るときはどの海を渡っていくのか。これらを将軍サブスらがくわしく調査して上奏するように。ほかは将軍サブスが述べてきたとおりにせよ。」この北海を越えてきたというロチャ人の情報は、オロンチョン人リクディンガがもたらした。将軍サブスもすでに同様に上奏していたが、あらためて、リクディンガにロチャがどの北海を渡ってきたかときいたところ、「ロチャは海を渡ってきたのではない。われらが現在遊牧するところであるシリムディ川の源流の北に、大興安嶺がある。ヒンガンのそとに海がある、海のこちら側にウディル川に、ロチャはもともと町を造って住んでいた。ロチャはヒンガン嶺を越えて、われらの遊牧する場所に来て、戻るときもかれらが来た道を戻って、ウディル川の町にいるという」と報告してきた。そこで康熙帝がロチャが住んでいるウディル川の町、海のある大体の方向を指さして示すように、リクディンガに求めたところ、東北の一角を指したため、さらにくわしく上奏させた。

その後ダイチン・グルンに帰順したオロンチョン人のリクディンガがかれらの生活ぶりとロシア人の動向についてくわしく報告している。

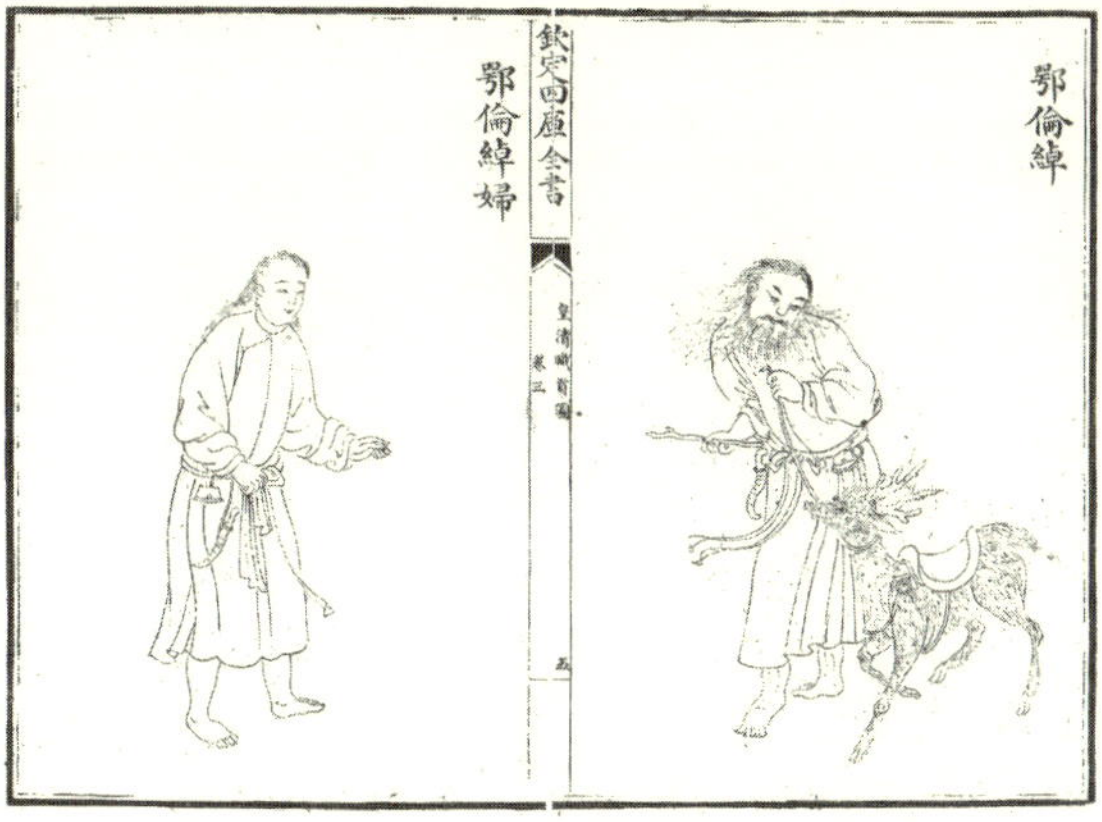

図3　オロンチョン『皇清職貢図』巻三

　ロシア人がギルムンガと一緒に連行していったディヤファンガは戻ってきて「ロチャ人がわたしを派遣して告知させたのだ。かれらは『われわれの仲間オロンチョンはみな妻子をのこらず連れて、われらの町へ集まってこい。来たら人質として連れてきたギルムンガらをおまえたちに返す。そうでなければ返さない』と言っている」と伝えた。ディヤファンガはまた「ギルムンガは殺されていない。現在も生きている」と報告した。

　これに対して、リクディンガは「おまえらはもともとどこで住んで生活していたのか。ロチャ人がおまえらを侵害したら、われらの軍隊の近くにきて暮らせばよい」と言った。

ディヤファンガがどのような生活をしていたかについてかれは、つぎのように述べている。

われらには定住するところはない。毎年一度、米交易のときにシリムディ川のところでダグルらと取引する。米を手に入れたらトナカイに背負わせ、騎乗して、われらの意のままに適当にロチャ人が住んでいるウディル川の町を通り抜け、海に行きあたるまでの地域で遊牧・漁撈していた。軍人が住んでいるところに近づけば、われらのトナカイが食べるコケがなくなってしまう。トナカイにのみ頼って暮らしているので、大軍のところまで行くことができない。ロチャ人が町を築いて住んでいる場所を尋ねたところ、「アイフンのところから、われらが現在遊牧するシリムディ地域まで、ダグルらは米交易をして、馬で二十日間行けば到着することができる。シリムディから北海のあいだにあるヒンガン・ダバガン〔興安嶺〕まで、われらはトナカイを駆って八日間で到着できる。この間、三日間の行程に、馬が食べる草はない。ダバガンから海のほうに行けば、セオリ川まで七日間で到着できる。行くところはみなひどい湿地である。セオリ川から向こうは峰が多い。山腹のけわしい場所にあるくねったながらもよい道を求めて、悪い道を避けて歩けば、ロチャが住んでいるウディル川の町まで、六日間で到着できる」と答えが返ってきた。以前、降伏したロチャであるフィリップに訪ねたところ、「わたしはシリムディから向こうに、セオリ川に行きあたるまで歩いた。ことごとく密林であり、泥地である。夏になれば泥水に落ち込み、馬が行くことができない。

冬になれば雪が多くて、いたるところで馬の食べる草がなくなってしまう」と言う。臣たるわれらは、「ロチャが住んでいるウディル川の町まで水路を通っていき、紅衣砲《こういほう》を運んで馬で行くことができる道があれば、われらは兵を送るべきである。オロンチョンらは、もともと定住したことがない。ダグルらと米交易をするときは、シリムディで場所を約束して一年一度に会って交易する。交易がすめば戻って、海に行きあたるまでの場所でロチャを越えて遊牧し、漁撈をする人びとである。ロチャが住んだウディル川の町まで水路を通っていき、紅衣砲を運ぶ道がないので、兵隊を派遣することができない。そのため、リクディンガが報告してきたことばを奏聞させるとともに、つつしんでくわしく上奏した」。

トナカイ遊牧民であるオロンチョンとダグルらのあいだでは、年に一度シリムディ川の周辺に集まって交易することが慣例としておこなわれていた。ここに紹介した文書にはアンダという言葉はみられない。しかし、こうした交易はアンダ関係によっておこなわれていたことがわかっている（承志 二〇〇二）。

ダグル、オロンチョンをふくむブトハ社会には商人的な性格をもつアンダが存在した。かれらは特定の個人とアンダ関係をむすび、友人としての情誼と信用のもとに交易をおこなった。シリムディにおける年に一度の交易は、アンダ交易とでもよぶべき性格のものであった。典型的な交換産品は、オロンチョンのテン皮とダグルがもたらす米である。かれらアンダ関係にある者のあいだで、一方が商人的な性格をつよめて利益を追求するようになると、権益の不均衡がもたらされ、他方に不満が鬱積することになる。オロンチョンの自治のために、興安城副都統衙門が光緒八年（一八八二）に設置されたのもそれが原因である。なお、清末になるとロシア人もオロンチョンとのあいだでアンダ関係をむすび、交易に活用していることは特筆に値しよう。

ソロンとモンゴル各集団のアンダ関係

オロンチョンとダグルのあいだでみられたようなアンダ関係は、ほかの集団にもみられた。その顕著な例は、ソロンとモンゴルである。アムール河周辺に住んでいたソロン人らは、康熙時代にはいると次第に南下し、一部分は軍人としてニルに編制され、テン皮の貢賦を納めていた。また、一部はモンゴルの諸集団と行動をともにして、その配下となって遊牧生活を送っていた。自然の流れとして、ソロンとモンゴルは各集団のなかでアンダ関係をむすんで、同じ地域で生活するようになった。康熙三二年（一六九三）九月二二日、ダイチン・グルンの周縁に居た集団を管轄する理藩院の文書が将軍サブスに送られた。ことの発端として、テン皮の貢賦を納めるソロン・ニルのジャンギン・チョノブが、サブスに、次のように報告した。

わたしの曾祖父はノホといい、もともと黒龍江にいた。ノホの息子がわたしの祖父ラブキ、ラブキの息子がわたしの父サンガルトゥである。曾祖父ノホの妾妻から生まれた子ホボルを、モンゴルのゴルロスのドムドン・タイジとアンダをむすびたいと偽って連れていって、貢賦を納める者としてのこしてきた。ホボルから増えた子孫八十七名の成年男子はみんなゴルロスにいる。われらの血縁者に会わせてほしい。

ソロンであるチョノブらが居住地域を分かつようになった最大の理由は、ゴルロスのドムドン・タイジと祖父の妾妻の兄弟ホボルがアンダ関係をむすんだということだった。おなじくソロン・ニルのジャンギンだったトシナも

わたしの祖先ホモ、ジョトゥ兄弟二人は、ともにもともと黒龍江にいた。わたしの二番目の叔祖ホモは、のちにいろんなところへ遊牧しにいって、モンゴルのゴルロスのアンチル公属下セルグレン・タイジとアンダをむすびにいった。この祖先から増えた成年男子は七十名あまりいる。祖先ジョトゥはテン皮の貢賦を納めるためにのこった。祖先ホモから増えたトロウルなど七十名あまり成年男子に会わせてほしい。

と要望している。ここでも、もともと兄弟だったものの一人が、ゴルロスのセルグレン・タイジとアンダ関係をむすびにいって、そのまま帰ってこなかったことが証言されている。

このほか、正式に八旗に編入された正白旗の貧乏なソロンのニル・ジャンギン・セレブ、披甲《ひこう》エルクルテイも以下の要望を黒龍江将軍に対して述べている。

われらの祖先はグワンヴェイ、もともとは黒龍江の地にいるとき、二人の妻を娶った。もともと

の妻から生まれた子はスルディ、オルジョタイ、トコ、トトフ、アシガン、サルガルである。〔かれらから〕生まれた子はバブフ、ノノホ、ホノイなど七人であった。モンゴルのグムブ・タイジらが遊牧する地に来て、「アンダ・サドゥンになりたい、乗馬、衣服などのものを与えたい、わたしに従って行かないか」と言ったとき、トコ、バブフ、ノノホ、ホノイらが多くの兄弟を率いて、かれに従った。わたしセレブの父はオルジョタイであり、エルクルテイの父はトトフである。かれらはジチン川の地にのこった。ソルタイの子ボムビ、トコの子ドゥレン、バブフの子ロトなどの成年男子は、〔おのおの分かれて〕百二十人の成年男子がグムブ・タイジの子マイセ公とともに、二十人の成年男子がコチン・タイジとともに、三十四人の成年男子がソルジ・タイジとともに、二十人の成年男子がアンチャル公とともに、三十名の成年男子がサイヒ・タイジとともに、九十人の成年男子がエルデマ・タイジとともにいる。われらの実の親戚ボムビ、ドゥレン、ロトらに会わせてほしい。

アンダ・サドゥンという言葉は、『大清実録』では「姻戚関係をむすび、盟約関係となる」という意味に漢訳されている。このような事例はほかにも多くみられるが、ようするに、ソロンには、兄弟がそれぞれの集団を率いて、ほかの集団内の者とアンダ関係をむすんで遊牧や狩猟をともにするケースが多くみられる。そうした行動は遊牧・狩猟をおこなうソロン集団にかぎらず、八旗に編制されて定住したソロン集団のなかにも多くみられる。

セレブらの請願は、分散して生活している血を分けた親戚（かれらは兄弟と呼ぶ）、合計一六人と会わせてほしいというものであった。この要望について、黒龍江将軍衙門《がもん》（役所）が正式に調査したところ、モンゴルの集団といっしょに生活している者もみなソロン語で話していることや、容貌もソロンと同じであることから、みなニル・ジャンギン・セレブの親戚であることは事実であると最終判断を下した。

しかし、モンゴルのコルチンの王、タイジらみなが、聖なる主《ぬし》（エジェン）に代々養育されてきたご恩に感激して、配下にいたシベ、グワルチャ、ダグルといった集団の人びとをみずから献上したことも以前にはあった。それはかれらの兄弟と同居するためにおこなわれた政策ではない。ソロンらが要求した、モンゴルにいる親戚に会わせてほしいという請願を、内外どこの地に住んでもみな聖主の民であるという理由から、将軍衙門は拒絶している（『黒龍江将軍衙門檔案』康熙三二年九月二一日）。

モンゴルの諸集団の成員とアンダ関係をむすんでかれらといっしょに暮らしているソロンについて、八旗やブトハ八旗に編入されたソロンが、同居させてほしいと懇願しても、許可されなかった。つまり、血縁よりアンダ関係が重要視されていたのである。

ユーラシア世界とアンダ

マンジュ社会に多くみられるアンダという関係は、北の狩猟民であるオロンチョン、ダグル、ソロン、モンゴルの諸集団のあいだでもむすばれていた。アンダとなった者たちは行動をともにして、生活環境を共有し、共同で一大勢力をまとめ上げて生活していた。二世代にわたってアンダ関係をむすび、生活に必要な物品を贈与しあい、凶作の時期には生計を支えあう事例も多く確認される。

アンダは、上は政治的な同盟関係をむすぶ行為から、下は幅広く交易や商業にたずさわる集団のあいだでもみられる行為で、言葉が異なる集団のあいだでは通訳や仲介人として活躍することも多かった。マンジュ社会とその周辺の各集団の人びとは、このようなアンダ関係をむすぶことによって、さらに大きな集団を作りあげ、のちに巨大な連合政権であるダイチン・グルンを築きあげるさい重要な役割を果たした。

同様の関係は、ユーラシア世界に通底するものであり、東アジア内海世界から視線をさらに西へとのばして世界史をえがくときに欠かすことのできない要素となる。

参考文献

承　志　二〇〇一「清朝治下のオロンチョン・ニル編制とブトハ社会の側面」『東洋史研究』六〇巻三号。
増井寛也　二〇〇五「満洲〈アンダ〉anda 小考」『立命館東洋史学』二八号。
間野英二　二〇〇一『バーブルとその時代』京都：松香堂。

第八章　台湾事件と漢番交易の仲介者
――双渓口の人びとのまなざし

林　淑美

台湾事件とその背景

一八七一年（明治四年、同治一〇年）一一月八日、台湾東南部に位置する屏東県満州郷《へいとうけんまんしゅうごう》八瑤湾《はちようわん》近くの海岸に破船、漂着した琉球宮古島および八重山の六十九人のうち五十四人が、牡丹社《ぼたんしゃ》と高士仏（クスクス）社の原住民から構成される「生蕃[1]」によって殺害されるという事件が発生した。かろうじて生きのこった十二人は鳳山県車城郷《ほうざんけんしゃじょうごう》保力庄《ほりきそう》の総理であった楊友旺《ようゆうおう》らに救助され、台湾府城をへて福建省の福州琉球館へと身柄を移され、翌年、琉球に送還された。そして、事件から二年が経過した一八七四年、明治政府は西郷従道《さいごうつぐみち》を都督として「問罪の師」をおこし、原住民の村落に侵攻した。いわゆる台湾出兵である（本章に登場する地名については図1を参照のこと）。

台湾側ではこれを「牡丹社事件」、日本側では「台湾事件」「台湾出兵」「征台の役」「征蕃《せいばん》事件」「台湾蕃社《ばんしゃ》事件」などと称する。ただし、近年では日本史分野を中心に「台湾事件」が用語として定

図1　双渓口とその周辺図
（西郷都督樺山総督記念事業出版委員会　1936より）

着しつつあるから、本章では台湾事件とよぶことにしよう。

台湾事件をめぐっては、戦前より日本植民地統治史・外交史・経済史、清代台湾史など、さまざまな角度から検討がなされてきた。それらに共通して俎上にのせられてきたのは台湾事件をめぐる日本国内の政治的要因や、アメリカやイギリスなどとの関係もふくむ当時の国際情勢であった。具体的には、琉球の帰属問題、「征韓論」の失敗に対する士族の不満や鬱憤などが国内政治上の要因として挙げられる。いっぽうで、事件当時の日清間の交渉に対するアメリカおよびイギリスの牽制などが国際的な背景として指摘されてきた（呉 一九九一）。そのほか、漂流民が遭難するまでの事件経過を緻密に復原しようとした研究や、加害者である原住民の心理状態へとふみ込もうとした文化人類学的視点からの研究もある（山中 一九四四、紙村 二〇〇四）。

このように、台湾事件はおもに植民地統治史、外交史といった、どちらかといえば日本史の一部であるとする視点から理解されてきた。しかし、そのことによって事件の現場となった当時の台湾社会がどのようなものであったかという根本的な問題がおろそかにされてきてはいないだろうか。たとえば、五十四人の漂着民が殺害された現場は双渓口《そうけいこう》という場所であった。かれらが上陸した八瑤湾からは西へ直線距離にして約三―四キロの地点であるが、かなり峻険《しゅんけん》な山道を歩かねばならず、実際には老人が途中で脱落したため、じっさいに双渓口で遭難したのは通説となっている五十四人ではなかった。では、かれらはなぜ双渓口に向かったのか。双渓口には何があったのか。台湾事件が発生した背景として、当時の台湾（南部）社会において双渓口が果たしていた役割を解明する必要があろう。のちに述べるが、じっさいに生存者の回想録をひもとくと、双渓口の「蕃産物交換業者」や「通事」

なる人物にふれられている。かれらは事件とどのような関係にあったのか。これを本当に理解しようとすれば、双渓口を中心としてひろがる在地社会、そこに展開する社会的諸関係をひとつひとつ明らかにしていかねばならない。

一八九五年、台湾は割譲され日本の植民地となった。その後、台湾総督府は対原住民政策に奔走することになるが、重要な課題のひとつに対原住民交易慣行をいかに再編・管理するかがあげられた。台湾総督府による統治の当初、対原住民交易は依然として原住民がもたらす山林産物をあつかう蓄産物交換業者や、通訳を果たした通事たちを仲介として展開されていた。台湾総督府がかれらをどのようにみずからの組織のなかに組み込み、対原住民統治を再構築していこうとしたか、ということも解明すべき問題のひとつである。また台湾総督府が設置した対原住民交易管理機関としては撫墾署《ぶこんしょ》、蓄産物交易所などがあるが、その実態はどのようなものであったか、それまでの蓄産物交換業者や通事はどうなっていったかなど、ほとんどわかっていないのが実情である。こうした事象を在地社会レヴェルの視点からしっかり理解したのちに、はじめて日本帝国統治体制、ひいては世界資本主義経済体制と辺境社会の変容というマクロな視点からの考察へとうつることができるのではないかとわたしは考えている。

これらすべての問題にこたえることはできないが、なぜ双渓口が歴史の重要な舞台となったのかということを分析することで、台湾事件をこれまでとは異なる角度から照射してみたい。

双渓口をめぐる人びと――蕃産物交換業者と通事

台湾事件の生存者はわずか十二人にすぎなかったが、そのなかに首里の島袋次良《しまぶくろじろう》・島袋亀《かめ》父子がいた。当時、かれらはなぜ遭難船に乗っていたのだろうか。「その頃父次良は宮古へ店舗を開いて居ったので折々自分の用向で本島と往復して商品を仕入れたりして居ました」（平良市史 二〇〇三）と島袋亀自身が述べるとおり、父の島袋次良が宮古島で何らかの商売をしており、日ごろから沖縄本島―宮古島間を往来していたため、そのときも商用で偶然乗りあわせたのであろう。その後、事件に遭遇しながら奇跡的に生還した島袋亀は七十五歳のとき、命の恩人である楊友旺らの消息をたずねるため、当時の台北沖縄県人会総代であった照屋宏《てるやひろし》に一通の手紙をしたためた（島袋亀は翌年七十六歳にて逝去）。照屋宏（一八七五―一九三九年）は台湾総督府の鉄道技師として働いたのち、一九三一年には第五代那覇市長を務めた人物である。手紙を受け取った照屋はこれを大正一四年（一九二五）七月二二―二五日付の『台湾日日新報』に「無名の烈士　五十四名が流した　尊い犠牲の血潮　帝国の国力南進に大貢献　牡丹社遭難懐古（一―三、完）昭屋生（寄）」と題して連載した。以下は「牡丹社遭難懐古（二）」の一部である。

> 明治四年十月十八日琉球宮古島人二隻の帆船に分乗し支那福州に航海中颶風《くふう》に遭ひ中、一隻《せき》六十九名乗組の分は二十余日間洋上に漂流して十一月中旬に至りて漸《ようや》く台湾恒春《こうしゅん》の東海岸八瑤湾に漂着し〔……〕。救護を求むよしもないので付近を徘徊《はいかい》中偶々《たまたま》支那人二名の通過に合ひたるも言語不通

にて要領を得ず。手真似《てまね》身振りにて漸く西方には馘首《かくしゅ》する野蛮人居るを以てひたすら南方に向って進めと云《い》ふ。〔……〕遂に不幸にも高士仏蕃社《こうしぶつばんしゃ》に達した。此時蕃人等集《つど》ひ来《きた》りて一行を抑留し異様の風俗言語に珍奇の思ひを為し、喧噪《けんそう》久しくして、議纏《まと》まらざるものの如く、而《し》かも一行が常に救護を哀願する態度は漸く彼等にも通じたるものか遉《さす》が獰猛《どうもう》の蕃人も容易に加害の模様なく〔……〕

島袋亀ら一行は遭難して八瑤湾に漂着したのち、偶然に漢人とみられる二人と出会い、西方には首狩りする野蛮人がいるから南方へ進めと身振り手振りで教えられたが、不幸にも高士仏社にたどり着いてしまった。しかし、救護を哀願した結果、ただちに加害されることはなかったと述べている。ここでは遭難した島袋亀等一行が高士仏社に到着したのは偶然であり、同社の原住民も一行の異様な風俗言語に驚きを示しながらも、ただちに首狩りの対象とみなしたわけではなかったことがわかる。同記事はさらにつぎのようにつづけている。

斯くて檄《げき》を四隣《しりん》に飛ばしたるに牡丹社蕃人先《ま》づ来たり会し協議の結果蕃産物交換業者に引渡し、酒と交換せんとしたるものの如く、一行六十六名は両社蕃人百余人に拉せられ、四重渓《しじゅうけい》上流の双渓口に在る交換業者 凌 老生方《りょうろうせいかた》に到着した。〔……〕蕃人等は極めて得意気《とくいげ》に昂然《こうぜん》として凌老生に対し我等は平地人を斯《か》く多数に救護して来たから酒二樽と交換せんと要求した。しかるに折り悪しく凌老生方に斯く多量の酒の持合せなかりし為め、彼等蕃人の要求を容《い》るる事が出来なかったので、遂に蕃人等は激昂し、然《しか》らば馘首《かくしゅ》して我が意を充《み》たさんと蕃刀《ばんとう》をふりかざして〔……〕中三名は蕃人等に追跡されつつ下流に向って懸命に逃走し稍《やや》下流に居住せる蕃産物交換業者鄧天保《とうてんほ》の門に辿《たど》り着き、救ひを求めた。鄧天保は直ちに屋内寝台下に潜伏せしめ、後を追うて来た蕃人等を慰撫《いぶ》し布を贈り、納得して帰らしめ漸《やうや》く三人を救助した。〔……〕統埔《とうほ》に急行し、勢力者にして通事なる林阿九に惨事《さんじ》を告げしため、林阿九は惨事を聞くと同時に現場に急行した。鄧天保は更《さら》に保力庄の総理であって同じく通事たる楊友旺に惨状の顚末《てんまつ》を具報《ぐほう》す、その保護を訴へたので、楊友旺は生存者九名を自宅に保護し置き、直ちに長男楊阿財《ようあざい》次男楊記生《ようきせい》及び鄧天保を随《したが》へ林阿九の後を追うて現場に急行した、斯くて双渓口に達するや各所に馘首されたる死体累々として惨虐《さんぎやく》の跡酸鼻《さんび》を極め、正視する事能《あた》はざる光景であったと此時《このとき》又二名森林中より蕃人に追はれて出て来るを認め、楊友旺、林阿九は極力蕃人を制し或《あるい》は慰撫し牛・豚・布等を与ふるを約して事なきを得た。尚《なお》一名の者が竹社蕃に抑留され居るを聞き、之亦《これまた》豚・布を送る事を約して救ひ出した。斯くて都合十二名の生存者を楊友旺方に保護する〔……〕。

左圖。遭害の山地
（峠の下鄧天保宅址から峠の上凌老生宅址を望む）

写真1　日本統治時代の双渓口（山中 1944）

ここからいくつか興味深いことがわかる。第一に、島袋亀ら一行が四重渓上流の双渓口に連行されたのはけっして偶然ではなかった。高士仏、牡丹両社の原住民には明確な目的があったのである。当時すでに双渓口には漢人の物産と原住民の物産とを物々交換する交易の場が成立していたと考えられる。たぶん島袋亀のいう蓄産物交換業者が営業する雑貨店のような店舗があったのではなかろうか。原住民は島袋亀ら一行をいわば一種の「獲物」ないし「商品」として店舗に持参し物々交換を要求しようとしたのである。

第二に、具体的な蓄産物交換業者としては凌老生と鄧天保が登場する（写真1）。高士仏社出身の華阿財《かあざい》氏によれば、凌老生は原住民と漢人の血を引くいわば混血であり、鄧天保は原住民の女をめとっていたという（華 二〇〇六）。つまり、両者ともに血縁や婚姻関係などにより原住民と密接な関係をもち（凌老生は清代台湾の史料中にみえる土生仔《どせいし》＝混血児であろう）、原住民の言語を話すこともできたと推測される。それはまさに、番語に精通して生蕃の女をめとり、生蕃の居住区域内にはいって漢番間の交易に従事する、清代の「番割《ばんかつ》」そのものであった（林 二〇〇四）。

第三に、双渓口をめぐる通常の交易は、原住民が持参するシカ肉、シカ角、通草《つうそう》（カミヤツデ）などの蓄産物と、蓄産物交換業者が漢人から入手した布、塩、火薬などの物産を交換するものであったと思われる。第一点で指摘した、原住民の島袋亀一行に対する「獲物」、「商品」感は、かれらが蓄産物交換業者に対して酒との交換を要求したり、最終的に牛、豚、布などを与えられることで満足、納得していることからもうかがうことができる。

さらに重要なのは、第四に、蓄産物交換業者の酒が不足していることを理由に交易が不成立になったさい、原住民の不満のほこ先が蓄産物交換業者ではなく、島袋亀一行に向けられたことである。もし、原住民が交換不成立の理由を蓄産物交換業者側にあると考えたならば、怒りのほこ先がかれらに向けられ、凌老生が殺害されてもおかしくないはずである。しかし、現実にはそうならなかった。原住民は蕃産物交換業者の判断を非とはみなさず、むしろ、かれらの暴力は交換価値のない、あるいは、少ない島袋亀一行に向けられたと考えられる。

第五に、在地社会における通事の役割である。通事には番語を解することのできる者が任命され、徴税、治安など生蕃・熟蕃《じゅくばん》関係のことがらを処理することが期待されたと一般にいわれるが、その実態については不明な部分も多い。この事件では林阿九と楊友旺の二人の通事が登場する。番語を解する凌老生と鄧天保が通事に対して通訳としての役割を期待したとは思えない。林阿九に関する情報は少なく、詳細は不明だが、楊友旺は客家《ハッカ》人で保力庄（客家人村落）の総理であり、名望家であったと思われる。しかし、凌・鄧の二人が、原住民との間に発生した暴力事件を、楊友旺の総理という地位によって解決しようとしたとは考えにくい。落合（一九二〇）をひもとくと、第一章「生蕃討伐の起因」に、楊友旺の孫である楊庚生《ようこうせい》の話を整理してつぎのように記している。「当時保力庄に楊友旺と云《い》ふ者あり、常に双渓口に至り同地の龔天《ママ》保〔鄧天保のことであろう〕（広東人にして生蕃と物品交換を業とせるものなり。）と水牛其の他の買売を業とせり。」つまり、楊友旺は漢人側の物産を集めて蕃産物交換業者の鄧天保にもたらし、それらを原住民の蕃産物と交換する人物だったのであり、そこに利益を見いだす商人的な性格をもつ存在だったとみなせるのである。だからこそ、凌・鄧の二人が楊友旺のところに駆けこんだ理由も理解できる。かれらは楊友旺に対して物的な援助を求めたのである。これは通事の本来的な役割を示すものではないが、ある意味で実態の一部をかいまみせるものなのではなかろうか。

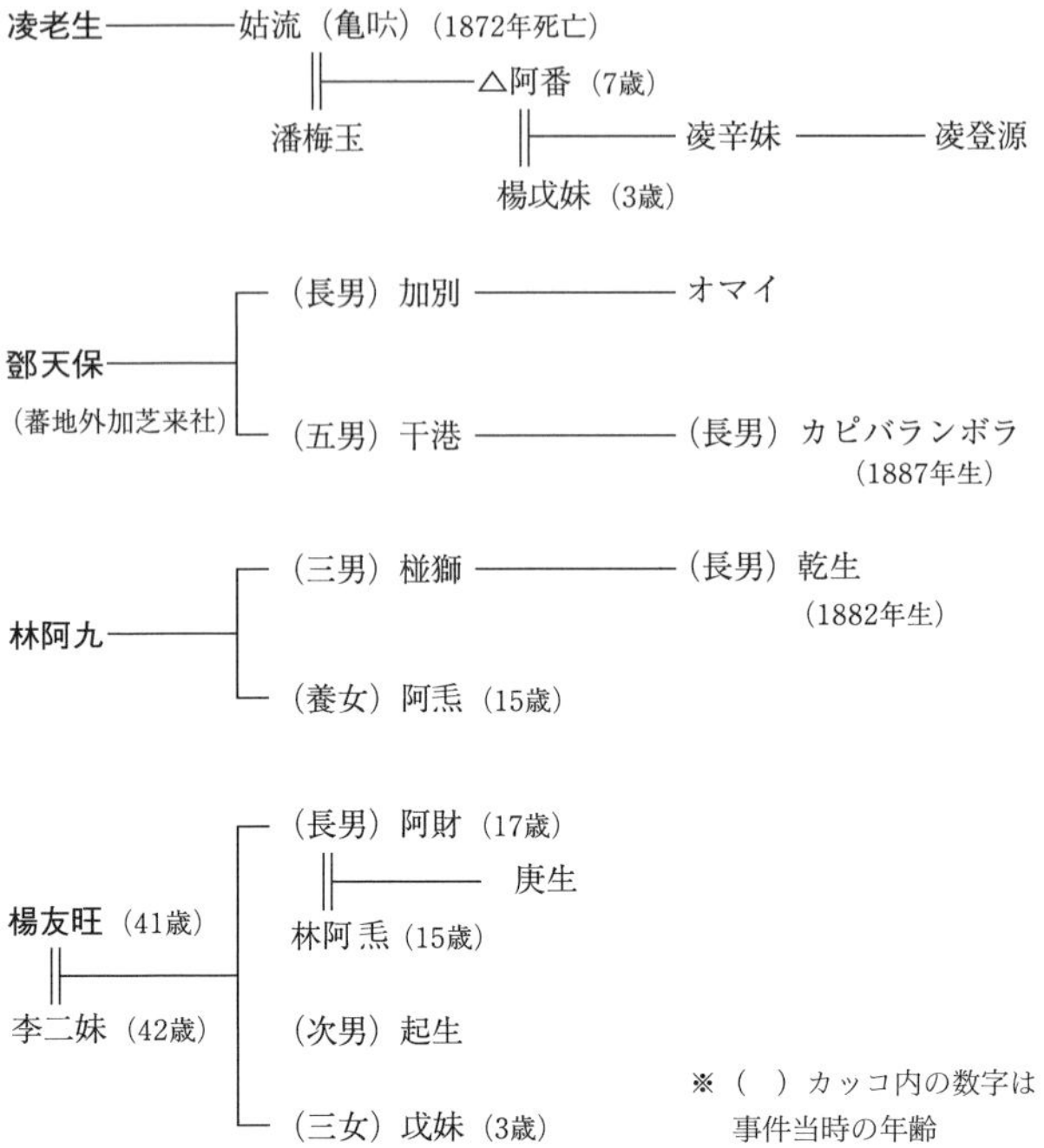

図2　双渓口をめぐる登場人物の家系図

以上、台湾事件の生存者の一人である島袋亀の手紙から、現場となった双渓口をめぐる社会関係を検討してみた。それでは、さらに史料をおぎないながら登場人物の家系を整理・分析してみよう。大正一四年（一九二五）七月二三日付の『台湾日日新報』の記事「牡丹社遭難懐古（三）昭屋生（寄）」と、わたしが関係者から提供された戸籍謄本の写しを参考にして復原したのが図2である。

蕃産物交換業者の凌老生はすでにのべたように、漢人と原住民のあいだに生まれた土生仔（混血児）であったと考えられるが、息子の姑流《こりゅう》（亀吹）とその配偶者の潘梅玉《はんばいぎょく》、孫の阿番《あばん》はともに名前から判断して原住民と推測される。凌老生は土生仔として生まれ、漢人と原住民の間で蕃産物交換業者として生計をたてていたが、その子孫は原住民の風俗にしたがって命名されていたことがわかる。そして何とも興味深いのは孫の阿番が楊友旺三女の戊妹《ぼまい》をめとっていることである。つまり、事件後ではあるが、凌老生と楊友旺は姻戚関係をむすんだことになる（戸籍上では一八七四年に入籍）。

つづいて、おなじく蕃産物交換業者であった鄧天保の住所は、蕃地の外加芝来社《がいかしらいしゃ》であったとされる。外加芝来社（Spogodan）はパイワン族に属し、「極最近《ごく》に頂加芝来《ちょうかしらい》から分戸《ぶんこ》したもので、牡丹社もその主流は亦《また》頂加芝来から分離したものである」とされる（台湾帝国大学 一九三五、図1参照）。すなわち、鄧天保は原住民の村落に住んでいたのである。鄧天保の妻は原住民であったといわれているから、妻自身が外加芝来社のパイワン族であった可能性もある。そして、鄧天保には五人以上の息子があったようで、長男を加別《かべつ》、五男を于港《うこう》といったが、日本統治期を中心に活動した孫の代になるとはっきりと原住民の名として「オマイ」「カピバランボラ」と記されている。

つぎに、通事の林阿九であるが、養女の林阿玉（詳細は不明）が楊友旺の長男楊阿財に嫁いでいる点がおもしろい。実際に入籍したのは事件後の一八七八年であるが、凌老生と同様、楊友旺と姻戚関係をむすんだのである。

最後に楊友旺である。かれは客家人であり、保力庄の総理に任命されるような在地社会の名望家であったと考えられる。なぜ楊友旺が凌老生・林阿九をえらんで姻戚関係をむすんだかは不明だが、楊友旺のような漢人側の名望家が蕃産物交換業者や通事と姻戚関係をむすぶことの必要性について考えると、双渓口をめぐって展開される関係がおぼろげながら浮かんでくるように思われる。漢人側の物産をあつめて蕃産物交換業者に持ちこんで利益を得ていた楊友旺にとっては、双渓口を舞台として重要な役割を果たしていた蕃産物交換業者および通事とより緊密な関係をきずいて、双渓口を中心としたネットワークを張りめぐらす必要があったのではないか。ここに漢蕃にまたがるネットワークの存在を想定することも十分に可能であろう。

島袋亀の手紙から、双渓口を舞台としていかなる社会関係が成立し、そこにどのような人びとがあつまってどんな社会的役割を演じていたか、その舞台に突如あがらされた人びとはいかにあつかわれたかなどのことが、あるていど判明してきた。少なくとも台湾事件の舞台となった双渓口をめぐる地域には、当時の台湾本島において、漢（漢人）でもなければ蕃（原住民）でもない独特の世界が現出していたことがわかる。

事件を見つめる在地社会のまなざし

第三者は台湾事件をどのように評価してきたのであろうか。冒頭に述べたとおり、研究者はおもに日本植民地統治史や外交史などの視点から歴史のなかに位置づけて、評価をおこなってきた。ただし、そうした研究成果のなかで、わたしにはひとつ重要な視角が抜け落ちているように思われる。それは、台湾の在地社会の人びとがこの事件の顚末をどのように認識して書きのこしてきたか、という点である。事件の衝撃の大きさ、在地社会への影響を考えるうえで、これは見のがしてはならない課題であろう。

それを考える素材として曾（一九五九）をとりあげてみたい。民国四五年（一九五六）に屏東県車《しゃ》城《じょうごう》郷の張金財が記した「序」によれば、曾錬瑛《それんえい》は「農校出身で、官界で半生を過ごした」人物であった。張とおなじく車城郷人であった可能性が高い。本書は曾が人びとの道徳心の低下をなげき、本人がかつて見聞したことを書きのこそうとして著されたもので、三九件のことがらを紹介しながら道徳を説く善書のような体裁をとっている。そのうちの一件、「琉球藩民の墓に遊ぶの感想記」にもとづいて、在地社会における事件の位置をさぐってみよう。

〔曾〕錬瑛はかつて日本琉球藩民の墓〔屏東県車城郷統埔村〕に参拝した時、感慨に堪《た》えぬものがあった。すなわち、取るにたらぬ一人の細民に器量がなかったために、ついに日本が台湾を侵略する端緒がひらかれ、清日間に戦争がおこった。その結果、馬関〔下関〕条約がむすばれ「辱国千古恨〔千年にもわたるであろう国辱〕」のわざわいをもたらし、台湾五十余年の悲惨な歴史がはじまった。ここにその事績をしるし、わが同胞が永遠の反省とすることをねがう。

事　証

日本明治四年、琉球藩民六九名が〔……〕上陸した後、一行は飢えに堪えられず、数日間さまよったが、さいわいにも高山族の高士仏社の男女が海岸に海産物を採りにきたのに出会い、かれら蕃族に向かって手で口と腹をさし飢餓の意味を示した。蕃族の男女はついに慈悲の心を発して、六十六名の漂難民を高士仏社へ連れ帰り、蕃頭目に知らせた。頭目はすぐさま漂難民を各戸に割りあて、蕃薯《サツマイモ》や芋仔《サトイモ》を炊いて漂難民に食べさせた。漂難民六六名は心から感動し謝意を表した。ただ、言語が通じなかったので、社に一、二日滞在したところで、頭目が今後漂難民をどう処遇するかについて協議をおこなった。頭目が漂難民を双渓口の蕃刈《ばんかい》〔番割〕凌老仙のところへ連れていこうと提案したので、一同は賛成し、翌日早朝、数十名の蕃丁《ばんてい》を遣わして漂難民をともなって、双渓口の凌老仙宅へと出発させた。当時、山地の道路は今日の比ではなく、まがりくねって険しい道であったため歩きにくく、双渓口にたどり着いたときにはすでに正午であった。一行が飢えと渇きをうったえたので、蕃刈凌老仙宅にまで連れていったところ、凌老仙はこころよく思わず、「おまえらはこのように多人数をおれに引きわたすが、おれはだれに渡せばよいのか」といった。蕃丁は頭目の意思を伝えて「頭目はわれわれに漂難民を蕃刈のおまえにわたすよう命じたのだ」といい、蕃刈に向かって六六名を受け取り、酒・食糧・布を供して労をなぐさめてくれるよう望み、他には何も要求しなかった。凌老仙はこれを拒絶し、要求に対して酒・食糧・布を与えなかったばかりか、はやくよそへ行きここに長くとどまらないよううながした。一行はすでに高士仏社から双渓口まで相当の遠距離、かつ、曲がりくねった道を歩いてきたので、双渓口に到着したときにはすでにのどは渇き腹は減っていたが、それなのに食糧もなく、漂難民も受けいれてもらえなかったため、いかり心頭に達していた。そのなかには〔高士仏社の〕気勢の荒い若者がおり、凌老仙に慈悲心がなく、かれらの要求を聞きいれないことに憤然として「ならばいっそ殺して、蕃刈に応えてやれ」といった。その場には他社の悪蕃丁もいて、凌老仙が漂難民を受けいれないこと、また高士仏社の若者の言葉を聞いたことから、ただちに良からぬ行動に出て、刀を上げて殺しはじめた。そして、つぎつぎと殺し、血の惨劇となった。ここにいたって、凌老仙は状況が悪く、勢いの止めがたいことをはじめて知って救おうと考えたが、すでに間に合わなかった。〔……〕凌老仙宅はこのたびの惨殺事件ののち、うす暗く静まりかえって住みにくくなったため、ついに放棄され他所へとうつり、蕃刈の売買・営業も停止され、数年もたたないうちに、〔凌老仙の家族は〕病気にかかりほとんどが死亡してしまった。人びとは「これはみな無実の罪でひどい目に遭った漂難民の冤魂のたたりであろう」とうわさしあった。調べたところでは、末裔にはただ一人凌阿生なる盲目の男性がいて、四重渓温泉に住み、按摩で生計を立てているが、生活は悲惨だとのことである。〔……〕西郷〔従道〕提督は〔台湾出兵の〕戦勝の勢いで、車城郷統埔村の有力者である楊友旺・林阿九・張眉婆の三人に命じて、昔日双渓口の凌老仙宅で高山蕃に殺された琉球藩民の遺骨を掘り起こし洗骨して、すべてを統埔村へ運んで埋葬させ石碑を建てた〔写真2〕。その題には「大日本琉球藩民五十四名之墓」の文字をきざんだ。その碑文は年月の経過とともに摩滅してしまい、公平な事件の顚末を知るすべがなくなってしまった。〔……〕

写真２　琉球藩民墳墓の碑銘

この文章は、たしかに曾鍊瑛の手になるものではあるものの、内容から判断して、すべてを曾個人の認識であるとみなすことはむずかしい。むしろ、かれは屛東県車城郷に伝わる故事を書きのこしたと考えるほうがよいように思われる。つまり、そこには事件の舞台となった屏東県車城郷双渓口の在地住民の記憶が凝縮されていると考えられる。そして、語られている内容はおもに以下のような特色をもっている。

第一に、ナラティブ全体として原住民に対し好意的に同情心をもってえがかれている。高士仏社の原住民は「慈悲の心」を発して漂難民を救助したとする。第二に、救助された漂難民も「心から感動し謝意を表した」。つまり、原住民、漂難民ともにきわめて誠実な態度で接していたことが強調されている。第三に、それらに対照的なかたちで登場するのが蕃刈凌老仙（島袋亀のいう凌老生と同一人物）である。かれは「無慈悲」な人物であったため、ついには血の惨劇を招くことになった。すべての原因は凌老仙にあるというのである。冒頭の「取るにたらぬ一人の細民に器量がなかった」というのが凌老仙をさしているのは明白であろう。すなわち、在地社会の認識としては血の惨劇を招き、日本の台湾侵略のきっかけをつくり、ひいては台湾の悲惨な歴史をひらいたのは凌老仙だと主張するのである。台湾のみならず当時の東アジアをめぐる国際関係をもゆるがした大事件の原因は、なんとひとりの蕃刈に帰せられたのであった。第四に、在地社会における蕃刈への評価の低さがみてとれる。当時、馘首（首狩り）する野蛮人として畏れられていた原住民に対して物資を供与することで「和蕃」する、すなわち、安定した社会をきずくことが常識であったにもかかわらず、蕃刈はそれを目先の利益にとらわれて遵守しなかったという批判がふくまれている。第五に、「蕃刈」という名称が使われていることにあらためて注目しておきたい。島袋亀が記した蕃産物交換業者はここにはっきりと「蕃刈」（hoangvai）と呼ばれている。琉球藩民がもちいた蕃産物交換業者の実態は清代以来の「番割」（hoankoaq）だったのである。

このような事件認識とはまったくことなるもうひとつの事例を紹介しておきたい。わたしは二〇〇六年八月八日、凌老生の曾々孫にあたる凌登源《りょうとうげん》氏を自宅にたずね、ヒアリングをおこなうことができた。凌登源氏は一九三四年、屏東県車城郷保力村生まれの七十二歳で、母親は凌辛妹《りょうしんまい》（図2参照）といい、妻は牡丹郷旭海村《ぼたんごうきょくかいそん》の潘氏で原住民であった。

問　凌登源さん、あなたは牡丹社事件について聞いたことがありますか？

答　知っています。琉球人の二隻の進貢船が台風に遭って、そのうちの一隻は八瑤湾に漂着した。船員は六十九名だったが、三名が溺死した。生存者は六十六名。かれらは山地の同胞に出くわした。山地の同胞はかれらをわたしの祖先〔凌老生〕が商売をしていたところまで連れていった（妻潘氏がよこあいから「換番〔原住民と交易〕しようとしたんだよ」）。山地人はわたしの祖先から酒・衣服・布などをもらおうとした。

問　凌老生はかれらの求めにこたえたのですか？

答　いいえ。山地人は何ももらえなかったので、琉球人を殺そうとした。なぜなら凌老生はちょうどそのとき手元に何も置いていなかったからです。山地人が琉球人を殺そうとしたとき、そこには大びつ（大櫃子）が有りました。

問　その大びつは何にもちいたのですか？

答　白銀を入れるのです。とても大きい。子供のころに見たことがあります。山地人が琉球人を殺そうとしたさい、十人〔の琉球人〕がそこに隠れた。わたしの母の話では、また別の二人は入ることができず、トイレのなかに隠しました。つまり、十二人を助けたのです。
問　大びつはどこに置かれていたのですか？
答　交換所です。商売の場所です。〔……〕
問　生きのこった十二人の琉球人はどうなったのですか？
答　かれらはその後一カ月以上凌老生のところにとどまりました。凌老生が衣食住を提供したのです。しかし、のちには双渓口まで商売しにくる人は少なくなりました。〔……〕
問　凌老生は本当に一カ月あまりも琉球人の世話をしたのですか？
答　そうです。しかし、一カ月あまりも過ぎると、凌老生も途方にくれ、楊友旺に相談したのです。なぜなら楊友旺は政治の方面が得意な人で、凌老生は商売人でしたから。それで、一二人を楊友旺に引きわたして処理してもらったのです。

この凌登源氏の証言を、さきに引用した島袋亀、曾錬瑛の各文章と比較すると、つぎの何点かが注目に値する。まず、凌老生の行動の是非はともかく、台湾事件においてもっとも重要な舞台は双渓口であり、主役を演じたのは蕃産物交換業者＝「蕃刈（番割）」であったことである。これらの舞台と社会的な存在を抜きに台湾事件は語れないのであり、重要なポイントであるといいうる。つづいて、ある意味で当然であるが、子孫の凌登源氏にとって凌老生は「無名の英雄」とも称すべき、台湾事件の影の立役者であった。大びつの事例にみられるように、凌老生の英雄的な行動があってはじめて琉球人たちは救助されたのである。凌登源氏にとっては、それこそが「歴史的事実」であり、曾錬瑛の批判は「事実誤認」とされる。また、これに関連して、わたしがヒアリングのさいに感じたのは、言葉の上には直接あらわれていないが、本当に琉球人を救助したのは凌老生でありながら、政治的な才能をもっていた総理楊友旺に手がらを奪われてしまったうえ、凌老生は濡れぎぬを着せられてしまったのだという、なかば感情的な、くやしさにも似た認識である。すなわち、曾鍊瑛が書きのこした内容も事件に対するひとつの解釈であるが、それは一方の意見に耳を傾けたにすぎない。じつは、凌登源氏の語る内容もまたひとつの解釈なのである。いまとなっては、もはや事実を追求するすべはないが、いずれにせよ、なぜそのように語り伝えられたかを検討することが重要なのであろう。

本章では、島袋亀の手紙、曾鍊瑛の文章、凌登源のヒアリング記録というそれぞれ異なる立場からおこなわれた台湾事件に関する証言を検討してきた。ただひとつ欠如しているのはもういっぽうの主役である原住民による証言である。今後、機会にめぐまれれば、是非ともかれらの台湾事件に関する故事、伝説をヒアリングしてみたい。

注記：曾（一九五九）の閲覧と撮影にあたって、屏東県車城郷の第一二代郷長張英和氏にお世話になった。ここに記して感謝の意を表したい。なお脱稿後、『台湾原住民研究』一一号（二〇〇七）に「小特集：「牡丹社事件」をめぐって」が掲載されていることを知った。また別の機会に言及したいと思う。

注

（1）日本側の史料では「蕃」が、清朝側の史料では「番」がもちいられている。本章では史料中の用語にしたがって表記するが、意味は同じである。

参考文献

落合泰蔵　一九二〇　『明治七年生蕃討伐回顧録』私家版。
華　阿財　二〇〇六　「「牡丹社事件」についての私見」『台湾原住民研究』一〇号。
紙村　徹　二〇〇四　「なぜ牡丹社民は琉球漂流民を殺害したのか？――牡丹社事件序曲の歴史人類学的素描」山本春樹他編『台湾原住民族の現在』東京：草風館。
西郷都督樺山総督記念事業出版委員会（編）　一九三六　『西郷都督と樺山総督』台北：台湾日日新報社。
台北帝国大学土俗・人種学研究室　一九三五　『台湾高砂族系統所属の研究』東京：刀江書院。
平良市史編纂委員会　二〇〇三　『平良市史　第10巻　資料編8戦前新聞集成・上』平良：平良市総合博物館。
山中　樵　一九四四　「宮古島民の台湾遭害」『南島』三輯。
林　淑美　二〇〇四　「清代台湾の「番割」と漢・番関係」『NUCB JOURNAL OF LANGUAGE CULTURE AND COMMUNICATION』六巻二号。
呉　密察　一九九一　『台湾近代史研究』台北：稲郷出版社。
曾　鍊瑛　一九五九　『導世燈』台北：瑞成書局。

第III部　日々の営みをめぐる権利

交易の対象となるモノはさまざまな生業につく人びとによって獲得され、生産される。なかでも、中心世界からへだてられた狩人や漁人《いさりびと》は、しばしばゆがんだ姿に表象され、近代に入ると営みの場から離脱することを強制された。忘却されかけたかれらの狩猟・漁撈にかかわる権利を掘りおこすとき、周縁領域において存在した異なる社会原理が浮かびあがる。前近代の忘却の強制という作用は、周縁領域を国家の枠内にとりこもうとするときにつよくはたらく。しかし、アイヌであっても、「中国」の租界であっても、個々の実践のなかで、旧来の作法を近代の制度のうらにもぐりこませようとする生活者のしたたかな戦略がくりひろげられたことをみのがしてはならない。

扉上：「アイヌ熊狩りの図」（市立函館博物館蔵）
扉下：『古今図書集成』（博物彙編芸術典漁部蔵）より

第九章　極東ロシア先住民族の狩猟領域
——沿海地方のウデへの事例から

佐々木史郎

狩猟と国家

狩猟は人類最古の生業活動のひとつであるが、国家が誕生すると、国は狩猟に専門的に従事する人びとをその統制下におきたがった。狩猟は食料や生活用具の材料を提供するだけでなく、高級毛皮のような、支配者が独占したい贅沢品を供給したり、王侯の威信を高めたり、軍事訓練に活用されたりと、支配者にとっては利用価値が高い活動だったからである。本章では、その狩猟を伝統的に主要生業あるいは基盤産業としてきた人びとを対象として、かれらの狩猟の権利が、支配国家の制度や政治経済的状況の変化に応じてどのように変わってきたのかを考察する。取りあげる事例は、現在のロシア連邦沿海地方ポジャール地区に相当する、ウスリー川の支流のビキン川という川の流域に暮らしてきたウデへという先住民族である（図1）。

ここで問題とするのは、ウデへという人びとの狩猟をめぐる権利にはどのようなものがあり、それ

図1　ロシア沿海地方

はかれらを支配した国家によってどのように変化したのか、そして、国家はかれらの狩猟活動をいかなるものと位置づけ、いかにかれらを管理し、かれらの狩猟にかかわる権利をいかに保護、制限、あるいは没収してきたのか、という点である。これらの問題点にこたえるために、ビキン川のウデヘたちの狩猟活動と狩猟資源の保全に関する伝統的な取り組みと知識に関してのべ、ついで、かれらを取りまく歴史環境としての支配国家の変遷についてのべる。最後に現在（二一世紀初頭段階）のウデヘ猟師たちの野生動物資源に対する権利の現状とその持続的な管理・利用の可能性について論じたい。

ビキン川のウデヘ

ウデヘはツングース系の言語を固有言語とする民族で、二〇世紀初頭まではウスリー川に流れこむ支流の流域（ワク川、イマン川、ビキン川、ホル川）、アムール河にそそぐ支流の流域（クル・ウルミ川、アニュイ川、フンガリー川）、そして日本海にそそぐ川の流域（ヨージヘ川、サマルガ川など）の森林地帯にひろく分布していた。しかし、一九世紀末期以来、農業移民の進出や木材資源、鉱工業資源の開発などのために旧来の居住地を追われることが多く（Startsev 2000）、現在はビキン川流域、サマルガ川流域、ホル川流域、アニュイ川流域にまとまった居住地がみられるにすぎない。また、ウラジオストークやハバロフスクなどの都市に居住する者も少なくない。そのような状況下で固有言語も固有文化も知らない人が増えているが、二〇〇二年に実施された最新の全ロシア国勢調査では、民族帰属をウデヘと申告した人は一六五七人であった。

ビキン川の流域に暮らすウデヘは、かつてはビキンの人びとという意味で「ビキンカ」と呼ばれ、川の中流域と上流域に親族単位の小さな集落を多数形成して分散して暮らしていた。しかし現在は、一九五〇年代後半から六〇年代にかけて実施された集団農場の規模拡大と村民の集住化政策によって、比較的下流のほうにあるクラースヌィ・ヤールという村に集まっている。村の人口は六百人ほどで、その八割以上が先住民族、さらにその八割がウデヘである。あとはウデヘと隣接してこの川の流域で暮らしていた先住民族ナーナイと、婚姻などでやってきたエヴェンキ、ウリチ、チュクチなどの他の先住民族、村の行政や集団農場の管理、技術指導、あるいは狩猟や農業のためにやってきたロシア、ウクライナ、ベラルーシなどのヨーロッパ系の移民が占めている。

ビキンのウデヘは伝統的な文化の保存と狩猟活動の継続という点では比較的幸運な人びとであった。ここは地理的にウラジオストークとハバロフスクの中間にあり、どちらの都市からも遠くて開発が遅れたのである。しかし、ここでも狩猟活動継続の危機はあった。一九九二年に沿海地方政府がウデヘの猟場の森を韓国の財閥との合弁でできた木材開発企業に売却しようとしたのである。それはけっきょく失敗に終わったが、ソ連崩壊後の混乱のなかで、周辺の森の開発や汚染がすすみ、過剰狩猟もあいまって、ビキン川の森の野生動物も種類によっては急速に数を減らした。

現在、この村の基幹産業は林業である。経済が好調な中国へチョウセンゴヨウなどの良質の木材を出荷することで、村唯一の企業である株式会社「ビキン」はなんとか経営を維持している。しかし、主要な収入源ではなくなったが、この企業が国営だったソ連時代から主要な生産部門とされ、さらにウデヘがもっとも自分たちらしい産業として誇りをもっているのは狩猟業である。とくに、クロテンをはじめとする良質の毛皮を産する毛皮獣狩猟は、二〇世紀までこの地域の花形産業であった。

ウデヘにとって狩猟とは、生きていくのに必要な食料や生活財を確保するための活動（生業活動）であると同時に、交易など外界との交流を促進するための商品を確保するための活動でもあり（換金作物の生産）、さらに森に住み、かれらに猟運や災厄をもたらすさまざまな精霊たちとの交流をうながす活動でもあった。すなわち、かれらの経済生活、社会生活のみならず、精神生活においても重要な活動であり、社会と文化の根幹をなしていた。だからこそ、現在では経済的な意味がほとんど失われているにもかかわらず、会社は猟師たちを保護育成し、狩猟活動を続けさせているのである。

伝統的狩猟と野生動物資源の保全

重要な生産活動である狩猟を継続するために、ウデヘたちには独特の資源管理方法があったのではないのか、というのがいまの資源論や自然保護論のなかでしばしば提起される仮説である。あるいは先住民族はみな自然を大切にする人びとであり、当然だれにいわれなくても昔から持続的に自然を利用してきたという意見もあるかもしれない。しかし、そのような仮説や意見の成否を実証的に判断するのは非常にむずかしい。というのは、一九世紀後半以来のこされている民族誌や現在の実地調査で狩猟に関する「伝統的」な方法や慣行、規則、禁忌などを調べても、それらが持続的な利用に直接寄与するかどうかを確認することができないからである。

「先住民族はみな自然を大切にする」という言説が、かならずしも実態を反映していないことは、北米の先住諸民族の例からも明らかである。アメリカやカナダの研究者はしばしば、先住民たちが狩猟に出かけると可能なかぎりの数の動物を捕り尽くしてきたことを指摘している。そのような事実は歴史文書にも記されているし、先住民の世界観にも現れているという。たとえば、かれらには動物は骨から再生するという考え方があり、猟師たちは、骨さえしっかり保存すれば動物はふたたびその上に肉をまとってかれらの前に姿を見せる、そして、殺した分はまた現世に戻ってくると信じていた(Brightman 1987)。

ウデヘにも同じような考え方があった。とくにクマの場合には、狩猟したときには村中でその肉を食べる儀礼をおこなったが、骨は壊さないように丁寧に集めてきてしかるべき場所に埋葬された。そうすればふたたびクマは肉をまとって猟師の前に現れると信じられていた。クマほど徹底はしていないが、他の動物、たとえばシカやイノシシ、あるいはクロテンやイタチなどの毛皮獣の場合でも、骨を正しくあつかうことで再生すると考えられていた。しかし、ウデヘの場合にはそのような考え方が資源の劣化を招いたという事例は聞かれない。

ウデへのあいだには資源の持続的利用を積極的に推進するような狩猟方法や考え方はあったのだろうか。

選択的な狩猟という考え方がいつウデへの猟師のあいだに定着したのかはさだかではない。いちおうシカ類にせよ、イノシシにせよ、大型のオスを中心に狩猟するとはいわれている。体格が大きいほうが肉の量も多いからである。秋のアカシカ猟ではシカ笛が使われる。白樺の樹皮をラッパ型に成型したもので、それで発情期のオスの鳴き声をまねる。するとオスが、ライバルが近くにやってきたと勘ちがいして猟師のそばにみずから姿を現すので、そこを狙い撃つ。このような猟で捕獲されるのは当然オスである。しかし、夏の早朝や夕暮れにおこなう水辺のえさ場にボートで忍び寄って撃つ忍び猟や、塩場を作り、その近くに設置した台の上から狙う待ち伏せ猟ではかならずしもオスだけが捕られるわけではない。基本的に猟師は手に入れることができるものはできるだけ捕ろうとする。

いくつかタブーはあり、狩猟対象とされない動物は存在する。その代表格がヒョウ（アムールヒョウ）とトラ（アムールトラ）である。両者ともウデへにとって特別に神聖な動物だからである。しかし、資源の保全を目的として狩猟できる猟物の猟期や種類、場所を制限するようなタブーはない。

タブーや信仰は結果として資源の保全につながる。たとえば、猟場の森と猟運（猟の成否にかかわる運）がそれぞれの「主《ぬし》」（ウデヘ語では「エジェン」という）によって支配されているという信仰がある。森に住む動物はすべて森や猟運をつかさどる主の所有物であり、それを猟師の前に送り込むか否かは主たちの判断ひとつにかかっている。ビキン川流域のウデへの場合、その流域の森の獲物は猟運を支配する「ラオ・バトゥ」とよばれる主によって送り込まれている。主と猟師との関係は互酬的である。猟師は猟の前にかならずラオ・バトゥに猟運を祈願しなければならない。かつてビキン川沿いに小集落がならんでいた時代には、村はずれに立つモミなどの大きな木の幹に三角形の刻みを入れ、それを猟運の主に見立てて、その前に小卓をおき、そこに粥、魚の干物、酒などをならべ、頭を地面につけるように深々と三度お辞儀をして、猟運を主に願った。そして粥、料理、酒を主に振るまい、猟師もともに食べたり飲んだりすることで、その見返りに主が獲物を猟師たちの前に送り込んでくれるのだと信じられていた（Bereznitskii 2003）。

現在はクラースヌィ・ヤールから主要な猟場に向かう途中にあるスワンタイ・ミオとよばれる崖が祈りの場となっている。その崖には五メートルほどの高さのところに小さなテラスがあり、ラオ・バトゥに祈りを捧げるための小さな祠《ほこら》が建てられている。祠の中は空であるが、そこがラオ・バトゥとのコミュニケーションの入り口になっていて、ウォッカを入れたコップとパン、煙草などをそなえ、猟師がその前で旅の安全と猟運を祈る。そして参加者全員がウォッカを飲み、パンを一口かじってラオ・バトゥと共食する。

現在の猟師たちは森の動物が人類の共有資源（common-pool resource）（Dietz, *et al.* 2002）であり、それが「科学的」な調査にもとづく保護政策によって保全と持続的利用が可能であることを知っている。しかし、かれらは本来森の野生動物を「資源」とは考えていなかった。それは主が支配する森の「恵み」だった。そして、その恵みを得るためにおこなう、主への挨拶という行為が獲物の捕獲量を調節していたわけでもなかった。しかし、互酬的な関係にある主によって獲物となる動物が支配されているという考え方は、資源の過剰搾取に対する抑止力としてはたらいた。なぜなら、主に対してきちんとした挨拶ができていない場合や獲物に対する態度が悪い場合、あるいは猟場での作法が守られない場合などは主の側からの懲罰もありえたからである。

ソ連時代の新しい説話ではあるが、このスワンタイ・ミオで一度ロシア系の猟師が挨拶どころか、祠を標的にして銃を撃ちながら過ぎていったことがあった。ほどなくして、その猟師たちは不幸にみまわれる。同行していた子供が宿泊した河原の近くで泳いでいて溺死したのである。地元のウデへたちはラオ・バトゥの祟りにちがいないとうわさしあい、その後ロシア系住民もふくめクラースヌィ・ヤールから猟場に向かう人はすべてここでラオ・バトゥに挨拶するようになったという。

このような説話は猟場における綱紀を引き締め、野生動物の無秩序、無制限の捕獲を抑止するはたらきをもっている。それが結果的に資源の保全と持続的利用へとむすびついていくわけである。実際、現在の沿海地方にいた人びとは近代以前から中国と緊密な政治経済関係を保ってきており、大量の換金作物となる狩猟採集産品が必要だった。その代表格が毛皮とチョウセンニンジンだったが、いずれも近代以前には特定の動植物を絶滅させることなく、持続的に捕獲、採取し、政治経済活動に利用してきた。それには、おそらくこのような森の動植物に対する世界観が関与していたことが考えられる。

清朝の毛皮貢納政策とウデへの狩猟権

ウデへの居住地域と活動地域であるウスリー川右岸の支流域やアムール河右岸の支流域、そして日本海にそそぐ河川の流域を支配した国家の変遷は次のように整理することができる。すなわち、中国の王朝国家（元、明、清）による支配が、一八六〇年の北京条約でロシア領となった段階で初期資本主義的・帝国主義的国家（帝政ロシア）の支配にかわり、一九一七年のロシア革命によって社会主義国家の支配が始まるが、一九九二年にソ連が崩壊することで、初期資本主義的・疑似民主主義的国家（現代のロシア連邦）がそれに取って代わるという具合である。この支配国家の変遷に応じて、ウデへの狩猟に対する根本的な考え方や態度にも変化がみられた。

王朝中国の周辺の朝貢民に対する支配にはいくつかの特徴がみられる。アムール河流域やサハリン、沿海地方などの地域を二百年にわたって実効支配した清朝（一六四四―一九一二年、後金時代もふくめると一六一六―一九一二年）の場合、その住民を毛皮貢納民として支配するとき、かれらに破格の好待遇と高い地位を与えた（佐々木 二〇〇〇、二〇〇六）。すなわち義務として課した毎年クロテンの毛皮一枚の貢納に対して、高級木綿の衣装ないし反物を恩賞として与え、さらに氏族の長（ハラ・イ・ダ）や村の長（ガシャン・ダ）に任命した者には、宮廷の官制では中位から上位の者が着用する絹の衣装や反物を支給した。

清が必要とするクロテンの毛皮は宮廷での需要を満たすためであったことから、右肩上がりで生産を増強する必要はなく、一七五〇年には毛皮を納めるべき貢納民を二三九八戸に固定してしまった。ただし、宮廷で使われるクロテンにはそれなりの質が求められたことから、毛皮を傷めずに捕獲する技術と用具が求められた。それがクロテンを集中的に狙う独特の罠や網、自動弓などの発達をうながすことになる（佐々木 二〇〇〇、二〇〇七、Sasaki 2000）。

王朝中国の北東アジアの毛皮貢納民（狩猟民）支配の特徴としてもうひとつ、毛皮獣狩猟をめぐる狩猟権の保護政策がある。それは、東アジアの前近代国家に特徴的な人の移動の制限と関係している。

写真1　クロテンの罠を仕掛けるウデヘの猟師

日本、韓国・朝鮮をふくむ東アジアの王朝国家あるいは封建的国家の場合、王朝や封建領主はその支配下にある人びとの移動を制限しようとした。それは、国家の領地の経済基盤を固めるためで、とくに農民に対して厳格に適用された。清朝の場合、封禁令と称して山海関より南に暮らす人びとが現在の中国東北地方に移住することをきびしく禁じた。それは、そこを本来の居住地とする満洲の人びとを漢民族の入植者から守るためであった。さらに、清朝は松花江の河口やウスリー川上に関所（カロン）をもうけ、アムール河流域や沿海地方の森林地帯に一般人が立ち入ることを禁じた。これらの地域に入れるのは、毛皮を徴収して恩賞を頒布するためにアムール河下流やウスリー川上にもうけられた出張所に出向く役人とその部下たちだけであった。逆にアムール河流域の人びとや沿海地方の人びとは、夏におこなわれる松花江にあった三姓という町（現在の中国黒龍江省依蘭市）での毛皮貢納と交易以外には、関所を越えて一般の満洲人や漢民族がいる地域に入ることを禁じられていた。

この森林地帯への移動制限政策は、毛皮生産をそれに先祖代々従事する人びとに独占的におこなわせ、確実に毛皮を貢納品あるいは税として徴収するためであった。外から入りこむ漢民族などの猟師や商人は、政府にとっては撹乱要因であり、政府がもつ毛皮徴収の独占権をそこなう危険があったからである。そして、この政策はウデへをはじめとするアムール、沿海地方の住民に、自分たちの父祖伝来の森で狩猟をする権利を保証する結果になった。

清朝に支配されていた時代のウデへが狩猟の領域とその権利に関してどのような慣習をもっていたのかを直接物語る史料はない。したがって、狩猟の領域がどこにどのように設定され、どの程度厳格に守られていたかはわからない。ただ、ウデへの事例ではなく、一九世紀のサハリンのアイヌの居住地域における事例ではあるが（当時サハリンは大部分が清朝の支配下にあった）、大陸から来るサンタン（アムール河に住むツングース系の言語を話す人びとで、今日のウリチと一部のナーナイの祖先と考えられる）がサハリンの山で自由にクロテンを捕っていたという記録が日本側にある。それによれば、サンタンたちは地元のアイヌの家に宿泊しつつ、近辺の山でクロテン猟に従事したらしい。当時アイヌはサンタンたちに対して多額の負債をかかえていて、サンタンたちはそれを理由にかなり傍若無人なふるまいが多かったようだが、あるときクシュンコタンで、宿泊先のアイヌの主人がサンタンたちの態度の悪さに腹を立て、食費を払わせて追い出すという事件がおきた（松田 一九七二）。

この事件から知ることができるのは、サハリンのアイヌの居住地には個人や家族によって占有される猟場というものが設定されておらず、大陸から来る人びとも自由に猟ができたということである。サンタンたちの仕打ちに対していきどおり、かれらを追い出してしまったアイヌも、自分の猟場を侵害されたことに腹を立てたのではなく、狩で捕れた獲物の肉を宿の亭主である自分にまったく分けてくれないことをはじめとする日頃のサンタンたちの態度に怒ったのである。そして、要求したのも猟場の使用料ではなく食費であった。したがって、サハリンのアイヌの場合にはクロテンの猟場を分割して排他的に使用するという原則はなかったようである。もっともそれは一九世紀初頭当時、サハリンにまだ十分すぎるくらいのクロテンの資源がのこされていたことと関係し、当時すでに資源の劣化が始まっていたといわれる大陸側と事情がちがうかもしれない。

しかし、猟師にとって猟場を一定の面積で囲い込むというのは、狩猟という活動の性格上都合のよいことではない。というのは、野生動物の行動は線をなすのであって、面ではないからである。その線が描かれる範囲も猟場の枠にかならずしも収まるものではない。猟師の行動をみても、その動きは線である。たとえば罠猟の場合、罠の設置も面的ではなく、線をなす。猟師は自分が歩くルートと狙う動物の獣道とが交差する場所に罠を置き、それを順番に見まわる。したがって、万が一別の猟師が比較的近くで罠を仕掛けていても、その罠の配置を示す線が自分の線と交差したり、近接したりしないかぎり、おたがいに干渉しあうことはない。

アカシカやヘラジカ、イノシシのような大型でより行動範囲の大きい動物の場合にはなおさらである。かれらの行動範囲（かれらの行動が描く線の範囲）は人間が設定する狩猟領域をはるかにこえてしまうことがあり、たとえ猟師が自分の猟場で獲物を発見して傷を負わせても、他人の領域に逃げていく。そのような場合、いちいちその領域の持ち主に許可を得たり、獲物を譲ったりしなければならないとすれば、大型獣狩猟はできなくなってしまう。したがって、行動範囲が大きい大型獣に関しては、たとえ狩猟領域を面的に設定しているような場合でも、柔軟に対処するのが原則である。

このような猟場の認識を反映したエピソードとして、次のようなものがある。われわれが調査したビキン川流域のクラースヌィ・ヤール村で現在すでに長老の部類に入る老猟師が、二〇〇二年の暮れにわれわれのためにクマが冬眠している木の洞をみつけておいてくれた。しかし、われわれの調査グループの一人が冬の狩猟の調査のために翌二〇〇三年一月にロシアに渡り、この猟師とそのクマの冬眠穴に行ってみると、すでにクマはほかの猟師（ロシア人）に捕られてしまっていた。かれは相当腹を立てたようで、その年の暮れにわたし自身がクラースヌィ・ヤール村に行ってその老猟師に会ったときもそのことに関してまだ怒っていた。だが、わたしが泊めてもらった村の警察官（ヨーロッパ系）から話をきくと、もともとかれにはそのクマを捕る権利はなかった。そのクマが冬眠していた木はかれが借りていた猟場ではなく、別のロシア系の猟師が借りた猟場にあったというのである。

それでも老猟師の言い分では、最初にクマがいることを発見したのは自分であるから、クマは自分のものだというのである。それはウデへの伝統的な慣習では正しい。だいたい、クマのような危険で大型の獣の場合、かつては集団で冬眠穴を取り囲んで捕獲するのが普通だった。だれかがクマの冬眠穴をみつけた場合、その場では捕らず、村の猟師を何人も糾合した。それはクマ猟が危険だったというだけでなく、クマのような神聖な動物はみなで捕獲し、みなで食べるものだという意識が関係していたと思われる。そして、そのクマに対する第一の権利（あるいは所有権）は、その場所の使用者、あるいはクマに最初の攻撃をくわえた人やとどめを刺した人ではなく、その冬眠穴の発見者にあった。いまは高性能の銃があるので個人でもクマ猟は可能だが、この老猟師の場合、みつけたクマに対する権利意識はいまだに伝統的なものだったのである。それに対して、かれが発見したクマ穴があった猟場を借りていたロシア人猟師は、自分が借りあげた猟場で自分が発見した動物は文句なしに自分のものだという意識をもっていた(もしウデへの老猟師が先に捕獲していたら、自分の猟場で勝手に猟をされた、あるいは自分の獲物を盗まれたと訴えた可能性もある)。つまり、猟場を排他的に囲いこむ発想である。このクマ猟問題ははからずも、現代的な囲い込み型の猟場意識とウデへの伝統的な意識とが衝突した事件だった。

帝政ロシアの異民族支配とウデへの狩猟権

一八六〇年の北京条約でウスリー川より東の現在の沿海地方にあたる地域がロシアに移譲される。その結果、ビキン川流域のウデへも帝政ロシアの支配下に入り、それまで清朝政府によって保証されていた自分たちの生活領域の排他的な利用権はなくなってしまった。というのは、帝政ロシアは沿海地方をいち早くロシアの領土として定着させるために、大量の移民を送りこみ、農業、林業、鉱工業開発を積極的におこなったからである。また、ウデへたちの狩猟の場であったウスリー川の支流域にひろがる広大な森にも毛皮を求めてヨーロッパ系や中国系の猟師が進出してきた。さらに、支配者の交代期にありがちな治安の悪化により、盗賊やならず者も多数進出してきて、ウデへの生活の場をおびやかしはじめた。何よりもウデへたちを不安におとしいれ、その社会の崩壊をもたらしたのは、移民たちが持ちこんだ天然痘、インフルエンザ、肺結核などの疫病とアルコールであった。

この時代にウデへはみずからを律してきた慣習やタブー以外に、国家が制定した狩猟に関する法律に直面することになった。シベリア、極東地域では、一八二二年のスペランスキー改革で規定された

「遊牧異民族」と「漂泊異民族」については国の法律ではなく、かれらの伝統的な慣習法で統治するという建前があり（シチェグロフ 一九四三）、ウデへも従来の慣習やタブーを守ればよかった。しかし、移民が増加し、ウデへの森にも進出してきて狩猟や採集を始めると、その慣習やタブーを知らないゆえの事故がしばしば起きた。典型的なケースが自動弓によるけがである。ウデへは自動弓を仕掛けた場所の周囲にはかならず目印を設置した。それは人の目の高さの位置で枝を折ったものである。しかし、そのような慣習を知らない人は獣道に張ってある糸に脚を引っかけ矢に刺されてけがをした。それで自動弓は危険な罠とされ、法律で禁止されてしまった。自動弓に対する禁令は帝政ロシア時代からあり、それはソ連時代から現代まで引き継がれている。ただし、実際には一九三〇年代まではさかんに使用されていたようである。

しかし、移民の増加や法律による規制がみられても、ウデへの狩猟の権利が即座に危機にさらされたわけでもなさそうである。ビキン川流域ではそこに流れこむ支流ごとに同一氏族出身の親族集団が集まって集落を作り、サケの漁場とクロテンの猟場（ヤクパー）を占有していたといわれる。サケの漁場は産卵場所の近くであるためにビキン川本流沿いにあったが、クロテンなど毛皮獣の猟場は基本的にビキン川に流れこむ主要な支流の流域にあり、各猟場の境界線はだいたい分水嶺をなす尾根沿いに設定された。クロテン、カワウソなどの毛皮獣を捕らえるポイントが小川の上やその周辺にあることが多いために、川を中心に猟場が形成されるのである。罠を仕掛ける場所は家族単位でもだいたい決まっていて、家族の長である父親は猟ができる年齢になった息子たちに自分の猟場に流れるいくつかの小川を分けあたえ、そこにクロテンの罠を仕掛けさせて訓練したといわれる。

このような毛皮獣猟用の猟場の形成がどこまで実際にみられたのかを確認するのはむずかしい。先に述べたように、厳格な面的な囲い込みはウデへの猟場と狩猟動物に対する権利に関する認識と矛盾するが、個人や家族の収入に直結する毛皮獣に関しては、清朝支配時代から猟場の囲い込みがおこなわれていたのかもしれない。そして、帝政ロシア支配時代に外来の猟師が進出してくることで、囲い込み意識がより尖鋭化した可能性もある。それでも、厳格に守られたのはクロテンの猟場であって、大型獣の狩猟についてては猟場の囲い込みはみられなかった。

ソ連の少数民族政策とウデへの狩猟権

一九一七年に起きたロシア革命とその結果誕生したソ連は、それまでの王朝中国や帝政ロシアとはことなり、はじめてウデへたちを国がさだめた法律で直接統治をおこなった。ソ連政府はウデへなどシベリア、極東の先住の諸民族を「北方少数民族」と命名し、かれらを「未開民族」あるいは「原始社会」と定義して、社会主義社会実現のための特別プログラムを用意した。それは、一九二〇年代までは急激な社会変革を避けるように設定されていたが、スターリンが権力を掌握した一九三〇年代には、「原始社会」から「社会主義」段階に一気に飛躍させるために、強権的な手法がとられるようになった。

ビキン川流域でも、政府は従来の氏族あるいは親族集団や家族ごとの猟場の占有権と狩猟権を撤廃し、流域の森林をすべて国有とした。そして、あらためて流域にいくつかの拠点となる集落を作り、それを単位としてコルホース（集団農場）を組織した。森には猟場を設定し、コルホースに所属する国家認定の職業猟師に分割して割り当て、かれらに国家計画にもとづく生産ノルマを課して、毛皮の生産に従事させた。つまり、旧ソ連は、ウデへの毛皮獣狩猟を「狩猟産業」に転換させようとしたのである。

ビキン川流域における集団農場は、フルシチョフ政権の時代に始まったコルホース（集団農場）の統合とソフホース（国営農場）化を推進する政策にのっとって統合され、ゴスプロムホースとよばれる狩猟業、漁業、林業、農業の複合生産に従事する国営企業に再編された。そして、流域の住民はまず一九五七年にシャインという村へ、そして一九五九年には現在のクラースヌィ・ヤール村に集められた。

ゴスプロムホース時代には上記のスワンタイ・ミオより上流に二二のクロテンの猟場が設置されていた（図2参照。番号は24まであるが、1と3がない）。ソ連最後の年である一九九一年の時点で国家認定の職業猟師は五十人いたことから、単純計算ではひとつの猟区あたり二、三人の猟師が割り当てられた。その割り当てはあくまでもゴスプロムホースの方針によるものなので、ある猟師が引退したあとその猟場を息子が継げるとはかぎらない。

この猟区は基本的にクロテン猟の猟区とされ、おもにクロテンをはじめとする毛皮獣を狩猟するときに意味をもつ。割り当てられた猟師はこの猟区の範囲のなかにしか罠を仕掛けることができないのである。しかし、アカシカやイノシシ、クマなどの肉用の大型獣を狩猟する場合にはもっと柔軟に対処したようである。たとえば、友人の猟場で肉用の獣を狩猟するということもありえた（田口 二〇〇五）。

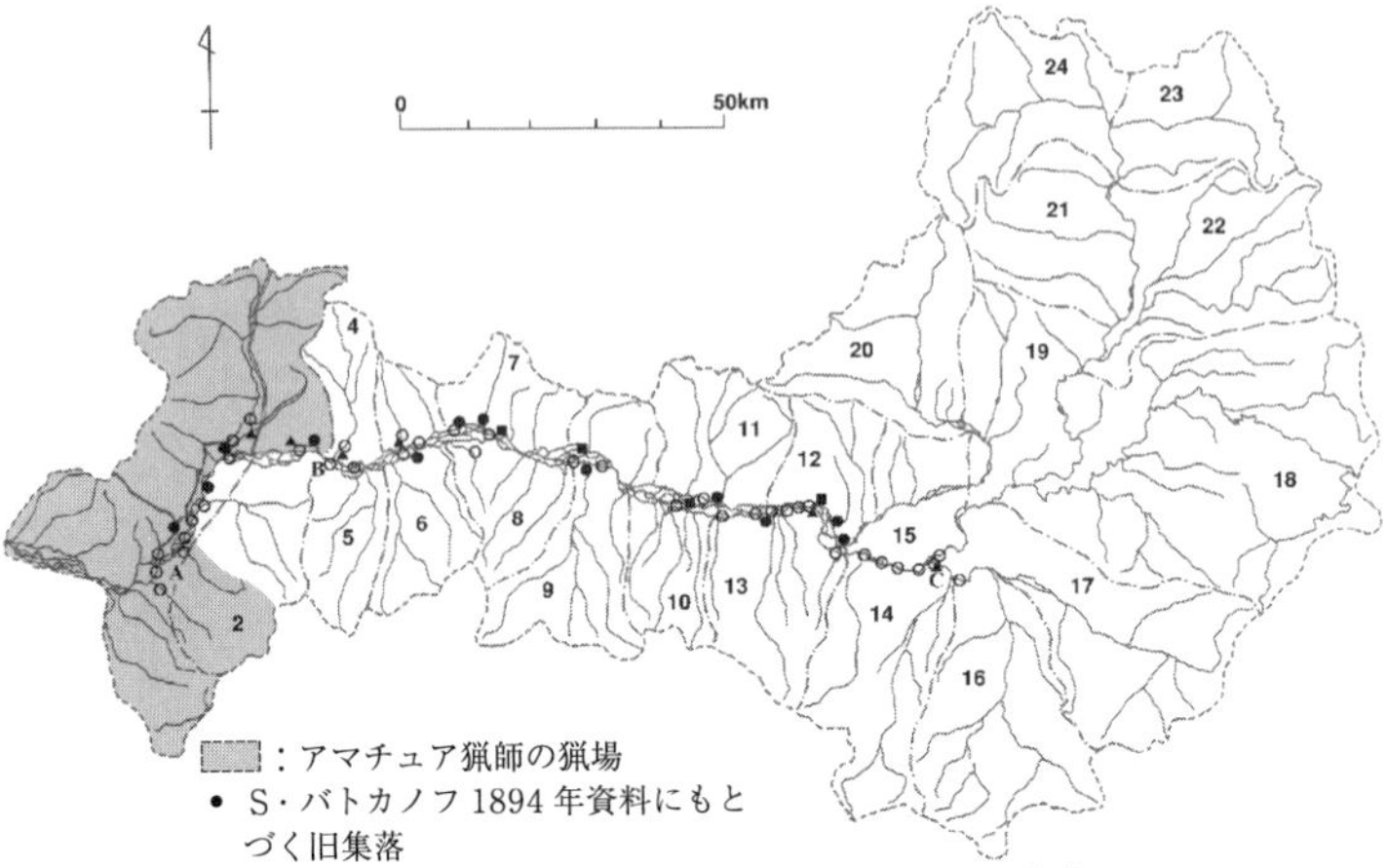

：アマチュア猟師の猟場
● S・バトカノフ 1894 年資料にもとづく旧集落
■ V・K・アルセーニエフ 1907 年冬の調査にもとづく旧集落
○ 大貫・佐藤 1999 年調査で確認された旧集落
▲ サケの産卵場
2-24　クロテンの狩猟領域の区画番号
A　クラースヌィ・ヤール村
B　スワンタイ・ミオ
C　ウルンガ（オホートニチヌィ）の気象観測所

図 2　ゴスプロムホースの毛皮獣狩猟の猟区

また、職業猟師用の猟場のほかにアマチュア用の猟場も設定された。それは木材生産のための伐採作業がおこなわれる地域とかさなっているために、猟場としての条件は職業猟師用のものよりも劣るが、いちおうクロテンからアカシカ、クマまで動物は捕れる。そこでは他の仕事をもつ人や引退した元職業猟師などが、趣味と実益を兼ねて狩猟する。

ソ連時代になり、ウデへの猟師たちはそれまでの慣習法やタブーに支配される状態から、国家が定めた狩猟法の管理下におかれるようになった。旧ソ連では職業猟師、アマチュア猟師にかかわらず、狩猟をおこなうためには免許を取得する必要がある。狩猟方法によって免許が区分される日本（網、わな、銃、空気銃の四種類に分かれている）と異なり、ソ連の狩猟免許は動物種ごとに捕獲頭数を定めて取得する。この方式は現代のロシアでも受け継がれている。銃を所持するためには銃砲所持免許も必要である。そして、国家認定の職業猟師になるためには猟の実績を積みあげ、試験を受けなくてはならない。銃砲や弾薬の管理はきびしく、アマチュアの猟師もふくめ、猟期以外の時期には原則ゴスプロムホースの保管庫に預けなければならない（猟師の村はけして銃社会ではない）。ただし、ソ連時代には各種免許類の取得はゴスプロムホースが手続きを代行してくれた。

ソ連時代は社会全体が政府の厳しい統制下にあり、また、末期には体制そのものが硬直化していたが、ビキン川流域で狩猟業に従事する猟師たちにとってはメリットも小さくなかった。たとえば、クロテン猟に関しては国家認定の職業猟師だけに良好な猟場での活動が認められ、しかもビキン川のウデへの場合、村の国営企業に雇用されていた認定職業猟師の半数以上がウデへ出身者だった。つまり、制度はウデへの猟師たちの権利を保護する方向で機能していたのである。また、かれらが出猟する際に必要な猟銃、弾薬、捕獣器などの装備、モーターボートあるいはスノーモービルなどの乗り物とその燃料、そして食料などもゴスプロムホースを通じて国から安価に支給され、生産された毛皮は国が規程にもとづいて一定の価格で買いあげた。猟師たちの収入は安定し、とくに成績のよかった者は、モスクワや黒海の保養地などに招待された。いいかえれば、清朝支配時代と同様のウデへ猟師に対する保護政策が復活したのである。それは、ソ連にとってクロテンが清と同様に重要な戦略的物資であり、その生産を国が一元的に管理したかったからである。クロテンはシベリア、極東ロシア特産の高級毛皮で、冷戦時代にソ連から欧米に輸出できる数少ない物資のひとつだった。

現代のウデヘの狩猟と野生動物資源の持続的利用

現在、ビキン川流域のウデヘの狩猟を取りまく環境は、自然面でも政治経済面でも楽観はできない。かれらは旧ゴスプロムホースが保有していた一三五万二〇〇〇ヘクタールもの敷地を引き継ぎ、その九割を猟場として使用するが（森本 一九九八、佐々木 一九九八）、その森の野生動物資源は劣化がすすんでいる。ひとつの原因はかれらの森を取りまく自然環境の悪化である。かれらの森は保全されているが、周囲ではソ連崩壊後木材生産のための伐採が相つぎ、とくに大型動物の生息環境がひどくそこなわれた。さらにソ連崩壊後十年にわたって続いた経済混乱の結果、食料を確保するためにヘラジカ、アカシカ、イノシシ、クマのような大型の獣が積極的に狩猟されたために、これらの個体数が激減してしまった。また、モラル崩壊や社会秩序の崩壊によって、従来タブー視されていたトラの密猟が横行し、絶滅危惧種の危機を増大させるとともに、周囲の森林破壊と相乗効果をなして、トラを人間集落に近づける結果を招いた。一九九〇年代後半から二〇〇〇年代初期にはトラによる人的な被害も頻発した。

とはいえ、ビキン川のウデヘの場合には、他のウデヘ集団（ホル川、サマルガ川、イマン川など）に比べれば森の野生動物に対する狩猟の権利が保証されているだけ、状況はましなほうである。かれらがソ連崩壊後の混乱のなかでも狩猟の権利を保持しえたのは、国営企業の民営化に成功したからである。

ソ連崩壊後、かつてのコルホースやソフホース、そしてゴスプロムホース（複合型国営企業）は解散に追いこまれるか機能不全におちいった。それは国が経営からはなれ、補助が打ちきられたからである。国は民営化をうながすため、国営企業の払い下げや集団農場の個人経営化をはかったが、シベリア、極東地域のとりわけ先住民族が中心となっている農場や企業では民営化、個人経営化後の失敗と倒産が相ついだ。資本主義市場経済システムの経験がまったくないうえに、これらの地域では輸送費、燃料費が高騰して、国や地方政府の補助なしでは採算がとれるような状況になかったからである。それとともに、かれらが有していた猟場、漁場、家畜の放牧地、農地などの土地に対する使用権が、負債の整理に際して別の経営者（おもに移民系）に買いとられていったため、先住民は父祖伝来の狩猟権、漁業権、放牧権を失うことになった。

しかし、ビキン川のウデへは国営企業の資産を従業員個人に分散させる愚は犯さなかった。ここのゴスプロムホースの代表者は猟場などのかつての国営企業の領域を保全したまま、一九九四年に株式会社化することに成功し（株式会社「ビキン」への移行）、ソ連時代と同じように職業猟師たちに猟場を割り当てて毛皮獣狩猟に従事させることができた。一九九〇年代には何度も経営危機にみまわれたが、中国経済の成長で木材需要が増大して林業収入が安定したことから、二一世紀にはいって経営も軌道に乗りはじめている。ただし、狩猟業はすでに会社の主力部門ではなくなった。クロテンの毛皮といえどももはや国の戦略的な輸出品ではなくなってしまったからである。一九九〇年代後半からは単価の低下にともなって売り上げも落ち込んだ。それは一九八〇年代から顕著になった国際的な反毛皮運動や毛皮需要の低下が関係している。ロシア国内ではいまだに毛皮は防寒とファッションの面で高い需要がみられるが、逆に海外の毛皮業者が参入して国内のとくに先住民族の生産者にとっては不利な状況が続いている。
狩猟はウデヘにとって民族文化の根幹をなす活動である。しかし、現在それは後継者不足、狩猟動物資源の劣化、狩猟産品への需要の低下、周囲の伐採企業からの木材資源の利用要求などにより厳しい局面に立たされている。ウデヘは伝統的には野生動物を資源とはみなしていなかった。それは森の「主」の所有物であり、主との互恵関係でもたらされる恩恵であった。いまウデヘの猟師も野生動物が資源であることを知っている。しかもそれが、自分たちだけのものではなく、人類の共有資源(common-pool resource)であることも理解している。かれらの直面している困難を打破し、この豊かで多様なビキン川流域の野生動物を未来に向けて持続的に活用するためには、ウデヘの伝統的な世界観や知識のうえに最新の学術的な知見を組み合わせて資源管理をすることが求められている。

参考文献

大貫静男・佐藤宏之　二〇〇五「ウデヘの居住形態と領域」大貫静夫・佐藤宏之編『ロシア極東の民族考古学――温帯森林猟漁民の居住と生業』東京：六一書房。
佐々木史郎　一九九八「クラースヌィ・ヤール村の狩猟採集産業の行方――株式会社民族猟師企業『ビキン』の挑戦」佐藤宏之編『ロシア狩猟文化誌』東京：慶友社。
――　二〇〇〇「アイヌとその隣人たちの毛皮獣狩猟――ロシア極東地方先住民族のクロテン用の罠を中心として」『アジア遊学』一七巻、東京：勉誠出版。
――　二〇〇六「ロシア極東沿海地方の先住民族ウデヘへの森林資源利用史」佐々木史郎編『北東アジアにおける森林資源の商業的利用と先住民族』大阪：国立民族学博物館。

―――　二〇〇七　「罠の比較民族誌――極東ロシアの先住民族ウデへの狩猟技術の形成過程」『季刊東北学』一〇号。
シチェグロフ　一九四三　『シベリア年代史』吉村柳里訳、東京：日本公論社。
田口洋美　二〇〇五　「ウデへの狩猟活動の季節変移」大貫静夫・佐藤宏之編『ロシア極東の民族考古学――温帯森林猟漁民の居住と生業』東京：六一書房。
松田伝十郎　一九七二（一八二二）「北夷談」大伴喜作編『北門叢書』五、東京：国書刊行会。
森本和男　一九九八　「クラースヌィ・ヤールとビキン川流域の調査」佐藤宏之編『ロシア狩猟文化誌』東京：慶友社。

Bereznitskii, S. V. (Березницкий, С. В.) 2003. *Этнические компонеты верований и ритуалов коренных народов амуро-сахалинского региона*. Владивосток: Дальнаука.

Brightman, R. A. 1987. Conservation and resource depletion: The case of the boreal forest Algonquians. McCay, B. J. and J. M. Acheson (eds.) *The Question of the Commons: The Culture and Ecology of Communal Resources*. Tucson: The University of Arizona Press.

Dietz, T., N. Dolsak, E. Ostrom, and P. C. Stern. 2002. The Drama of the Commons. E. Ostrom, T. Dietz, N. Dolsak, P. C. Stern, S. Stonich, and E. U. Weber (eds.) *The Drama of the Commons*. Washington D. C.: National Academy Press.

Sasaki. S. 2000. Comparative Study of Hunting Techniques of the Native People of the Lower Amur Basin and the Primor'e Region: With Forcusing on Traps for Fur Game Animals. *The Ainu and Northern Peopels: with Special Reference to the Subsistence Strategy,* (The Proceedings for the 14th International Abashiri Shimposium (2000)). Abashiri: The Association for the Promotion of Northern Culture.

Startsev, A. F. (Старцев, А. Ф.) 2000. Social and Economic Status of Iman Udegheis as a Result of Soviet policy on indigenous peoples and Post-Soviet Reforms. H. Isozaki (ed.) *A Step toward Forest Conservation Strategy (2): Research on a Desirable Forest Management System.* Interim Report 1999, IGES Forest Conservation Project. Hayama: Institute for Global Environmental Strategies (IGES).

第一〇章　清末民国期の太湖流域漁民
――漂泊・漁撈生活と入漁慣行

太田　出

太湖流域という世界

現在の上海市の中心から、西方へ約七〇―八〇キロの距離に、面積にして中国第三の淡水湖＝太湖《たいこ》がある。東西六八・五キロ、南北三四キロ、面積二四二七・八平方キロにも達し、その東南に分布する、澱山湖《でんさんこ》・陽澄湖《ようちようこ》・泖湖《ぼうこ》など大小さまざまな湖沼群とともに、江南デルタ西部低郷とよばれる低湿地帯を形成している。上海北部から東部にかけて広がる、やや海抜の高い砂質微高地《びこうち》（崗身《こうしん》地帯）・砂堤列《さていれつ》平野とは地形・自然環境・生態系などが異なっている（図1参照）。太湖とその周辺湖沼群を中心とする低湿地帯、すなわち太湖流域は水路網が四通八達した典型的な水郷地帯で、そこでもちいられる主要な交通手段は船であった。

そうした環境を認識してのことであろう、太湖流域はいにしえより「魚米之郷《ぎよまいのさと》」として名高い。それは農耕だけでなく、淡水魚・河エビなどの漁撈や養殖もまた重要な生業のひとつであったことを意

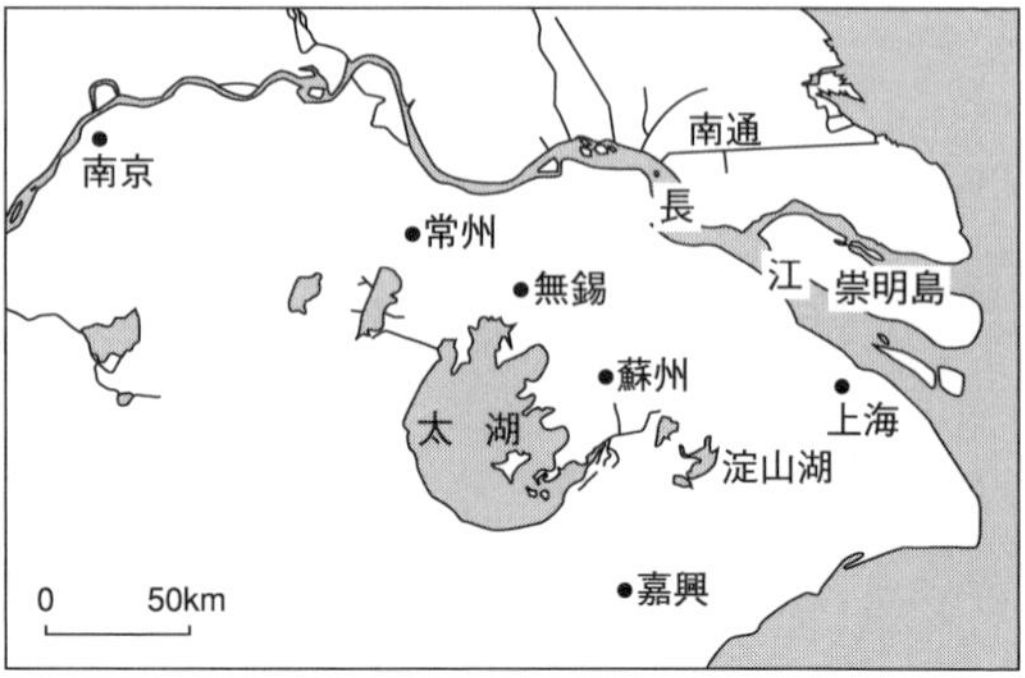

図１　江南デルタの地形（概略図）

味している。しかし、わたしが陸上世界に対比して、わざわざ水上世界という言葉をもちいるのは、単にこうした生業の相違からだけではない。太湖流域の場合、漁撈・養殖にたずさわる者には、たしかに農民が副業・兼業としておこなう者もあったが、実際にその大多数は生活の場を水上におき、陸上に住む農民とは一線を画す、いわゆる船上生活漁民であったからである。かれら船上生活漁民は陸上世界の都市民や農民とはまったく異なる環境におかれ、異なる思考様式をもって日常生活をすごしていた。日本でいえば、かつて瀬戸内海・長崎などにみられた家船に近いものであったといえよう。

　中国は大陸国家、すなわち陸上世界が中心であるかのように考えられてきたためか、船上生活漁民に対しては十分な関心がはらわれてこなかった。都市民の生活や、農村の地主—佃戸《でんこ》（小作人）関係が多大な関心を集め、厖大な研究が蓄積されてきたのとは大きく異なっている。しかし、水上世界への無関心はかれらの生活・生業が中国人を代表しないという研究者の問題関心の設定のみに帰せられるものではなかった。簡単にいえば、じつは文献史料がほとんど残されていないのである。文献史料はあくまでも文字を駆使しうる知識人層の認識であって、かれらにとって船上生活漁民の生活などどうでもよいことであり、一部の例外をのぞいてほとんど関心を示さなかったからである。
本章では、わたしが収集してきた断片的な文献史料と、それをおぎなうべく実施されたヒアリング調査の記録の両方をもちいながら、太湖流域の水上生活漁民の歴史世界にせまってみたい。とりわけ、太湖流域漁民の漂泊・漁撈生活、かれらのもっとも主要な生産活動である漁撈活動のあり方についてのスケッチを中心として話を進めていこう。

文献史料からみえてくる太湖流域の水上生活漁民

郷鎮志は市鎮（市場町）を中核として周辺農村が結合した地域社会の現状を編纂者自身が観察・取材して執筆した地方志の一種である。それらは、他の文献史料にくらべて庶民像を詳細に伝えている（森 一九九六、一九九九）。たとえば江蘇省光福鎮の光緒『光福志《こうふくし》』巻一「風俗」には、太湖流域漁民に関してつぎのように記されている（〈 〉カッコは割注を示す）。

水上生活する者は漁撈を生業としている〈呉（江蘇省一帯）はもとより水郷《すいごう》であり、光福〈鎮〉もまた太湖の湖畔にある。漁する者は一〇人中三、四人におよび、漁撈にたずさわる者がもっとも多い。皮日休《ひじつきゅう》・陸亀蒙《りくきもう》の二先生はかつて「漁具詩序」を著したが、「その漁の方法ははなはだ精妙で、光福〈鎮〉の魚は升《しょう》を単位として値を計る」という。清朝の汪琬《おうえん》の「光福詩」には、「湖漁は斗《と》で計算して交換する」という。按ずるに、『呉郡志』には「魚斗というのは呉の習俗であり、斗をもって魚を数える。今では二斤半を一斗とする。魚を売る者は多く斗を単位として計算する。唐朝から今にいたるまでこのようである」とある。〔……〕おもうに、厳寒の時期の漁業は、積雪結氷して、労苦は農耕よりはなはだしい。その漁撈の方法は、あるものは漁網で捕まえ、あるものは餌で釣り、あるものは溢滬《せいこ》で簖《かこ》いこむ。湖中の網船の最大のものは六《りく》扇篷《せんほう》という。朱竹垞《しゅちくた》は〔六扇篷について〕「漁する者は船を以て家と為し、おおむねよく致富す」と詩に詠んでいる。〔……〕〉。

写真1　呉江市金家壩鎮付近における漁民の交易

現在でも光福鎮には漁業村があるが、清代にはすでに多数の漁民が集結していたと考えられる。史料では、最初に詩に詠まれた魚の売買の方法をとりあげ、太湖流域では升ないし斗で計算して売買がおこなわれたこと、二斤半（約一・五キログラム）を一斗としたことが語られている（写真1）。ついで、厳寒の冬季、主要な生産活動たる湖面の漁撈が農耕に比較していかに辛いものであったか、具体的な漁法として①漁網、②餌釣、③溢滬（捕魚の仕掛けの一種）をもちいたものが紹介される。そして、さいごに太湖でもっとも巨大な網船（漁船）として有名な六扇篷＝六桅《ろっき》漁船（六本マストの漁船）に言及し、漁民の「船を以て家と為」す生活と富裕さとについて述べている。

その他の郷鎮志にも同様に、漁民に関する記載は散見されるが、『光福志』のものと大差ない。郷鎮志の編纂者は、たしかに漁民に対してもまったくの無関心ではなかった。しかし、編纂者をふくむ陸上世界の人びとにとって漁民の水上世界はあまりに異なる世界だったのだろう。きわめて簡素な記載にとどまるうえ、正確でない場合もみられる。観察者の、そうした観察対象への関心・知識のうすさ、先入観、ときに蔑視の感情に起因することはまちがいなかろう。それがもっとも典型的に表れているのは、漁民を〔潜在的〕犯罪者とみなすものである。たとえば、光緒『黎里続志《れいりぞくし》』巻一二「雑録」は「〔呉江県《ごこうけん》〕黎里鎮西《せいきょう》郷の楊家港では、村人の多くが漁撈を生業としている。〔……〕昼には出て漁をおこない、夜には盗賊とな」ると述べている（太田 二〇〇四）。

つぎに檔案《とうあん》とよばれる公文書から太湖流域漁民にかかわる記載を紹介してみよう。太湖庁檔案《たいこちょうとうあん》は、雍正一三年（一七三五）に太湖流域を専門的に管轄するために設置された行政機関である太湖庁の公文書のことで、日本の国立国会図書館に所蔵されており、すでに先学によって紹介・利用されてきた（夫馬 一九九三、山本 一九九九、范 二〇〇〇）。そのなかには、これまで検討されたことのない、太湖流域漁民に関する一群の檔案が含まれている。ここでは、光緒一五年（一八八九）七月一二日に出された二件の通達について簡単に内容を整理してみよう。

二件とも太湖撫民府《たいこぶみんふ》（太湖庁）が出したもので、基本的にほぼおなじ内容である。その概略を紹介すると、太湖庁と呉県《ごけん》との境界に位置する白浮頭《はくふとう》などでは、魚簖《ぎょたん》・魚簾《ぎょれん》を私設したり、河蕩（湖沼や河川などの内水面）に水草が生《お》いしげったりして通行に不便な場所がある。よって、これらを撤去したうえで見取図と誓約書を付けて報告しろというのである。史料から拾ってみると、現場で実際に撤去を命ぜられているのは、蕩頭《とうとう》、漁戸《ぎょこ》、簖頭《たんとう》、業戸《ぎょうこ》、地保《ちほ》とよばれる人びとであろう。これらの文書は司獄司《しごくし》と蕩差《とうさ》に向かってそれぞれ通達されている。

太湖庁の従九品官である司獄司、郷村役（治安などを司る）である地保については、山本（一九九九）を参照してほしい。蕩差は差役《さえき》とよばれる職役の一種と考えられるが、管見のかぎりでは、これに論及した研究を知らない。その職務・実態などは今後の興味深い検討対象となろう。

いっぽう、魚簖・魚簾とは養魚のために竹などで作った柵のことで、これで一定の河面・湖面を囲い込む。設置者を簖戸《たんこ》という（太田 二〇〇七）。史料中の簖頭は簖戸のことであろう。魚簖・魚簾の私設が問題視された背景には、これらが交通の障害となっている事実がある。では、河蕩はそもそも簖戸の所有するものではなかったのか。「官有」ないし他人の河蕩に私設したのであろうか。蕩頭とはどのような人物で、河蕩といかなる関係にあったのか。史料の内容を正確に理解するには、不明な点が多すぎるのである。

このように文献史料はその性格上、非常にあいまいな記述にとどまるか、あるいは、逆になまなましい具体的な固有名詞をともなった詳細な情報を伝えてくれるものの、肝心の社会背景については自明のものとしてほとんど何も語ってくれない。そうした現実を目のあたりにした時、ヒアリング調査が有効な方法となりうる。以下では、ヒアリング調査で収集した口碑《こうひ》資料（聴取記録）を紹介しながら、文献史料ではみえない部分に光をあててみよう。

口碑資料からみえてくる太湖流域の水上生活漁民

一九四九年以前、太湖流域漁民の生活形態はどのようなものだったのだろうか。その一例として江蘇省呉江市北厙鎮《ほくしゃちん》漁業村（以下、おもな地名は図2を参照）の金天宝氏（写真3、二〇〇五年八月四日ヒアリング、六十四歳、北厙鎮生まれ、祖籍《そせき》山東）の証言を紹介・検討してみよう。かれの証言中の一九三〇～四〇年ごろの状況は当然ながら伝聞であるが、かつての水上生活漁民をめぐる生活形態・社会関係を検討するうえで参考に値する。一九六八年の漁業的社会主義改造、いわゆる漁改《ぎょかい》のさいに建設されたという金氏の自宅で話をうかがった。

写真2　呉江市北厙鎮漁業村

問　船上生活の経験がありますか？　解放後の身分は何でしたか？

答　あります。四十年ほどです。身分は漁民でした。

問　富裕漁民、中等漁民、それとも貧苦漁民？

答　みな貧下中農でした。船上生活には何の区別もありませんでした。みな一家で漁をして一家で食べるのです。みな貧困でした。かつては文字も知りませんでした。

写真３　金天宝氏

問　たとえば、富裕漁民と貧苦漁民にはどのような区別があるのですか？

答　区別はあります。〔その基準は〕生活が良いか否か、衣服が良いか否か、食べ物が良いか否か、住んでいる所が良いか否かです。〔……〕

問　当時〔一九四九年以前〕自己の所有する船がありましたか？

答　ありました。当時、一般に一隻を所有していました。大きくありません。ほかに漁撈の道具、たとえば眼網《がんもう》や鈎子《こうし》を持っていました。

問　解放前、家屋や土地を所有していましたか？

答　〔家屋も土地も〕ありません。本当の無産階級だったので一隻の船を持っているだけで、船上で眠り船上で食事をしました。

問　父親は解放前、何をしていましたか？

答　漁業です。数世代前から漁撈をおこなっています。子供が成長したら、つまり、結婚したら船をもう一隻入手して分船します。解放後も漁をしていました。

問　解放前、固定された場所〔漁場〕で漁をしたのですか？

答　いいえ、どこでも漁をしました。

わたしは金氏以外に多数の漁民に対してもヒアリングを実施したが、その内容には大差なかった。他のヒアリングも含めたうえで、一九四九年以前の太湖流域漁民の生活形態について整理すると、つぎのような特色があるといえる。第一に、漁民は基本的に陸上に土地・家屋を所有することもなく、わずかに小木船一隻と、眼網・蝦網《かもう》（魚・エビを捕まえる網）・鈎子・麦鉤《ばくこう》（釣針）など簡単な漁撈道具を有するのみの船上生活を送っていた。

写真４　1968年の漁改で建設された漁業村

第二に、太湖流域にあって比較的面積の小さな蕩《とう》・濟・漾《よう》などとよばれる内水面で漁撈に従事する漁民は、家族を単位とした零細な経営にとどまり、外洋漁民にみられる漁撈道具（漁船、漁網など）の所有者、漁業経営・請負者、漁業労働者などのような経済的な階層分化は確認できなかった。ほぼすべてが貧困漁民であったといってよいだろう。第三に、漁民は（曾々祖父—）曾祖父—祖父—父—本人と数世代前までさかのぼって、先祖代々漁民である場合が多い。これは戦略的な生業選択というより、むしろ太湖流域における陸上定居（陸上《おか》がり）のむずかしさを示すものと思われる。

なお、わたしは他の漁民に対するヒアリングのなかで「漁撈において何らかの共同操業はなかったか」とたずねたが、完全に否定された。内水面では共同で漁をする必要

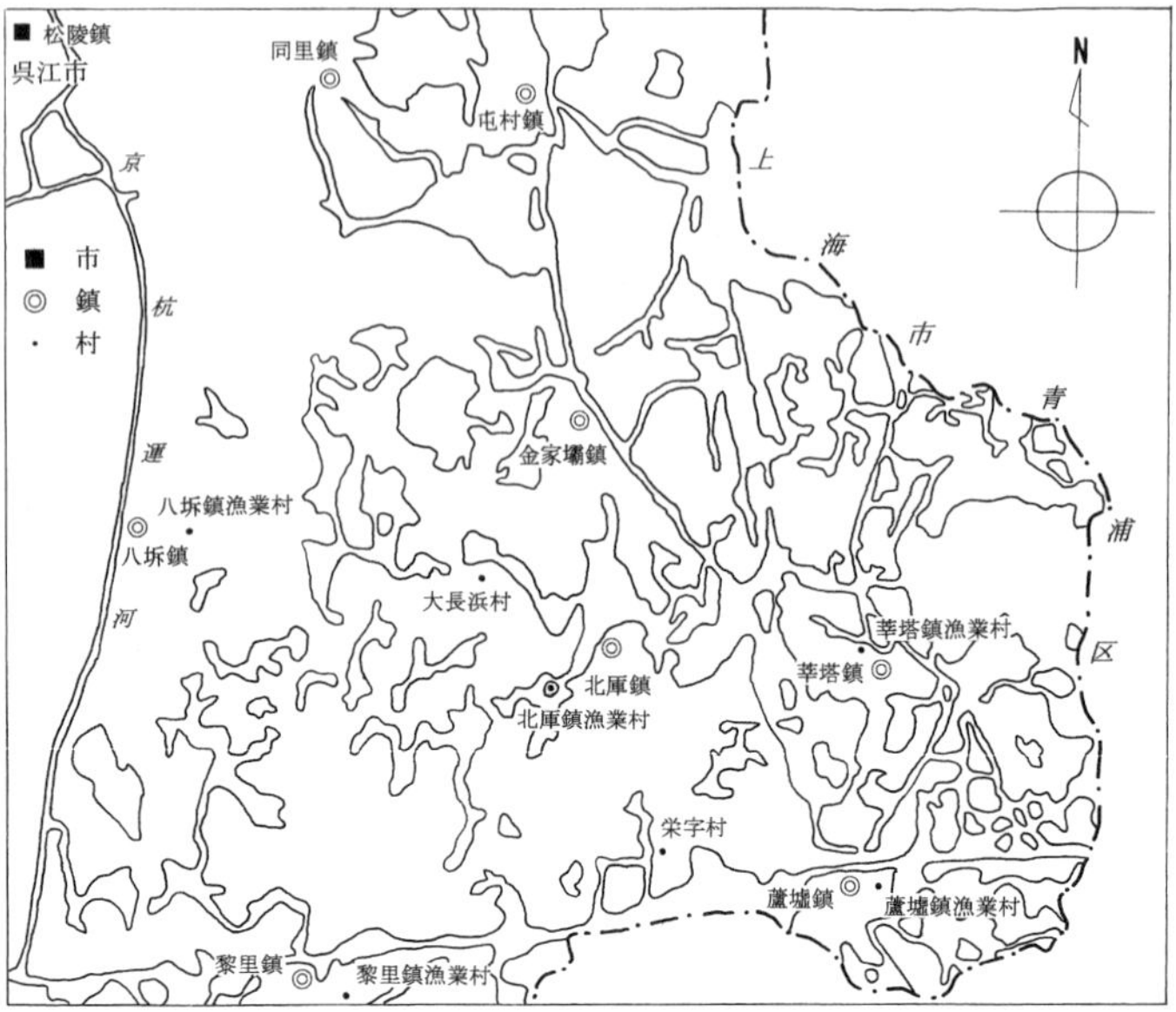

図２　呉江市東部の主要な市鎮と漁業村

性もなかったのであろう。漁撈それ自体に漁民の「共同性」は確認されなかった。

その水面（蕩・湾・漾など）、つまり、漁場については、金氏が語るように、とくには固定されていなかった、あるいは、慣例として一定の地域範囲内で漁撈をおこなったが、固定された漁場が設定されているわけではなかったという回答を得た。そして、漁民間の漁場紛争という事態は、わたしは少なくともこれまでのヒアリングで耳にしたことがない。

そうだとすれば、漁民は太湖流域のどの水面でも自由に操業できたのであろうか。そもそも水面に対する所有権・使用権という概念は存在したのであろうか。安徽省では、土地の使用収益と所有が分化した田面田底《でんめんでんてい》慣行にならった権利形態として、一定の範囲内で漁網によって鮮魚類を採ることができる「水面権」と、水が引いたあとに現われるアシが生えた土地から収益する「水底権」とを分立させる慣行があった（寺田 一九八九）。現在のところ、太湖流域ではこのような「水面権」と「水底権」の分離の事例は確認できない。当然、大陸性の乾燥した気候の安徽省と、中国屈指の水郷地帯である太湖流域とでは、水面をめぐる権利関係のあり方にちがいがあってもおかしくないし、地域性は考慮されてしかるべきであろう。しかし、それ以前に問題なのは、水面の権利関係についての文献史料はわずかな手がかりをのぞいて、ほとんど何も語ってくれないことである。

　一九四九年以前における太湖流域漁民の漁撈と魚蝦類の販売についてヒアリングしてみると、内水面の所有・使用のあり方におぼろげながら輪郭がみえてくる。たとえば、江蘇省呉江市八坼《はったく》鎮漁業村の漁民・孫桂生氏（二〇〇五年八月四日ヒアリング、九十歳、本地人）は「〔八坼鎮の〕王福才魚行《ぎょこう》（魚問屋）の経営者は唐六子《とうりくし》といいます。王福才はかれの父親の名前です。かれらは漁民ではありませんでしたが河蕩（内水面）を所有していました。漁をするとき、ある河蕩ではさきにかれらに『出蕩銭《しゅっとうせん》』を納めましたが、ある河蕩では納めなくてもよかったのです」と述べている。一九四九年以前、八坼鎮所在の王福才魚行が同鎮付近の河蕩を所有ないし使用していたこと、漁民が漁撈する場合、所有ないし使用している魚行に「出蕩銭」を漁獲の有無にかかわらず、あらかじめ支払う必要がありそれを入漁料とみなせること、しかし、すべての河蕩ではなく一部の河蕩では支払わなくてもよかったことなどが読みとれるだろう。同様のことは同市莘塔鎮《しんとうちん》漁業村の漁民・張小弟氏（二〇〇五年八月九日ヒアリング、六十四歳、蘆墟栄字村《ろきょえいじそん》人）の証言にもみえる。「ある河蕩では『銭』を『漁覇《ぎょは》』に払わねばならず、それは民国の通貨で二、三角程度であった。ある河蕩では支払う必要がなかった。」ここに

写真5　沈永林氏とかつて漁民小学であった自宅

いう「銭」は孫桂生氏の「出蕩銭」であろうが、支払先は魚行ではなく「漁覇」とよばれている。

「漁覇」とは具体的にどのような人物をさしているのだろうか。以下は、同市北厙鎮大長浜村の漁民・沈永林《しんえいりん》氏（写真5、二〇〇五年八月九日ヒアリング、六十二歳、翁家港《おうかこう》人、祖籍梅堰《ばいえん》）との質疑応答である。

問　解放前、漁はいつも同じ場所でおこなっていたのですか？

答　はい。唐阿港《とうあこう》と翁家港。父親も祖父もそこで漁をしていました。外地人〔外来者〕であってもそこで漁ができました。

問　唐阿港、翁家港などには蕩主〔港主〕がいましたか？

答　いいえ、いません。

問　出蕩銭は支払わなくてもよかったのですか？

答　説明しましょう。唐阿港、翁家港はすべて小魚蕩ですから漁をするのに出蕩銭を支払う必要はありません。大魚蕩、たとえば朱林宝〔の所有する魚蕩〕のような場合には支払わねばなりません。ここ南川蕩も朱林宝のもので〔出蕩銭を〕支払いました。南川蕩と同様、老人蕩、東長蕩、袁和蕩、陳船兜《ちんせんとう》、楊自蕩、長白蕩、これらはすべて彼女〔朱林宝〕のものでした。

問　漁のときはいくら支払ったのですか？

答　大洋銀《だいようぎん》二枚、現在の貨幣価値でいえば数十元ぐらいです。〔……〕

問　出蕩銭はどのようにして支払ったのですか？

答　かれらがみずから取りにきました。それは朱林宝の手下で「賬房先生《ちょうぼうせんせい》〔帳簿係〕」のような人でした。もし出蕩銭を支払わねば漁に行けませんでした。このあたりの漁民のなかで陸上に居住する者のうち、彼女はもっとも権力のある人物でした。

問　なぜ、朱林宝に出蕩銭を支払わねばならなかったのですか？

答　河蕩は彼女のものだから。河蕩の水面〔使用〕権は彼女のものでした。彼女は「河覇」だったのです。

問　河蕩に出て漁をするとき、何らかの制限がありましたか？

答　いいえ、漁は一年中できました。彼女の大河蕩ではいつでも漁をしてよかった。ただし、明日、漁をするつもりなら、今日のうちに出蕩銭を支払わねばなりませんでした。〔……〕

問　解放前も朱林宝を漁覇とよんだのですか？

答　解放前は水面をたいへん多く保有していたので蕩主とよびました。解放後に漁覇とよんだのです。同里鎮《どうりちん》にも漁覇がいました。ともに銃殺されました。鎮圧粛反・抗美援朝〔「反革命分子を粛清する」「アメリカに対抗し朝鮮を援助する」運動〕のころにみな銃殺されたのです。

問　解放前、税を支払っていましたか？

答　支払っていません。漁覇に出蕩銭を支払うだけです。出蕩銭あるいは河蕩費といいました。〔収穫後にも〕魚の収穫量にしたがって支払います。銭はすべて漁覇にわたします。〔出漁前にも〕天候にかかわらず〔手付金として出蕩銭を〕支払いました。

沈永林氏の証言から判明することを整理してみよう。第一に、同じ河蕩（魚蕩）であっても商品価値の高い魚蝦類の漁獲がある大河蕩と、たいした収益が得られない小河蕩とでは漁場の権利関係のあり方に相違がみられる。前者には朱林宝に代表される蕩主がいて、「水面使用権」を保有していた。蕩主はこうした河蕩について所有ないし使用を主張し、漁撈をする漁民から出蕩銭（河蕩費）を徴収した。ここにいう蕩主は名称こそ若干異なるものの、太湖庁檔案にみえる「蕩頭」に相当すると判断してよかろう。実際にこの点を他の漁民にきいてみたところ、「蕩主と蕩頭は同じだ、地域によって名称が異なるだけだ」という主旨の回答を得ている。いっぽう、後者は沈氏の言葉を借りれば蕩主不在であった。しかし、無主とは考えにくく、むしろ、蕩主がいても所有ないし使用を主張するまでもない河蕩、あるいは「官有」の河蕩だったのではないかと推測される。つまり、たいした収益が得られないことがわかっていたため、特別な事情がないかぎり漁民の共同使用にまかせていたと考えられる。第二に、北厙鎮附近の河蕩の多くは蕩主・朱林宝が所有ないし使用していた。朱林宝は当地では非常に有名な魚行・朱大昌魚行の経営者であったから、水面の所有ないし使用の主体のひとつとして魚行を想定できる。第三に、「漁覇」ないし「河覇」とは一九四九年以後共産党政府が政治的に名づけた呼称であり、以前は蕩主とよばれていた。蕩主とは、言葉からしてまさに河蕩（湖沼や河川といった内水面）を所有ないし使用する者の意味であり、漁覇とは農民の世界のいわゆる「悪覇地主《あくはじぬし》」に対応する呼称で、漁民の世界を牛耳っていた者をさしている。そこには魚行や蕩主が漁民から搾取してきたことが含意されている。第四に、漁民は地方政府に対し漁業税を支払っていない。支払ったのは蕩主への出蕩銭だけであったというから、政府の関心はおもに徴税の対象となる蕩主に払われ、入漁料＝出蕩銭を蕩主に納めるのみであった漁民に対する関心はさほど高くなかったようである。

出蕩銭については、沈氏は河蕩費ともいっている。また、呉江市莘塔鎮《しんとうちん》漁業村の漁民褚阿弟《ちょあてい》氏（二〇〇五年八月九日ヒアリング、八十歳、菱湖《りょうこ》人、祖籍菱湖）も「解放前、三白蕩《さんはくとう》や元鶴蕩《げんかくとう》で漁をするときには、銭を魚行ないし蕩主に支払わねばならなかった。これを『蕩費銭』という。経営者が一枚の『票』（許可証に相当する）を売るときにかれに支払った。二角程度の金額である。蘆墟鎮《ろきょちん》には協和順〔双隆〕魚行があった。かれらも漁覇とよんでよいだろう」と語っており、「蕩費銭」ともよばれたことがわかる。入漁料の名称、金額の多寡は各地域で若干異なっており、これらが政府の規定でなく各地の蕩主・魚行が各自設定する地域性の高いものであったことを示している。

さらに、呉江市黎里鎮《れいりちん》漁業村の漁民徐発龍《じょはつりゅう》氏（二〇〇五年八月八日ヒアリング、七十四歳、本地人）は「〔解放前〕黎里鎮で漁をするときには銭を『小漁覇』に支払わねばならなかった。『小漁覇』の上には『大漁覇』がいる。『小漁覇』は無頼《チンピラ》のようで、『大漁覇』は魚行の経営者である。周天勝はみずから魚行を営んでいた」とのべ、小漁覇と大漁覇とを区別している。これは沈氏の出蕩銭徴収方法に関する証言と符合すると考えられ、大漁覇とは魚行、小漁覇とは魚行から派遣された出蕩銭徴収人をさすと推測される。

もう少し蕩主・魚行と水面所有・使用との問題を掘りさげてみよう。沈永林氏の証言によれば、魚行かつ蕩主である朱林宝は南川蕩、老人蕩、東長蕩、袁和蕩、陳船兜、楊自蕩、長白蕩などの「水面〔使用〕権」をもっていた。張小弟氏も「朱林宝の名前は聞いたことがある。彼女は三白蕩・元鶴蕩の水面使用権を有していた」、徐発龍氏も「水面使用権については、いくつかの魚蕩は漁覇が管理しており、漁をするならば、さきに大洋銀一、二枚を毎日支払わねばならない。大部分の魚蕩は支払う必要がない」と語り、水面使用権という言葉をもちいて魚行・蕩主の権利を表現している。

これらの証言のみでは、魚行・蕩主が所有権ないし使用権を合法的にもつのか（水面の私有化）、それとも、「官有」の湖・蕩・河などを事実上占有していたのか（水面の私占化）判断しかねる。少なくとも、魚行は出蕩銭＝入漁料を徴収しており、漁民（ないし漁民集団）の手には日本の漁村のような入会権《いりあい》がなかったことがわかる。なお、張・徐両氏の「水面使用権」という言葉は厳密な意味でもちいられているわけでなく、解放後に集団所有制の影響を受けたものと考えられ、所有権、使用権のいずれを指すかは判断できない。

ただし、証言にみえる、小河蕩では出蕩銭を払わず、大河蕩では魚行に出蕩銭を支払うという事態からは、つぎのような背景を想定できるのではないだろうか。すなわち、小河蕩は魚蝦類も少なく収益もわずかなため、監視や出蕩銭徴収の人夫を雇用するのは割にあわない。その結果、とくに魚行・蕩主の権益を侵しさえしなければ、事実上オープン・アクセスの状態で万人の利用に供される。いっぽう、大河蕩は魚蝦類も多く商品価値も高いので、そこに利益を見いだす者が私有（私占）化して囲いこもうとする。とくに魚行・蕩主は水産品の商品価値が高まるにつれて、水面の価値を認識し私有（私占）化をすすめていった。唐宋時期の基本法典であった『唐律』、『宋刑統』にも規定される「山《さん》沢陂湖《たくはこ》は衆と共にする」（漁業自由、水面利用自由）という原則がどのように変化したかを論じる余裕はないが、水面の私有（私占）化は急速に進んだと推測される。ただし、河蕩の私有（私占）化がいかに進展しようとも、河蕩や水路は太湖流域では交通路として重要な役割を果たしていたから、一義的には公共の用に供されるべきであった。だれが船をあやつって通過しようともそれを阻止されることはなかったし、収益の見こめる大河蕩をのぞけば、停泊しようが小魚・小エビを捕獲しようが、事実上のオープン・アクセスとなっていたものと考えられる。

こうした水面をめぐる権利形態が合法的な私有化なのか、官との結託による事実上の私占化なのか、現在のところ明確でない部分ものこされている。しかし、いずれであれ、湖・河・蕩・水路を無主と考えるよりは、むしろ、水面の私有化ないし「官有」水面の私占化が進展しながらも、公共の用に供されてきたという事実が、完全に排他的な私有（私占）を相対化させ、停泊地・交通路・自給自足的漁撈の場として開放させたものとみなしたほうがよいのではないだろうか。

太湖庁檔案で交通上の問題から魚簖・魚簾の撤去が要求されたのは、「たとえ私有（私占）の河蕩・水路であれ、これまで交通路として公共的に利用されてきた厳然とした事実を背景として、交通を阻害するほどの私設は許さない」という観念が表出したものと考えられる。

湖・河・蕩・水路を含む内水面は、利用価値に応じて私有（私占）化されながらも、入漁料を徴収する排他・制限的な場合と、他者の利用にほとんど制限がくわえられないオープン・アクセスの場合とに分けられる。太湖流域漁民は極貧であり散居してほとんど集団を形成することもなく、かつ零細な漁撈のゆえに共同操業を必要としなかったことなどを考慮すれば、かれらが水面＝漁場をめぐって日本の漁村にみられたような入会＝漁場の総有という事態を生ぜしめる余地はなかったと考えられよう。

太湖流域漁民とコモンズ

一九四九年以前、太湖流域漁民は基本的に陸上に固定した家屋や土地を所有せず、河蕩などの内水面で漂泊・漁撈の生活を送っていた。かれらは一般的にきわめて貧しく、各地に分散して、共同操業をおこなうようなこともなかった。ゆえに水面（漁場）についても日本の漁村のような入会＝漁場の総有といった状況はみられず、かれらは水面に関してまったく何の権利ももっていなかった。つまり、かれらの生活形態・漁撈活動に何らかの「共同性」を見いだすことはできないのである。

ところで、近年、経済学・社会学・民俗学などで注目されている学術用語にコモンズがある。コモンズとは「複数の主体が共的に使用し管理する資源や、その共的な管理・利用の制度」と定義され、共同管理する資源だけを対象とするのではなく、その管理・利用までをも視野に入れようとするものである（菅 二〇〇六）。コモンズの視点からみると太湖流域漁民の生活形態・漁撈活動には、「共同性」がみられない、すなわちコモンズはなかったことになる。

しかし、私有化された水面ないし「官有」の水面が開放され、事実上オープン・アクセス状態とされたとすれば、コモンズ的なものが存在した可能性は十分にありうる。オープン・アクセスとされた水面であれ、魚行・蕩主が私有（私占）する内水面であれ、ともに限りある資源である以上、無制限に漁撈や採集をつづければ、持続可能な利用は不可能となる。ところが、そうならず現在にいたったとすれば、漁民間、あるいは魚行・蕩主—漁民間に水面の利用をめぐって構築されたシステムのなかに何らかの「コモンズ的な管理・利用の制度」があったということになろう。わたしはすべての社会にコモンズを想定しているわけではないが、資源を利用・管理するシステムのなかに持続可能な利用を実現するためのメカニズムが無自覚のうちに内包されていた可能性も否定できないのではないかと考えている。太湖流域の水上生活漁民をめぐる社会関係は不明な点が多すぎる。今後、資源管理・利用の側面からの考察が必要となろう。

参考文献

太田　出　二〇〇四「清代江南デルタ社会と犯罪取締りの変遷——労働力の流入、犯罪、そして暴力装置」岩井茂樹編『中国近世社会の秩序形成』京都：京都大学人文科学研究所。

——　二〇〇七「太湖流域漁民の『社』『会』とその共同性——呉江市漁業村の聴取記録を手がかりに」太田出・佐藤仁史編『太湖流域社会の歴史学的研究』東京：汲古書院。

菅　豊　二〇〇六『川は誰のものか——人と環境の民俗学』東京：吉川弘文館。

寺田浩明　一九八九「中国近世における自然の領有」『シリーズ世界史への問い1　歴史における自然』東京：岩波書店。

夫馬　進　一九九三「国会図書館蔵太湖庁檔案に見る訴訟と裁判の実際——その初歩的知見」永田英正編『中国出土文字資料の基礎的研究』科学研究費研究成果報告書。

森　正夫　一九九六「江南デルタの郷鎮志について」小野和子編『明末清初の社会と文化』京都：京都大学人文科学研究所。
——　一九九九「清代江南デルタの郷鎮志と地域社会」『東洋史研究』五八巻三号。
山本英史　一九九九「清代の郷村組織と地方文献——蘇州洞庭山の郷村役を例にして」『東洋史研究』五八巻三号（のち『清代中国の地域支配』東京：慶應義塾大学出版会、二〇〇七年、所収）。
范　金民　二〇〇〇「太湖庁檔案所見洞庭商人的活動」夫馬進編『中国明清地方档案の研究』（平成九年—平成一一年科学研究費補助金・基盤研究Ａ２）。

第一一章　アイヌ社会における川筋集団の自律性

大西　秀之

失地としてのアイヌモシリ

北海道、樺太、千島列島をアイヌモシリ（アイヌの住む大地）として、固有の言語と文化を持ち、共通の経済生活を営み、独自の歴史を築いた集団がアイヌ民族であり、徳川幕府や松前藩の非道な侵略や圧迫とたたかいながらも民族としての自主性を固持してきた。

明治維新によって近代的統一国家への第一歩を踏み出した日本政府は、先住民であるアイヌとの間になんの交渉もなくアイヌモシリ全土を持主なき土地として一方的に領土に組み入れ、また、帝政ロシアとの間に千島・樺太交換条約を締結して樺太および北千島のアイヌの安住の地を強制的に棄てさせたのである。

（『アイヌ民族に関する法律（案）』本法を制定する理由）


固有の言語・文化を有してきた民族としての自主性を主張するとともに、みずからが住まう土地を奪われてきた歴史がするどく告発されている。この一文は、国内最大のアイヌの人びとの法人団体である北海道ウタリ協会が、貧困救済の名目のもとに同化政策を推し進めてきた「北海道旧土人保護法」の撤廃と、その代替として「先住権」の法的認定を求め北海道知事／議会に対して提議した「アイヌ新法案」から抜粋したものである。

ところで、この文面のなかには、「アイヌモシリ」というアイヌ語が意図的に使われている。文中でも述べられているように、アイヌモシリとは、アイヌ語で「人間の大地」を意味することばである。また、それは、歴史的にアイヌの人びとが暮らしてきた現在の北海道、樺太（サハリン）南部、千島（クリール）列島に相当する地域とされている。

しかし、このことばを、日露の国境にまたがる地理的空間を指ししめす、単なる地域名と認識すべきではない。アイヌモシリには、アイヌの人びとがみずから社会、文化、歴史をはぐくんできた大地という思いがこめられている。と同時に、アイヌモシリは、植民地主義とともに押し寄せた近代国民国家という枠組みに分断・編入されるなか、巨大な国家権力によって奪い去られた失地として語られている。とするならば、アイヌモシリは、アイヌの人びとが自立性を回復し社会をみずから営むことによって、はじめて再生する大地といえる。また、そのためには、近代にいたる歴史のなかで、アイヌの人びとが継承してきた社会的・文化的実践を取り戻すことが必須となる。「先住権」を求める法案において、アイヌモシリということばが謳われていることは、至極当然のことといえよう。

では、アイヌの人びとは、近代以前のアイヌモシリにおいて、どのような社会を営み、どんな生活を展開していたのであろうか。さらに、幕藩体制のみならずロシアや清朝などから影響や干渉を受けるなかで、アイヌの人びとの社会や文化は、いかにして一定の自主性を維持していたのであろうか。これらの問いに答えることは、アイヌの人びとがアイヌモシリにおいて営んでいた社会的・文化的実践の一端を読みとくことになるだろう。

アイヌ社会の民族誌モデル

ひとくちにアイヌの人びとの社会や文化といっても、当然ながら時間的・地域的な差異が存在する（手塚 二〇〇五）。とくに北海道、樺太（サハリン）南部、千島（クリール）列島に暮らすアイヌの人びとは、それぞれ相対的にまとまりが認められるサブ・グループとされている。このため本章では、文献史料や民族誌資料がもっとも豊富に残され、研究上の蓄積がある北海道のアイヌ社会を対象とする。

現在知られているアイヌ社会に関するモデルの多くは、民族誌調査にもとづく人類学的研究によって構築されたものといっても過言ではない。なかでも、渡辺仁によって提唱された「アイヌ・エコシステム」（Watanabe 1972；渡辺 一九七七）は、国内のみならず海外においてもひろく知られており、国際的にもっとも著名なアイヌ社会のモデルである。また、アイヌ・エコシステムは、それを肯定するにせよ否定するにせよ、今日、アイヌ社会のあり方を論じるさいの参照モデルとなっている。こうした状況を考慮し、以下では、まずアイヌ・エコシステムを軸にアイヌ社会に関する民族誌モデルを概観する。

民族誌モデルの社会組織

アイヌ・エコシステムでは、アイヌ社会を構成する社会組織として、それぞれ異なる社会的役割を担う構成原理で成立する次の五つの単位が設定されている。なお、本章で使用する呼称は、渡辺論文（Watanabe 1972）の英語の用語を和訳したものである。

世帯：世帯は、アイヌ社会の最小単位であり、「チセ（*cise*）」とよばれる一戸の家屋に同居する一組の男女（夫婦）が基本となって構成される。また、世帯は、アイヌ社会において生産の基礎単位であるとともに儀礼の基礎単位でもある。

集落：アイヌ社会の集落は、「コタン（*kotan*）」とよばれ、単数または複数のチセによって構成される。コタンは、河川沿いに分布し一般にサケ産卵場に近い河岸段丘の縁辺に立地している。このため、コタンは、ひとつのサケ産卵場を共同利用する単位ともなり、またサケ産卵場は、コタンの各世帯を単一の経済単位としてむすびつける要因となる。なお、コタンは、基本的に通年居住される。

地域集団：地域集団とは、共通の男子祖先に由来する父系親族が紐帯原理として存在する社会的・政治的統一体である。地域集団は、単独あるいは複数のコタンによって形成され、生計活動、資源管理、儀礼実践などに関して協力関係をむすんでいる。なお、地域集団には、儀礼的権限を有するリーダーが存在する。

シネ・イトㇰパ集団：「シネ・イトㇰパ（*shine itokpa*）」集団は、社会的に規定された川筋において互いに隣接する複数ないし単数の地域集団によって形成される。この集団は、共通の父系につながると信じられ、その親族に代々伝わるイトㇰパ（*itokpa*）（刻印）を共有する。

川筋集団：川筋集団は、ひとつの河川に沿って住む、すべてのシネ・イトㇰパ集団によって構成される最大の社会単位である。川筋集団は、その河川と流域に対して外部者の無断進入を拒否する排他的な占有権をもっている。また、そうした占有権は、単純な経済的利害関心から所持されているものではなく、居住地＝資源＝土地のカムイという象徴的・文化的環境観にもとづくものとされる。なお、川筋集団には、少なくとも通常は集団全体を統率するリーダーは存在せず、また常態的におこなわれる団体的な統一行動もない。

民族誌モデルの生計活動

アイヌ社会では、狩猟、漁撈、採集を組みあわせた生計活動がおこなわれている。漁撈は、越冬期（一―三月）をのぞく一年のほとんどの期間に河川でおこなわれる。最重要とされるのは、主食となるサケ・マスの漁である。とくに、サケの漁獲量は、アイヌ社会において生存に多大な影響をおよぼすものとされる。他方で、サケ・マスは季節によって生息域が変動するため、その漁は季節ごとの漁場の生態環境に応じた多様な漁具（梁《やな》、筌《うけ》、袋網《ふくろあみ》、鉤銛《かぎもり》など）と漁法によっておこなわれる（図1）。漁場のなかでもサケ・マスの産卵場は、安定的な漁獲量をもたらす非常に重要な資源となる。なお、海浜での漁撈は、普遍的におこなわれる活動ではなく、もっぱら最下流の地域集団によってになわれる。

狩猟は、春季（三―五月）と秋季（一〇―一二月）におこなわれる。主要な対象は、シカとクマである。とくに、シカは、サケ・マスとならぶ主食となる。猟具は、毒矢を使う手弓と仕掛弓が中心である（図2）。シカの越冬地とクマの冬眠場所は、比較的局地化しているため、数多くの個体が集中する格好の猟場となる。また、シカとクマとも、春になると越冬地・冬眠場所から分散する。したがって、アイヌ社会の狩猟では、秋季の集中と春季の分散という季節リズムに適応すべく、越冬地・冬眠場所とそれへ通じる移動路が主要な猟場となる。ただ、シカは原野でも群生するため、越冬食の確保を目的として秋季にも原野でのシカ猟がおこなわれる。

図1　アイヌの人びとの漁撈

上：ヤナ漁。市立函館図書館所蔵（アイヌ文化振興・研究推進機構 1999）

下：鉤銛漁。市立函館図書館所蔵（アイヌ文化振興・研究推進機構 1999）

植物採集は、食物と原材料の確保を目的としておこなわれる。食用野生植物の採集は、乾燥貯蔵される葉菜類を対象とした春季が最盛期である。初夏から八月には、オオバユリの球根の採集がおこなわれる。秋季には堅果類の採集がおこなわれるが、その頻度と貯蔵量は、春季から夏季の活動にはおよばない。なお一部地域をのぞき、小規模なアワ・ヒエなどの雑穀栽培が、常態的におこなわれていた。

図２　アイヌの人びとの狩猟

上：手弓猟。スコットランド国立博物館所蔵（アイヌ文化振興・研究推進機構 1999）

下：仕掛け弓猟。東京国立博物館所蔵（榎森 2004）

民族誌モデルの資源管理

アイヌ社会で利用されているおもな生物資源は、基本的に日々の生活が営まれる河川流域に分布している（図3）。また、クマをのぞく資源の大部分は、コタン周辺に集中していることがわかる。ただし、ヒグマ、秋季のシカ、産卵期のマスなどは、コタンから離れた場所に出作小屋を設置し一時的・季節的に出向いて獲得されていた（図4）。

いっぽう、主要な資源が分布する河川流域は、すでに確認したように川筋集団によって占有されていた領域であった。また、最重要な資源とされるサケ産卵場は、地域集団が所有単位であった。このほか、資源によっては、世帯や特定の狩猟・漁撈などにさいして組織される協業集団などによって占有されるものが少なからず存在する。

アイヌ社会における資源管理のあり方は、その担い手となる社会組織によって違いがある。川筋集団の河川流域に対する占有権は、四季をとおして常態的に維持され、そこに分布する資源すべてが対象となる。これに対して、地域集団や世帯など川筋集団の下位組織の資源に対する占有権は、特定の季節に限定され、サケ産卵場や仕掛け弓の設置場のような局地化・固定化された場所が対象となる。

ところで、アイヌ語に「イオル（*iwor*）」ということばがある。イオルは、コタンと対概念になるものとされ、民族誌モデルの多くでは「領域」や「ナワバリ」を含意する語彙と考えられてきた（泉一九五二）。だが、アイヌ語の言語学的研究から、イオルは、「猟場」や「生活の場」などの意味で使用されるものの「ナワバリ」的な意味はふくんでいない、という批判がなされている（奥田一九九八）。なお、アイヌ・エコシステムでは、イオルは単なる「地域区分」や「生業の場」まして「ナワバリ」などではなく、象徴的・儀礼的な意味が一体化した領域と規定されている（Watanabe 1972、渡辺 一九七七）。

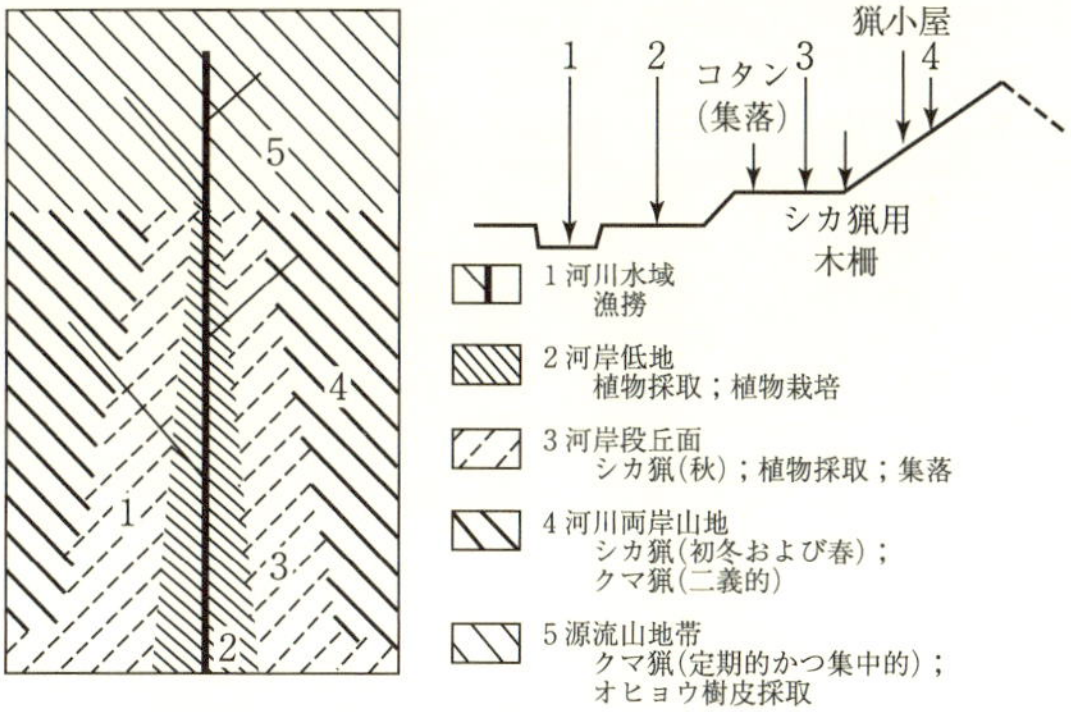

図 3　河川流域の生態環境と生物資源（渡辺 1977）

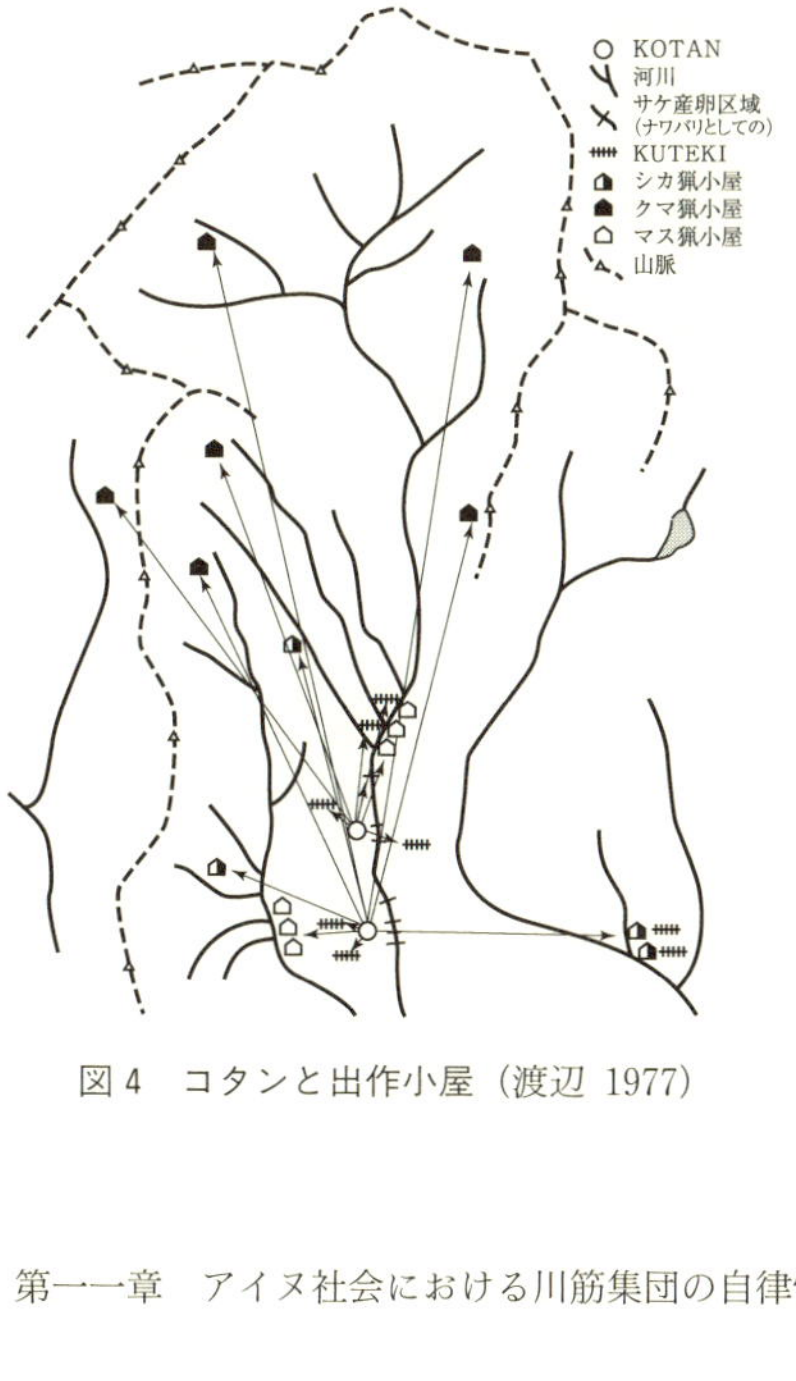

図 4　コタンと出作小屋（渡辺 1977）

民族誌批判とアイヌ社会を取りまく歴史

アイヌ・エコシステムをふくむアイヌ社会の民族誌モデルは、一九八〇年代以降、急激に批判にさらされ、その再検討の必要がさけばれるようになった。この背景には、「旧土人保護法」の撤廃や「先住権」の要求などといった政治的・社会的状況と連動するかたちで、アイヌの人びとがみずからの社会や文化さらには歴史をとらえなおそうとする機運が高まったことがあげられる。

そのような状況のなか、過去の民族誌モデルは、アイヌの人びとの側の視点を無視した一方的な他者表象である、との批判がなされるようになった。なかでも、既存の民族誌モデルが歴史性を捨象した無時間的・静態的な「民族誌的現在」(Sanjek 1991)に終始し、アイヌの人びとを「歴史なき民」として描いてきたことに対して批判が集中した。

じっさい、アイヌの人びとは、けっして孤立した社会を営んでいたわけではなく、つねに周辺地域の社会と接触・交流を維持していた。さらに、近代にいたる過程では、幕藩体制を中心に帝政ロシアや清朝などからの影響が加速度的に拡大してゆくこととなる。このため、周辺地域の政治・経済的動向がおよぼした影響を無視して、アイヌ社会を論じることなど到底できないだろう。

幕藩体制の蝦夷地政策

北海道のアイヌ社会が外部から受けた影響を考えようとするさい、幕藩体制との関係を無視することはできない。そうした幕藩体制側の影響については、時代をくだるにしたがい強まっていったことが知られている。

幕藩体制下においては、当初、道南部渡島《おしま》半島を所領していた松前藩が、アイヌの人びとが暮らす蝦夷地《えぞち》の統治と経営を担当した。この時期の松前藩と幕府は、「蝦夷地の事は蝦夷次第」という言葉に代表される政策理念を共有していた。

その理念とは、松前藩領をのぞく蝦夷地は、幕藩体制の支配の枠外にある「異域」としてあつかい、基本的にはアイヌの人びとの慣行に同地をゆだね、できるかぎり直接的な干渉をおこなわない、という原則であった（菊池 一九九四）。さらに、この政策は、寛永一〇年（一六六三）の鎖国体制の強化による蝦夷地と松前（和人）地の明確な分離や、寛文九年（一六六九）のアイヌの人びとの松前藩に対する蜂起である「シャクシャインの戦い」鎮圧後の蝦夷地での和人の進入・活動の禁止などをへていっそう強化されていった。

このような政策理念から、松前藩制下におけるアイヌの人びとと和人の接触は、松前藩主の独占権のもとにおこなわれる蝦夷地での定期的な交易と、松前地と蝦夷地の境界で幕府の巡見使《じんけんし》に対しておこなわれる「ウイマム」（御目見得《おめみえ》）という朝貢儀礼に限定されていた。他方、松前藩は、アイヌ社会の統治のため、「乙名《おとな》」、「小使《こつかい》」、「土産取《みやげとり》」などからなる「蝦夷三役」を設定し任命していたが、それらの役についたのはアイヌ社会においてすでに有力な立場にあった人物であり、むしろ松前藩による既存の地位の追認、利用であった。

したがって、松前藩によるアイヌ社会に対する支配・管理体制は、比較的限定されたものであったといえる。もっとも、幕藩体制の影響が皆無であったわけではない。なかでも、松前藩による交易の一元的な支配によって、アイヌの人びとは、自由に交易をおこなう権限を奪われ、交易産品の生産者という受動的な地位に押しとどめられることとなった。とはいえ、この時期のアイヌの人びとは、基本的にみずからの習俗や慣行のもとに社会を営み、一定の自律性を維持することができる余地があったといえる。

松前藩制期に確立した蝦夷地政策は、寛政一一年（一七九九）に始まる幕府の直轄化によって大幅に転換する。なによりも、「蝦夷地の事は蝦夷次第」という政策理念が破棄され、「異域」とされた蝦夷地の「内国化」が進められた。この背景には、ロシアの接近・脅威にともなう蝦夷地における対外防備策の見直しがあった。

こうした政策転換により、幕府は、みずから蝦夷地に役人を派遣し、アイヌ社会に対して直接統制・管理をおこなうようになった。その結果、アイヌ社会は、幕府による蝦夷地の支配・経営体制に完全に組み込まれることとなり、さまざまな影響を受け大きく変容することとなる。とりわけ、アイヌ社会に大きな影響をおよぼしたのは、アイヌの人びとの「改俗《かいぞく》」という同化政策である。

この政策によって、アイヌの人びとは、言語、慣習、儀礼、風俗などの自文化にかかわる一切を禁止され、「和風俗化」を強制された。「改俗」した地域では、旧来の「蝦夷三役」の名称を「庄屋（名主）」、「年寄り」、「百姓代」にあらため幕藩体制下の村役人と同じあつかいとし、未改俗の地域との差別化をはかった。こうした政策は、一時的な中止が指示されるものの、安政二年（一八五五）の幕府再直轄化以降にはいっそうの「改俗」が推進された。その理由は、ロシアとの領土交渉において、アイヌの人びとの「帰属」が重要な論点であったからにほかならない（菊池 一九九四）。

しかし、「改俗」は、みずからのアイデンティティを完全に否定するものとして、アイヌの人びとの猛烈な抵抗を受け、結局、択捉島などの一部をのぞきほとんどの地域で貫徹されずにおわった。とはいえ、幕府直轄による一連の「内国化」政策は、幕藩体制の内部にアイヌ社会を組みこみ、その自律性を浸食し多大な影響をおよぼしたといえる。

蝦夷地経営と市場経済

市場経済を背景とした蝦夷地経営は、幕藩体制の政策とならんでアイヌ社会に大きな影響をおよぼした。むしろ、商業資本の経済活動こそが、アイヌ社会に多大な変化をもたらした直接の要因であり、その影響は松前藩や幕府の政策をはるかに上まわるものであった。

蝦夷地における経済活動は、当初、アイヌの人びとと和人との松前城下における比較的自由な交易によっておこなわれていた。アイヌの人びとは、松前城下のみならず東北北部まで自由に来訪し交易をおこなっており、諸国から松前に来航した和人商人も、松前藩の許可があればアイヌの人びとの居住地に渡り交易することができた。

しかし、アイヌの人びとと和人の自由な交易は、鎖国体制の強化や「シャクシャインの戦い」を契機として禁止され、松前藩による独占的な交易体制に移行する。そして、その中核になったのが商《あきない》場知行制《ばちぎょうせい》であった。

商場知行制とは、藩主および知行として交易権を分与された上級家臣が、定期的に蝦夷地に出向き特定の「商場」でアイヌの人びとと独占的に交易をおこなう仕組みである。知行として上級家臣に分与された商場は、あくまでも交易をおこなう場所であり、封建制下の所領とは性格を異にするものであった。じっさい、商場に商船を派遣しアイヌの人びとと交易する権利は、年一回のみに限定されており、また商場の知行主といえども、交易以外の経済活動を自由におこなうことはできなかった。

とはいえ、商場知行制は、松前藩による蝦夷地の一元的な経営・管理の主軸となり、アイヌ社会に対して少なからぬ影響をおよぼした。まず、交易の窓口が松前藩に一元化された結果、アイヌの人びとは、交易における主体性を奪われるとともに、交易産品の交換レートなどに関しても知行主（和人）側の言い値に従わざるをえなくなった。くわえて、商船の派遣は、元禄年間（一六八八―一七〇四）ころから二回に拡大され、さらに同時期には交易権の権限をこえる河川での大網によるサケ漁が知行主（和人）側によっておこなわれるようになる。

こうした受動的な立場は、「干サケ」、「ワシ・タカ羽」、「ラッコ皮」など和人側が求める交易産品の生産への特化をうながし、アイヌの人びとの生産活動を本州以南の商品／市場経済のなかに組みこむ契機となった。交易産品となる資源が商品価値をもつようになった結果、その生産の場では、過剰な乱獲によって荒廃が起きる危険性がつねにはらまれることとなり、アイヌ社会における潜在的な紛争の種となった。他方、恒常的な交易の確立は、その主要な担い手である首長層とその他の階層のあいだの格差をひろげ、階層分化をうながした可能性も指摘されている（浪川 二〇〇四）。

アイヌ社会にさまざまな影響をおよぼした商場知行制は、松前藩の財政悪化により、商業資本に商場の経営権をゆだねていくなかで場所請負制《ばしょうけおいせい》に移行する（図5）。場所請負制とは、松前藩主や家臣に代わって「場所」とよびかえられる旧商場の経営を本州系の商業資本が請け負う制度であり、享保

図５　蝦夷地の請負場所（中西 1998）

年間（一七一六—三六）から元文年間（一七三六—四一）には確立していたと考えられている。

商場知行制から場所請負制の移行は、単に経営の担い手が武士から商人に代わったという以上の変容をはらんでいた。最大の変化は、場所請負人が、場所において交易のみならず漁業経営を開始したことである。しかも、その漁業には、場所内のアイヌの人びとが強制的に従事させられた。

こうした漁業経営と強制労働は、必然的にアイヌ社会の既存の生活形態に重大な影響をおよぼし、その自律性をいちじるしくそこなう要因となった。とりわけ、場所請負制のもとでは、漁場にアイヌの人びとを強制的に移住させる「強制コタン」（高倉 一九六六ａ）を生みだし、石狩川流域などでは急激な人口減少をひき起こしアイヌ社会の共同体に破壊をもたらした（菊池 一九九四）。

場所請負制は、寛政二年（一七九九）の幕府直轄化にともない一時的に廃止される。ただ、幕府は、各場

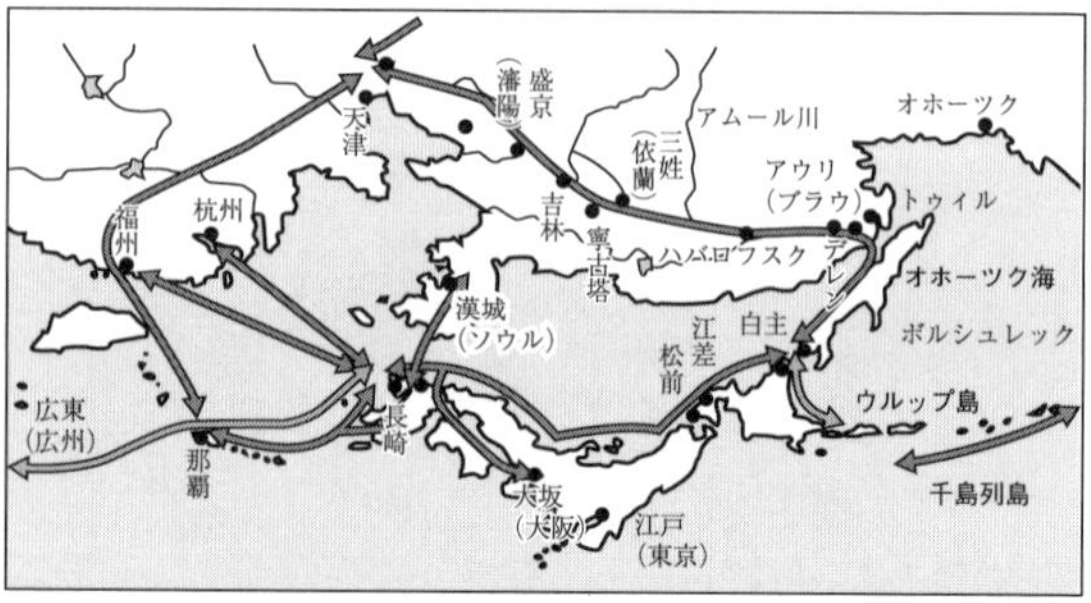

図６　19世紀初頭の交易ルート（大塚 2003）

所に役人を派遣し現地の出先機関として会所を設営したほか、その制度的枠組みを積極的にアイヌ社会に対する統治に利用した。また、文化一〇年（一八一三）には、場所請負制が復活し幕末まで蝦夷地の産業開発を推しすすめた（菊池 一九九四）。

他方、場所請負制よる蝦夷地経営は、膨大な富を生み出し国内市場を活性化する起爆剤となった。蝦夷地からもたらされる産物は、「軽物《かるもの》」や「俵物《たわらもの》」などと称され、国内需要のみならず海外にも輸出された（図6）。たとえば、テンやキツネなどの毛皮類は「山丹交易」と呼称される北方ルートから清朝の支配層にわたり、煎《いり》ナマコや干アワビなどの海産物は長崎交易の主力商品として大陸の大消費地に出荷され、また同じ海産物でも昆布などは薩《さっ》摩口《まぐち》を経て琉球王朝の域内で消費されていた（大塚 二〇〇三）。

いうまでもなく、この軽物・俵物の生産に従事していたのはアイヌの人びとであった。アイヌの人びとは、幕府の財政悪化の再建と拡大する内外市場への商品供給という責務を一手に押しつけられ、なかば強制的にみずからの生存に関係しない交易産品の生産に従事させられた。場所請負制は、アイヌの人びとを完全に商品／市場経済に組み込み、商品生産としての生産活動に向かわせてゆくこととなる。

川筋集団の実体性

幕藩体制の蝦夷地政策と市場経済に接合した蝦夷地経営は、アイヌ社会の根幹にかかわるさまざまな部分に多大な影響をおよぼしていた。たとえば、幕府直轄期に施行された「改俗」は、アイヌ人びとの社会のあり方のみならずアイデンティティの維持さえもおびやかすものであった。また、商場知行制をへて場所請負制にいたるなかで、アイヌ社会は、自由な交易と生産活動の余地を奪われ、本州を中心とする市場経済に不可逆的に巻きこまれていった。さらに、それらは、幕藩体制とアイヌ社会との関係のみに完結しているのではなく、ロシアとの外交関係や中国大陸の巨大市場を背景とするものであった。

とするならば、アイヌの人びとの社会組織、生計活動、資源管理は、単に生存のための生態環境に対する適応であるにとどまらず、東アジア規模での政治的動向や市場経済の強い影響のもとに構築されていた側面を考えなければならない。むしろ、近世後半期以降のアイヌ社会の変容は、政治的動向や市場経済に対する適応であった、とみなすべきかもしれない。じっさい、アイヌ社会の再生産にかかわる儀礼さえも、政治的動向や市場経済との接合のなかで形成された可能性が指摘されている（大塚一九九五）。

しかし、既存の民族誌モデルが完全に否定され姿を消したわけではない。民族誌モデルは、依然として健在であり、ときに新たなアイヌ社会像を模索する歴史研究のなかでさえ既成事実として読みこまれる、というねじれが生じている。ここでは、アイヌ社会最大の社会組織である川筋集団を中心に検討をくわえながら、民族誌モデルのあり方や実体性の再考を試みる。

川筋を単位とする地域集団は、アイヌ・エコシステムをはじめとする民族誌モデルのみならず、往々にして文献史学的な研究においても所与の前提として語られる。だが、幕府直轄期の同化政策や場所請負制下の強制移住などを想起するとき、とくに近世後半期におけるアイヌ社会の共同体は、破壊的な影響をこうむっていた可能性を考慮せざるをえなくなる。かりに川筋集団にあたる共同体が存在していたとしても、民族誌的モデルで想定されているような自律性をどこまで維持していたか疑念がもたれる。まず、川筋集団なるものの実体性が検討されねばならない。

川筋集団の実体性を検証するうえで、ひとつの注目すべき研究として遠藤匡俊によるアイヌ社会の人口動態に関する歴史地理学的な論考をあげることができる（遠藤 一九九七）。遠藤は、一九世紀後半の文献史料をもとに、北海道から樺太（サハリン）南部のさまざまな地域における人口移動を世帯、集落、集団の各レベルで検討した。そこでの議論は多岐にわたるが、とくに道西南部日高地方の三石《みついし》場所における集落間の人口移動を取りあげるなかで興味深い結果を提起している。それは、三石場所の集落はおもに三石川と皃舞《けりまい》川に分布しているが、世帯レベルの集落間移動のほとんどは同一川筋地域内で生じており別の川筋への移動はきわめてマイナーであったという指摘である。また、同様な指摘は、上川アイヌ社会の集落間移動を検討した瀬川拓郎によっても提起されている（瀬川 二〇〇五）。このような移動のあり方から、アイヌ社会では、川筋を単位とする一定の自律性をもった社会的まとまりが存在していたことがうかがわれる。

ところで、三石場所の事例には、無視できない現象が認められる。それは、川筋をこえる移動のほ

表１　三石場所における世帯の集落間移動

	安政３－５年 (1856-58)	安政５－元治１ (1858-64)	元治１－慶応１ (1864-65)	慶応１－慶応４ (1865-68)	慶応４－明治２ (1868-69)	総計
同一川筋内移動戸数	36	24	4	29	7	100
異系川筋間移動戸数	5	1	0	0	0	6
計	41	25	4	29	7	106

遠藤（1997）を一部改変

とんどが、安政三―五年（一八五六―五八）に集中していることである（表1）。というのも、この時期は、幕府が蝦夷地を再直轄化した安政二年（一八五五）の直後にあたるからにほかならない。

幕府直轄化は、アイヌ社会の再編成を推進したため、アイヌの人びとの共同体内に少なからぬ動揺をひき起こした。その顕著な事例として、文化四（一八〇七）年の「イサリ・ムイサリウラエ請願事件」、文政八（一八二五）年の「フウレン・ベトカ両川論」、安政三年（一八五六）の「ニシベツ川論」というアイヌ社会の地域集団間に生起した川筋での漁業権・占有権をめぐる争論があげられる。この三争論事件は、幕府権力と場所請負制によって設定された場所の境界が、アイヌ社会の慣行にもとづく川筋での既得権と齟齬をきたしたことに対する、アイヌの人びと側からの異議申立てを契機としていた（高倉 一九六六b）。しかも、これらの事件は、いずれも幕府の直轄化ないし再直轄化後ほどない時期に生起している。

以上を考慮するならば、三石場所における川筋をこえる移動は、幕府の蝦夷地再直轄化という一大画期に生じたイレギュラーな現象であった可能性が措定できる。もっともそこまで断言せずとも、三石場所や上川の人口移動パターンは、アイヌ社会に外部権力・市場経済の影響が大きくおよんだ一九世紀末においても、川筋単位の社会的なまとまりが一定の実体として存立していたことを十二分にものがたっているといえよう。

いっぽう、前述の三争論事件からは、この時期のアイヌ社会において川筋単位で漁猟権・占有権を所有する地域集団が存在し、生計活動や資源管理に関して一定の役割をになっていたことをうかがい知ることができる。なお、高倉新一郎は、三争論事件の要因として、既存の慣行を無視した政治的な地理区分による分断をあげるとともに、場所請負制のもとでの乱獲などによって資源の枯渇や不均等などが生起した結果、川筋の漁撈権・占有権が意識化され固定化・実体化に向かった、という可能性を指摘している（高倉　一九六六b）。であるならば、川筋集団を実体として存立せしめる排他的な漁業権・占有権は、けっして生態環境の閉じた系のなかで成立したものではなく、和人との不断の交渉によって歴史的にかたちづくられたと認識すべきだろう。

アイヌ社会による外部権力の読み込み

アイヌ社会にとって一九世紀後半は、外部権力と市場経済の不断の干渉にさらされ、既存の共同体の解体・再編が不可避的に進行する時代であった。だが、そのよう時代状況にあっても、川筋単位の地域集団は実体として存続し、川筋での漁撈権・占有権をめぐる三争論事件からうかがわれるように生計活動や資源管理などに関して一定の役割をになっていた。

とすれば、アイヌの人びとは、どのように幕府の同化政策や場所請負制下の商業活動に対峙し、いかにして川筋集団に代表されるみずからの社会のあり方を維持していたのであろうか。ここでは、もっとも年代が新しく、幕府の再直轄化にともなう政策や場所請負商人による経営が浸透したなかで生起した「ニシベツ川論」を取りあげ、その具体的現場を読みとくこととする。

「ニシベツ川論」は、道東部根釧《こんせん》地方を流れる西別川における漁撈権・占有権の帰属をめぐり、釧路場所と根室場所に帰属していたアイヌの人びとのあいだに起きた争論事件である。この事件は、安政三年（一八五六）一二月に釧路側「庄屋」メンカクシが、根室場所のアイヌの人びとによる西別川河口部での留網《とめあみ》漁の停止を求めるとともに、同川筋での漁撈権・占有権はみずからの側にあることを、幕府の所轄機関である厚岸《あっけし》の役所に訴えたことに端を発した（高倉 一九六六b、岩崎 一九九八）。翌安政四年にいったん「示談」が成立するものの、それを不服とする根室側「役土人」ニシケが「示談」の無効を訴えたため長期化し、万延元年（一八六〇）五月に「示談」の破棄が認められるまで、幕府役人や請負人などを巻きこみつつ、根室・釧路双方のアイヌの人びとが主張をくりひろげた（岩崎 一九九八）。

ところで、この争論の対象となった西別川は、上流部がわずかに釧路場所の域内に入りこむものの、河口部のみならず本流のほとんどが根室場所の域内を流れている（図7）。こうした地理的条

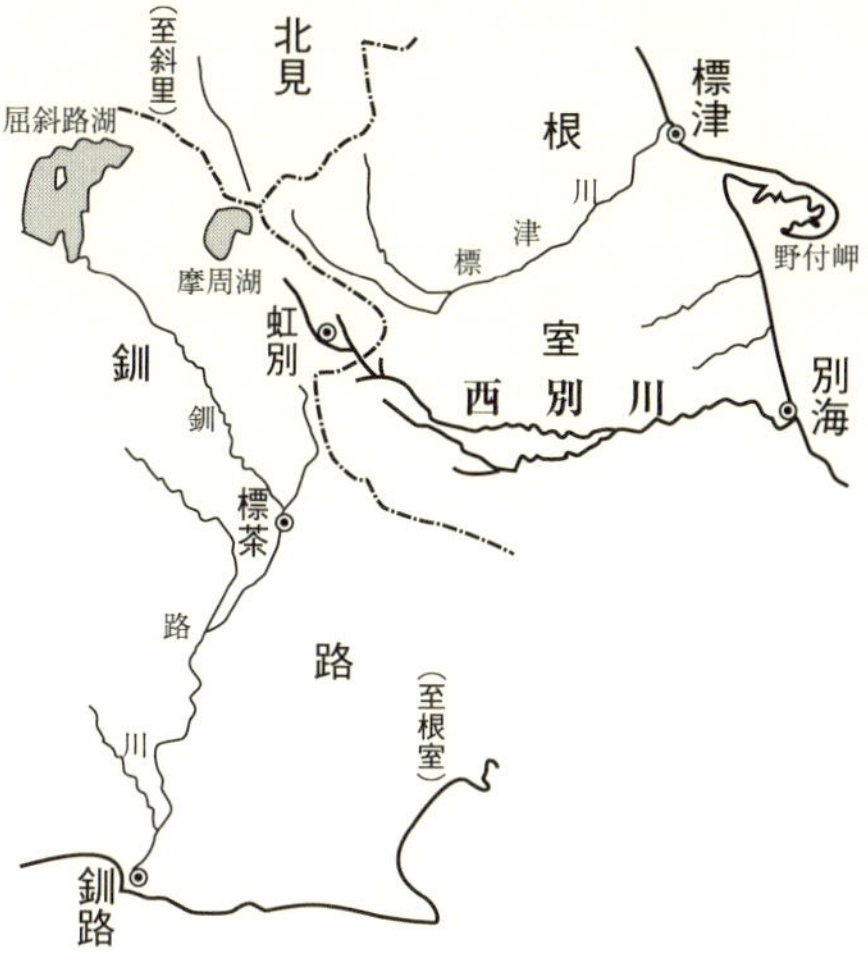

図7　西別川周辺（高倉 1966 b）

件であるにもかかわらず、なぜ釧路場所のアイヌ側は、みずからの漁撈権・占有権を主張し根室側による河口部での留網漁の停止を訴えることができたのであろうか。

その根拠は、過去に釧路側が根室側とのあいだに取りむすんだ「川売買」によって西別川の漁撈権・占有権は釧路側に譲渡されていた、という主張であった。もっとも、この「川売買」は、釧路側のアイヌの人びとが根室側のアイヌの人びとに、代価としてイコロ（*ikor*）とよばれる刀剣類や玉類などの「宝」を手わたすことによって交わされた、あくまでもアイヌ社会内での慣習的な契約であり、幕府権力などに承認されたものではなかった。だが、この釧路側の主張こそが主要な争点であり、また本争論事件をひき起こし長期化させた原因でもあった。

以上が本事件のあらましであるが、ここには、当該期におけるアイヌ社会の地域集団のあり方や川筋での生計活動・資源管理にかかわる権利を考えるうえで無視しえない重要な論点が指摘できる。それは、幕府の権限に裁定・調停がゆだねられた訴訟であるにもかかわらず、この争論がアイヌ社会における慣行を前提としたものであり、その是非が一貫して争点となっていることである。しかも、その慣行は、幕府が設定した行政区分の原理原則と完全に齟齬をきたすものである。

くわえて、本事件では、「川売買」の事実の正否にとどまらず、ほかにもアイヌ社会の慣行に照らした判断が吟味されている（岩崎　一九九八）。さらには、本事件の幕引きも、「河口部のある領域に川筋が帰属する」という同地域のアイヌ社会の慣行を尊重し、安政四年に交わされた「示談」が破棄されたことによって決着した。ここからは、一九世紀後半においても、蝦夷地の円滑な統治をおこなううえで、アイヌ社会の慣行が依然として無視しえないものであったことがうかがわれる。

むろん、この事件は、アイヌ社会内だけで問題が完結していたわけではない。そこには、場所の権益拡大などをもくろむ双方の請負商人をはじめとする、さまざまな和人の関与と思惑が複雑にからんでおり、アイヌの人びとの自発性のみから提起されたものとはいいきれない（岩崎　一九九八）。なによりも、アイヌ社会の慣行は、結局、幕府の支配・統治の枠組みのなかで活かされていたともいえる。

とはいえ、釧路側・根室側どちらのアイヌの人びとも、西別川での漁業権・占有権を確かなものとしようと主張を展開するなかで、みずからの慣行だけでなく幕府の権威や場所請負人の利権などを取りこみ、自他双方のロジックを使い分けていたことが指摘されている（岩崎　一九九八）。さらには、アイヌの人びとの側に立つならば、本件の幕府への訴訟という行為も、みずからの社会の慣行にもとづくロジックを、幕府役人や場所請負商人などの支配勢力に対しても有効なものとすべく、積極的に外部権力を利用しようとした、したたかな戦略とみなすことができる。

こうした側面を是認するならば、アイヌの人びとは、ただ一方的に幕府支配や場所請負制に翻弄されていたわけでなく、積極的に交渉をおこなうなかで戦略的にみずからの慣行やロジックを駆使し、自社会を取り巻く状況に対して懸命に対処していたといえる。もっとも、このような理解は一面的なものであり、アイヌの人びとが受けた過酷な被支配の歴史を忘却すべきではない。だが、そうした過酷な状況のなかにあっても、アイヌ人びとが社会の自立性を維持し文化を継承してきた過程は、その権利回復がさけばれる今日においてあらためて評価されるべき歴史ではないだろうか。

参考文献

アイヌ文化振興・研究推進機構　一九九九　『アイヌの四季と生活――十勝アイヌと絵師・平沢屏山』札幌：アイヌ文化振興・研究推進機構。
泉　靖一　一九五一　「沙流アイヌにおけるIWOR」『民族学研究』一六巻三・四号。
岩崎奈緒子　一九九八　「蝦夷地場所請負制研究の新たな展開のために」北海道・東北史研究会編『場所請負制とアイヌ――近世蝦夷地史の構築をめざして』札幌：北海道出版企画センター。
榎森　進　二〇〇四　『アイヌの歴史と文化』II、仙台：創童舎。
遠藤匡俊　一九九七　『アイヌと狩猟採集社会――集団の流動性に関する地理学的研究』東京：大明堂。
奥田統己　一九九八　「アイヌ史研究とアイヌ語」北海道・東北史研究会編『場所請負制とアイヌ――近世蝦夷地史の構築をめざして』札幌：北海道出版企画センター。
大塚和義　一九九五　「フクロウ送り」『アイヌ――海浜と水辺の民』東京：新宿書房。
――（編）　二〇〇三　『北太平洋の先住民交易と工芸』京都：思文閣出版。
菊池勇夫　一九九四　『アイヌ民族と日本人――東アジアのなかの蝦夷地』東京：朝日選書。
瀬川拓郎　二〇〇五　『アイヌ・エコシステムの考古学――異文化交流と自然利用からみたアイヌ社会成立史』札幌：北海道出版企画センター。
高倉新一郎　一九六六a　「アイヌ部落の変遷」『アイヌ研究』札幌：北海道大学生活協同組合。
――　一九六六b　「アイヌの漁猟権について」『アイヌ研究』札幌：北海道大学生活協同組合。
手塚　薫　二〇〇五　「近世におけるアイヌの生活様式の多様性」池谷和信・長谷川雅美編『日本の狩猟採集文化――野性生物とともに生きる』京都：世界思想社。
浪川健治　二〇〇四　『アイヌ民族の軌跡』東京：山川出版社。
渡辺　仁　一九七七　「アイヌの生態系」渡辺仁編『人類学講座12　生態』東京：雄山閣出版。

Sanjek, R. 1991. "The Ethnographic Present." *Man* (n. s.) 26: 609-628.
Watanabe, H. 1972. *The Ainu Ecosystem: Environment and Group Structure.* Tokyo: University of Tokyo Press.

第一二章　租界社会と取引
——不動産の取引から

加藤雄三

合衆国から民国へ

二〇世紀の初頭、上海の国際共同租界（International Settlement）に足あとをしるしたアメリカ人の法律家がいた。その名をノーウッド・オールマン（Norwood F. Allman）という。

ヴァージニア出身のオールマンが中華民国に渡り、約二十年もの長い期間を大陸中国ですごすきっかけとなったのは、一九一五年に挑戦した領事業務に関する試験だった。清朝末期の匂いがのこる北京を研修地に選択したかれは、日本が植民地としていた朝鮮と中華民国の国境にある安東（現在の遼寧省丹東）をかわきりに、駐中国アメリカ領事館員として外交官のキャリアをスタートさせた。その後、太平天国による破壊から立ちなおっていなかった南京、モンゴルとの毛織物交易の基地であった天津、鎮守使馬良が支配する済南、日本軍占領下で領事業務を再開したばかりの青島、自動車など走っておらず輿《こし》か徒歩しか移動手段のなかった重慶の各領事館に勤務する。

オールマンが上海総領事館に着任したのは一九二二年である。上海でかれにあてがわれたのは会審《かいしん》公廨《こうかい》(the Mixed Court at Shanghai)における会審官の業務であった。これは国際問題の機微にかかわる外交官の本道からはずれてしまったことを意味する。しかし、オールマンに法律家への道がひらかれたのもたしかだった。(Allman 1943。以下、本書についてはいちいち注記しない)

シャンハイ・ロイヤー

会審公廨は、国際共同租界において発生した外国人を原告とし中国人を被告とする、あるいは、中国人相互の民事事件、外国人が被害者であり中国人が犯人である刑事事件を処理するために、一八六八年に清朝が設置した裁判機関である(写真1)。一九〇八年の第一次革命以降は駐上海領事団が管轄するところとなる。会審公廨における裁判官は中国人が務めたが、その着任には領事団による承認が必要とされた。なおかつ、中国人裁判官が職務を遂行するためには領事団を代表する外国人会審官の指導と陪席をあおがねばならなかった。会審官の存在は中国の法治に対する諸外国の不信の表明であり、いわば、見張り役であった。この機関と制度は北京政府からすれば、治外法権の延長線上にあり、自主的な司法権を回復することが切望された。国民政府は駐華領事団と交渉をかさね、領事館側の人員が裁判に陪席する会審制度をのこす不十分なものながらも一九二六年に上海臨時法院(Shanghai Provisional Court)を設置し、段階的に司法権の回収をおこなっていった。南京政府が成立したのちの一九三〇年、江蘇上海第一特区地方法院と江蘇高等法院第二分院が開設されたことによって、国際共同租界の司法権は基本的には中華民国最高法院に帰属することとなる。

ちなみに外国人同士の訴訟および外国人が被告となる事案は、被告の国の領事館に付設される領事裁判所などにおいて処理された。アメリカ国籍の者が被告となる裁判は、軽微なものであれば上海連邦司法委員裁判所（The United States Commissioner's Court at Shanghai）が、重大な事案であれば連邦在華裁判所（The United States Court for China）が管轄した。

写真１　フランス租界会審公廨

民事刑事を問わず、一日に五十から六十件の裁判案件を処理する会審官の激務をとおして、オールマンは法律家としての訓練を積んでいった。会審公廨にもち込まれる訴訟のほとんどは中国人を当事者としていた。そこで、個性的な犯罪者や被告、著作権などにかかわる興味深い事案に出会いながらも、領事館員のままでは応分の対価を得られないことから、辞職し民間の法律家となることをかれは選択する。「上海の法律家（Shanghai Lawyer）」の列にくわわったのだった。

法律事務所に所属する法律家たちの活動というと、法廷における弁護士業務が思い浮かぶだろう。たしかに法廷での弁論の応酬は華やかかもしれない。とりわけ租界の法律家であれば、領事裁判所などが渉外弁護士としての活動の場となり、治外法権のもとに列強諸国の法律を駆使しておこなう法廷活動はよりいっそうひきたってみえたことだろう。しかし、上海の法律家たちにとって事務所の経営を維持していくために重要だったのは「喫飯ケース（めしのたね）」とよばれる法律に関する意見書作成や契約業務であった。そして、顧客が訴訟にいたらないようにしてこそ、つまり、顧客のコストを最小限におさえてこそ成功したとみなされた。租界にかまえられたほとんどの法律事務所は規模が小さく、専門分野といったものをもっていなかった。オールマンの言葉を借りれば、「上海の法律家は田舎《いなか》の医者みたいに何でも屋だった」。

喫飯ケースのうち、オールマンが得意としたのは企業法務であったが、依頼がもっとも多かったのは不動産に関する業務だった。こうした状況は、租界内の法律事務所であれば、いかなる国籍のものであれ変わらなかった。清朝末期から中華民国時期の中国にあった外国租界において不動産の権原を登記するためには、専門家の補助を必要とするような煩瑣な手続をふまねばならなかったというのがその理由である。

国際共同租界の成立

アヘン戦争後の南京条約を受けて、開港場とされた低湿地の上海にイギリス租界が設定されたのは一八四五年のことである。同様に、アメリカ租界とフランス租界もつづくように設定された。租界の設定に際しては、自治規定である土地章程（the Land Regulation）が領事国側によって一方的に制定され、租界の範囲もそのなかに規定された。中国側官憲は、土地章程を事実上承認したにとどまる。租界行政にあって議会の役割を果たしたのが外国人借地人会議（のちに納税人会議）であり、行政府

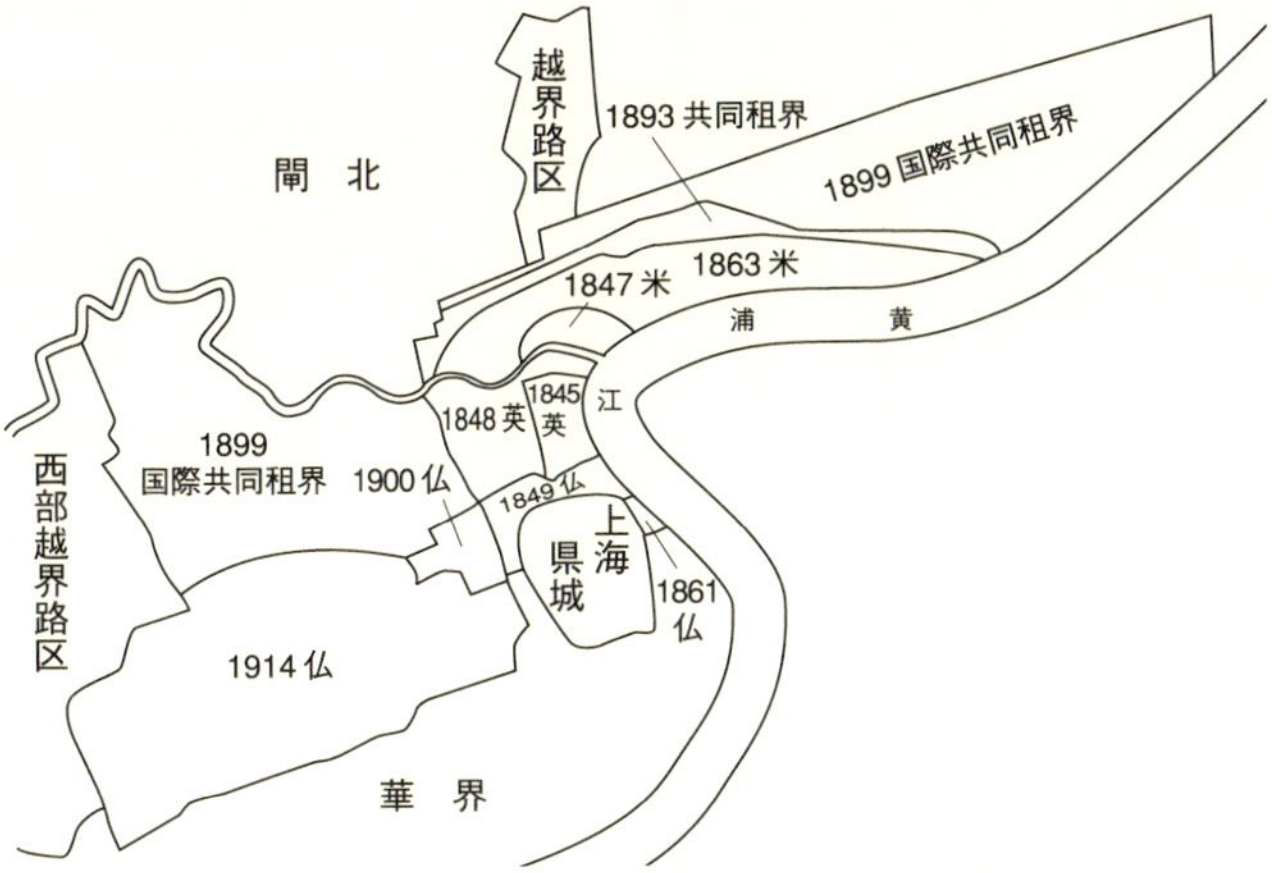

図1　上海租界拡張図

にある執行機関を工部局（the Municipal Council）とよぶ。一八六二年、フランスは工部局から離脱し、公董局《こうとうきょく》（Conseil d'Administration Municipale）を設立した。翌年、アメリカ租界がイギリス租界に合併され、共同租界となった。これより、フランス租界は共同租界と並行するかたちで独自の運営をおこなうことになる。さきにあげた会審公廨ひとつとっても共同租界とは別個に開設されている。

太平天国への対抗をきっかけとして建設された租界の外につながる軍用路、つまり、越界路（Extension Road）は、沿道を工部局の統治のもとにおさめることによって租界を実質的に拡張していった。その追認として土地章程が改正され、制度的にも租界の範囲はひろがっていく。表面上、租界の拡張が終結したのは共同租界では一八九九年のこと、フランス租界では翌一九〇〇年のことである。共同租界に「国際」の形容詞が冠せられたのは、このときであった（図1）。

余談ではあるが、中国の租界には二種類あることが知られている。ひとつはコンセッション（concession）、ひとつはセトルメント（settlement）である。セトルメントとは単に外国人居住の地域として中国側政府に公認された場所である。よって、その地域においては外国人が土地所有者である中国人と直接交渉して土地家屋の賃借をおこなう必要がある。コンセッションとは中国側政府から外国領事館が一定領域の土地を一括して租借する方式である。租界居住者は領事館から不動産の賃貸を受けることになる。天津、広州に当初設定された租界区域がそれにあたる。上海のフランス租界はコンセスィヨン（concession）とよばれるが、じつはセトルメント形式の租界であった。

とくにセトルメント形式の租界においては、居住する場所や会社の事務所をかまえるために中国人とのあいだで土地貸借の契約をむすんだうえで、領事館を通じて中国側の土地管理機構から権利証書の発行を受けねばならなかった。この手続がオールマンをはじめとする上海の法律家の主要な収入源となっていたわけである。

永租権の利用

たとえ租界に指定された地域であっても、法律上は中国において外国人が不動産を購入する権利はない。かれらに認められたのは、土地および住居を条約あるいは土地章程にもとづいて賃借することだけだった。もっとも、一八四五年の第一次土地章程第九条は「外国人たる賃借人が一方的に契約を破棄し得るも、中国人たる賃貸人はこれを為し得ない」と規定しており、いったん借りあげた土地の返還は予定されていなかったようだ。ここでとられたのは、永久に不動産を中国人所有者から借りあげる永租（perpetual lease）とよばれる方策であった。永租によって得られた権利、つまり、永租権は実質的に所有権と同じ効力をもたらす。永租したのちは外国人が絶対権を有し、原所有者である中国人が土地利用に関して干渉することはできなくなる。また、外国人である永租人は原所有者である中国人に対して最初一回の地代を支払うのみで、中国に特有の物価変動にもとづく足《た》し前（找価《そうか》）を求められるようなことはない。地税も永租人が支払う。このため、一見すると完全な所有権の移譲である売却と変わらない。

すでに述べたように、永租の登記は領事館をとおしておこなわねばならなかった。中国における土地売買の慣習に従って、永租人は永租契約書と賃借する土地に関する証書類を中国人所有者からすべて受けとって、所属国の領事館に提出する。上海であれば、領事館から会丈局（のちに上海特別市政府土地局、上海市政府地政局）に領事の官印が押捺された地券（title deed）が土地関係証書類とともに送付され、測量と作図がおこなわれる。地図が正確であることが永租人によって確認されると、中国側土地管理官庁の官印が地券に押捺されて、領事館を通じ

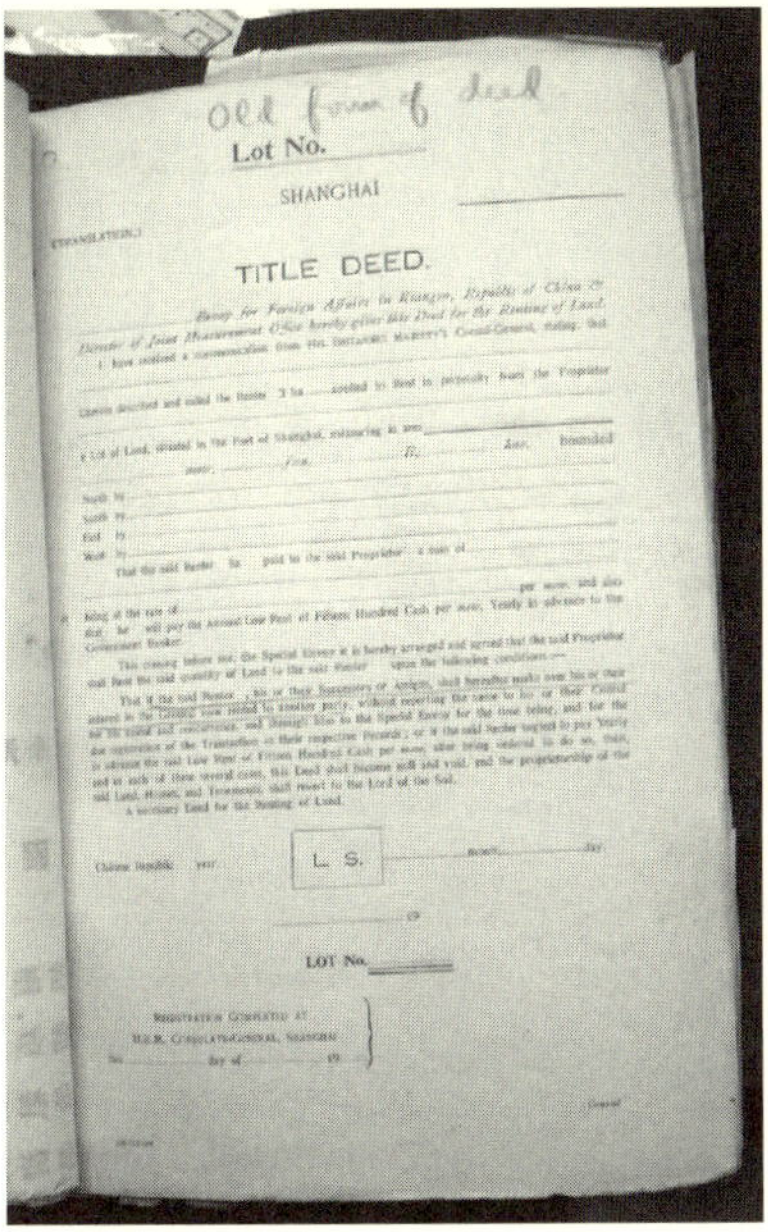
Old form of deed
Lot No.
SHANGHAI
TITLE DEED.
L. S.
LOT No.

写真２　会丈局の地券書式
（英 National Archives FO671-475）

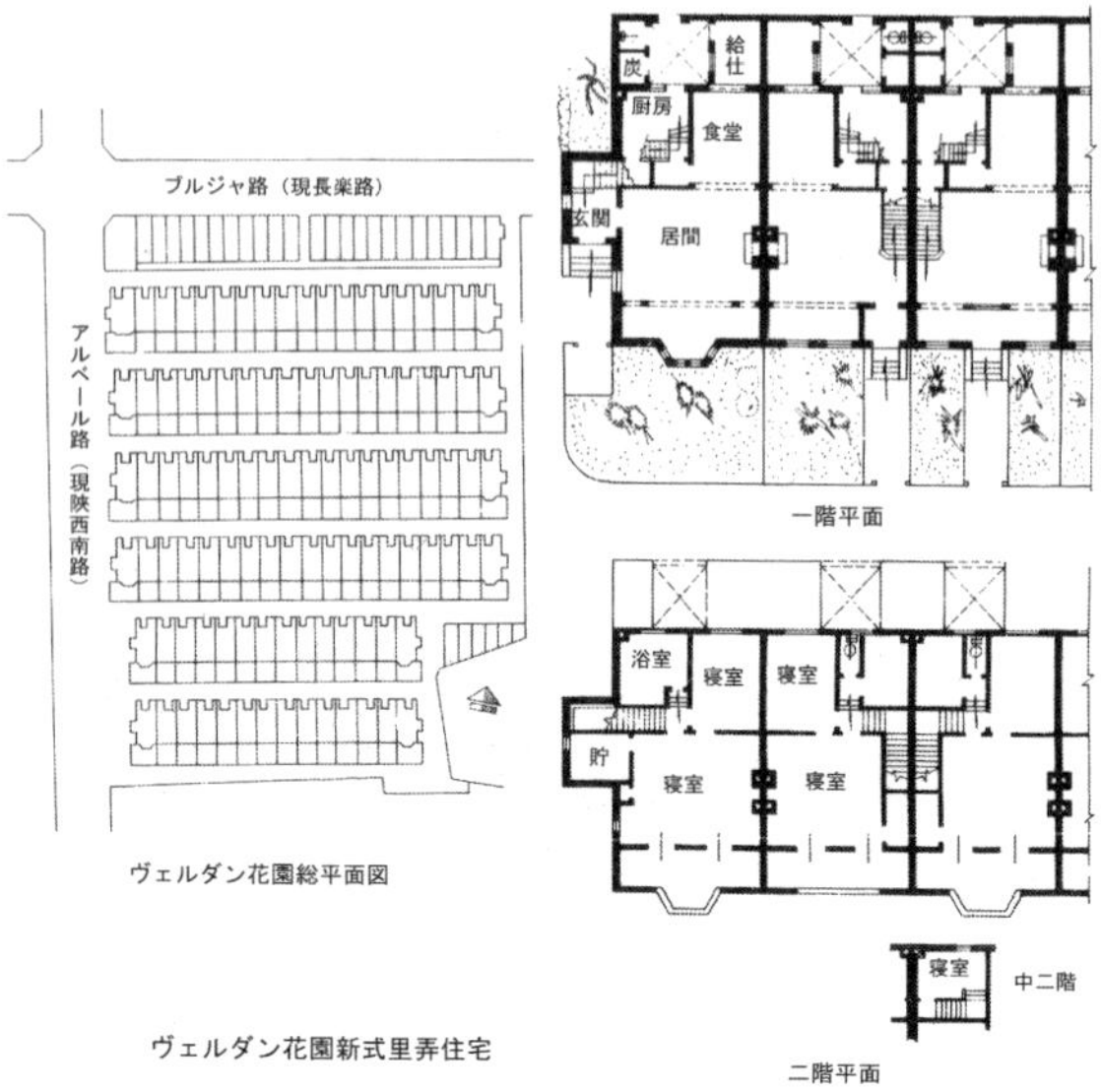

図2　花園式新式里弄住宅（陳 1988：166を翻訳のうえ転載）

て永租人に給付される（写真2）。他の証書類は領事館に保存される。公式には官庁で地券の発給を受けなければならないのは、中国人間の不動産売買にならったものだろう。異なるのは、契約書と地券に書かれる文言が「永租」であって、「売却」ではないということである。

地券は正確な地図と領事館のお墨付きをともなっていることから、信用できる権利を設定するものとして、重要な価値をもつようになった。譲渡可能なこの地券は、銀行などの金融業者にとってもっとも安全な担保として機能した。

一九三〇年、オールマンは越界路区にある法華路（Amherst Avenue：現在の新華路）の新興住宅地に自宅を建てた。かれは水田であったその土地を数百年にわたって所有してきた中国人から永租した。賃借をよそおうために漢文で書かれた永租契約書を受けとったほかに、二百年も前の旧地券である方単を引きわたされることで、取引は完全なものとなった。のちに、この永租権はアメリカ領事館において登記され、土地局でも登録されて、地券が発行された。

地価が高騰する上海では、外国人居住者のだれもが不動産を購入できたわけではない。むしろ、アパルトマンなどの物件を賃借する者が大多数であったろう（図2）。よほど経済的に苦しいならば、里弄《りろう》と呼ばれる集合住宅のなかでも劣悪な環境にあるものや家屋の一部分を賃借することもあったにちがいない。

上海租界の外国人居住者のうち、もっとも人口が多かったのは、イギリス人と日本人であったが、ロシア革命以降にシベリアなどを通じて流入してきたいわゆる白系ロシア人が国際共同租界とフランス租界を通じて多数居住するようになり、政治的な課題となっていく。

アナトール・コテネフ（Anatol M. Kotenev）は、ロシア帝国にあってはコサック将校として勤めていたが、革命後、シベリア、そして、大連をへて上海に落ち着く。現在、かれの名が伝わるのは、会審公廨在職中に著した会審公廨と工部局に関する二冊の解説書がのこっているからである。財産もないまま上海にたどりついたコテネフ一家がはじめに賃借したのは、大通りに面しているもののトイレをおまるですませるような部屋であった。工部局に職を得ることによって収入が安定したコテネフは、日本人が多く居住していた国際共同租界北部、老靶子路（Range Road：現在の武進路）の一角に転居する。いまやバスタブ付きの浴室と水洗トイレのある二階建ての家屋で衛生的な生活を享受することができるようになったのだ。居をかまえる場所がその人の社会的地位をしめすと考える人びとは、収入が増加すればより高級とされる住宅街に転居していく。コテネフが次に移ったのは、当時スポーツの中心であった競馬場（現在の人民公園）の西に位置する威海衛路（Weihaiwei Road）である。国際共同租界においては非常に条件のよい瀟洒な居住区域であった。コテネフの娘ミューズの回想には、かれがどのように賃貸契約をむすんだのかについて書かれてはいないが、おそらくは外資系の不動産業者から賃借したものと考えられる。(Kotenev 1999)

避難措置からの制度形成

第一次土地章程の規定によれば、中国人に対して租界内の土地家屋を転貸することは禁じられていた。実質的に中国人が租界内に居住することを禁じ、「華洋別居」の状態をつくりだそうとしたといえる。しかし、太平天国をはじめとする清末の争乱から大量の難民が発生し、江南から上海の租界に押しよせた。上海自体も、中国人居住区域である上海県城が秘密結社小刀会によって占拠された時期がある。近代的な軍備によって守られた租界地域は、不適切な表現かもしれないが、あたかもアジール(平和領域)であるかの様相を呈していた。中国人の租界への大量流入は、「華洋雑居」の黙認を余儀なくさせた。一八五四年の第二次土地章程以降、「華洋別居」条項は撤廃されている。

避難民には居住の場が提供される必要があろう。土地章程は外国人の不動産永租を定めるのみで、根源的な所有者について以外、中国人の不動産所有を想定していない。ために、中国人に対して租界地域の地券を発行することはできない。ここにおいて、不動産に関して特色ある方策がとられることになる。

手法はいたって簡単である。不動産を永租することのできる外国人が、自分の名義で中国人のために所属国の領事館で登記をおこない、地券の発給を受ける。中国人は、名義貸しをしてくれた外国人から権柄単《けんぺいたん》（declaration of trust）とよばれる信託証書の発行を受け、代金を引きわたす（写真3）。この手法を「洋商掛号《ようしょうかごう》」という。こうして、租界に不動産を実質的に所有する中国人は増えつづけた。一九二七年には共同租界の区画のうち、三七パーセント弱が実際には中国人の財産であると推定されている。（フィータム 一九三二）数値の根拠はしめされていないが、一九四二年の報告では、「上海共同租界全体土地ノ八七%ヲ占ムル英米人名義土地ノ内其ノ八〇%迄《まで》ガ所謂《いわゆる》『洋商掛号』トナ」っているとまでされる（満鉄調査部 一九四三）。

権柄単自体は、外国人の受託者が中国人の顧客のために信託を受けて不動産を永租すること、そして、その不動産の事後のあつかいに関しては顧客の指示に従うことを言明する文書であるにすぎない。

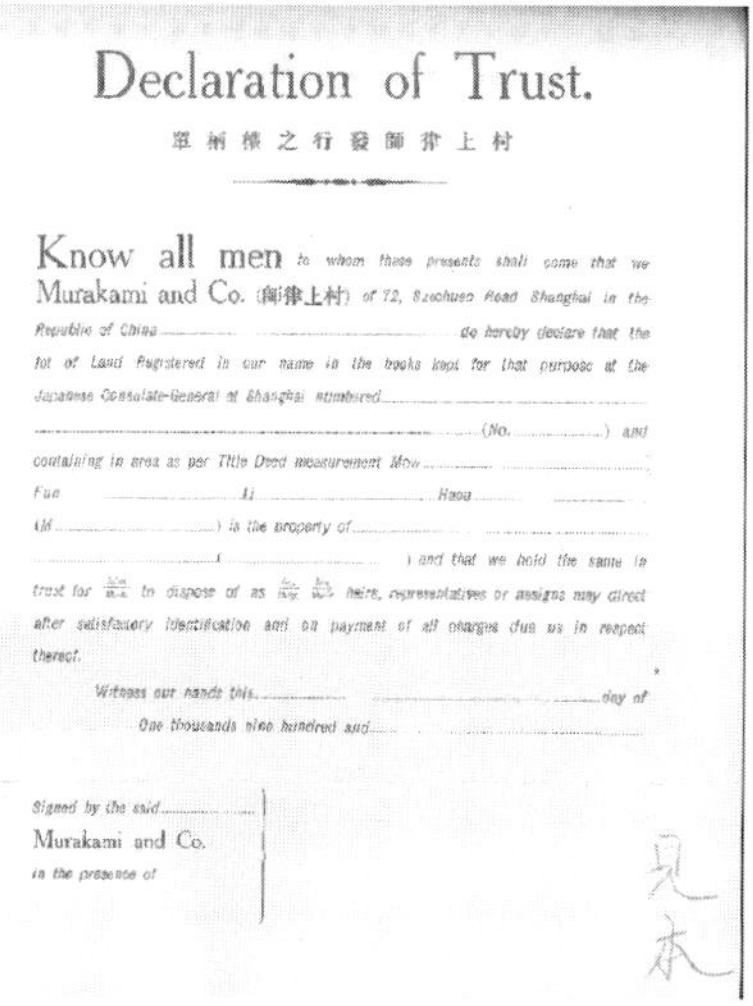
Declaration of Trust.

村上律師發行之權柄單

Know all men to whom these presents shall come that we Murakami and Co. (村上律師) of 72, Szechuen Road Shanghai in the Republic of China .... do hereby declare that the lot of Land Registered in our name in the books kept for that purpose at the Japanese Consulate-General at Shanghai numbered .... (No. ....) and containing in area as per Title Deed measurement Mow .... Fun .... Li .... Haou .... (M ....) is the property of ....) and that we hold the same in trust for .... to dispose of as .... heirs, representatives or assigns may direct after satisfactory identification and on payment of all charges due us in respect thereof.

Witness our hands this .... day of One thousands nine hundred and ....

Signed by the said ....
Murakami and Co.
in the presence of

写真3　権柄単（満鉄上海 1943 b より）

しかし、オールマンもいうように、この権柄単を利用することで新しい権原が生まれた。上海のふたつの租界にせよ、他の租界にせよ、中国人の不動産取得に同じ手法をもちいる場所では、中国登記された法的権原のほかに、裁判の場で調整されるであろう信託者（受益者）としてのエクイティ上の権原が創出されたといえる。

華洋雑居が黙認され、さらに、租界の拡張にともなって、旧来の地券をもつ中国人地主の土地も併呑されたことはいうまでもない。本来なら、そうした地券を手に入れて、中国側の土地管理官庁において新しい地券である土地執業証などに交換すればよいようなものである。しかし、受託者が所属する国の領事館にも、中国側官庁にも登記されず、一見不安定である権柄単は租界内の中国人に好んでもちいられた。第一に、法的権原をしめす永租地券は詳細な測量図をともなっており、対象となる不動産の範囲が明確であるし、裁判においては受託者を通じて領事国による財産保護が得られる。第二に、中国側の官庁で登録する場合、多額の手続費用がかかり、また、相続がおこなわれたときには税金を納付しなければならない。第三に、おもてに出るのは永租権者の名前だけであるから、自分の財産を隠匿し、政敵がもくろむ財産没収を防ぐことができる。第四に、名義の書換は、権柄単への裏書、もしくは、法律家あるいは不動産業者による再発行によって簡便におこなうことができる。こうして、永租地券の権威を背後にもちながら、権柄単による不動産取得がおこなわれると同時に、不動産市場における権柄単の経済的価値も確立していく。

経済発展がもたらした変化

地券や権柄単にもとづく実質的な不動産所有権の取引は、上海における主要な法律関連業務であった。租界開設の当初はイギリス人法律家の独壇場であった不動産業務も、やがて、他国の法律家の進出をゆるした。租界を中心とする上海全域の発達と不動産取引の拡大にともない、取引と活用を一手に引き受ける不動産業者が出現したが、法律家が不動産業務から撤退することはなかった。オールマンを例にとると、多くの地券がかれの名義か所属する法律事務所の名義で登記され、権柄単の発行をおこなうとともに、関連の訴訟はかれが担当弁護人となった。

租界における抵当権の設定は、登記による日本のそれとは異なり、形式的に地券の名義を書きかえる譲渡抵当のかたちをとる。この抵当権設定と不動産の定期貸借が、上海の法律家が関与する不動産に対しての権利設定業務のほとんどを占めた。上海の不動産慣行には、旧時のように貸主に有利な法的権利がひそんでいたというが、その権利がどういったものであったかについて、オールマンは語らない。おそらくは、家産の処分に際して、同族の意向になんらかの配慮をしなければならないことなどを指しているのだろう。ともかくも、上海において占有の移転をともなわない抵当権の設定を可能にしたのは、正確さと安全性、手続の簡便さをかねそなえた信用ある地券と権柄単の存在であった。これらの証書を担保として融資を受けることによって、上海の土地開発と経営は加速度的に進行した。

抵当制度が普及する一方で、消滅していった制度がある。観念的には売買なのだが、日本語では質《しち》と訳すしかない「典」は、中国にひろくおこなわれていた。その対象物は不動産、動産にかぎらず、人にまでわたる。不動産の典権についていうと、中華民国民法の「典価を支払い、他人の不動産を占有し、使用収益をなす権利」という定義が最大公約数的な解釈といえる。日本の質の場合、質入れしたモノは、期限が到来するまで利用することはできないが、典は対象物件を占有しているあいだに耕作したり、うわものを建てて収益をはかることが可能である。担保として占有する土地を長期にわたって利用しつづけることが予定されるような地域や時代においては、典は非常に有効な制度であったし、利益を獲得する手段でもあった。

不動産が投機の対象となって、権利を譲渡することによって利益を生みだすような経済活動が活発になると事態は一変する。大恐慌の波がアジアにおよぶまで、地価は高騰しつづけ、賃貸物件にまつわる諸物価も当然に上昇する。公共租界の地価は、一八六五年と一九三三年とで比較すると、じつに二五倍強である。一九二二年からの十年間でみても、倍額以上となっている。取得した権利を早々に譲渡してしまっても高額の利潤をあげることはできる。典の場合、期間が終了すれば典価の返済と引きかえに不動産は返還されるが、高騰した地価は考慮されることもなく、典を引き受けた典主には不満がのこることになる。こうして、不動産にかかわる権利の取引は短期のものが主流となり、長期の保持と経営を前提とする典は敬遠されるようになる。物価変動にともなう找価《そうか》を物件の所有者から何回も求められるような価格の不安定さも近代的な取引にはそぐわない。租界のなかで争われた裁判の場でも典という事象はみられなくなった。不動産開発が拡大するにつれ、租界周辺地域でも典は減少の一途をたどる。（満鉄上海 一九四三a）

華人間に於ける房屋承租権譲渡に見証人となるの記

民国三一年（一九四二）六月一〇日、満鉄上海事務所調査室第二係員渡邊幸三は、日本人でありながらも中国人のあいだに立って承租権取引の見証人（立会人）になろうとしていた。「承租」とは賃借にほぼ等しい、ごくごく普通の言葉である。法的な関係としては、永租権者からの不動産賃借ということになる。しかし、上海においては「又貸に又貸を重ね」て利益を得ることがひろくおこなわれ、承租権は賃借し居住する権利にとどまらない経済的な意味をもつようになっていた。（満鉄上海 一九四三b）

一九三七年の第二次上海事変をへて、日本による上海の実質統治がおこなわれていたこの時期にあっても、日本人が中国人同士の取引のただなかに入りこむといったことは、非常にまれである。中国人であっても、あたりまえすぎる習慣行為をわざわざ書きとめるようなことはそうそうなかろう。ここに引く渡邊の潜入体験報告は、上海の取引実態を記録した貴重な証言である。

本契約の内容を簡単に説明すると、北京の書店である来薫閣《らいくんかく》が上海に進出しようとして、友人袁静《えんせい》涛《とう》に物件探しを依頼し、袁はユダヤ系哈同《ハルドウーン》洋行（S. A. Hardoon Co., Ltd.）の不動産仲介人である鮑依明《ほういめい》に依頼した。鮑が管理していた家屋を承租していた朱《しゅ》允昇《いんしょう》は、仕立屋を経営していたが、営業不振から承租権を譲渡するつもりでいた。鮑は朱の意思を知り、その仲介の労をとって、店内に据えつけられた備品とともにその承租権を来薫閣に譲渡しようとした（図3）。

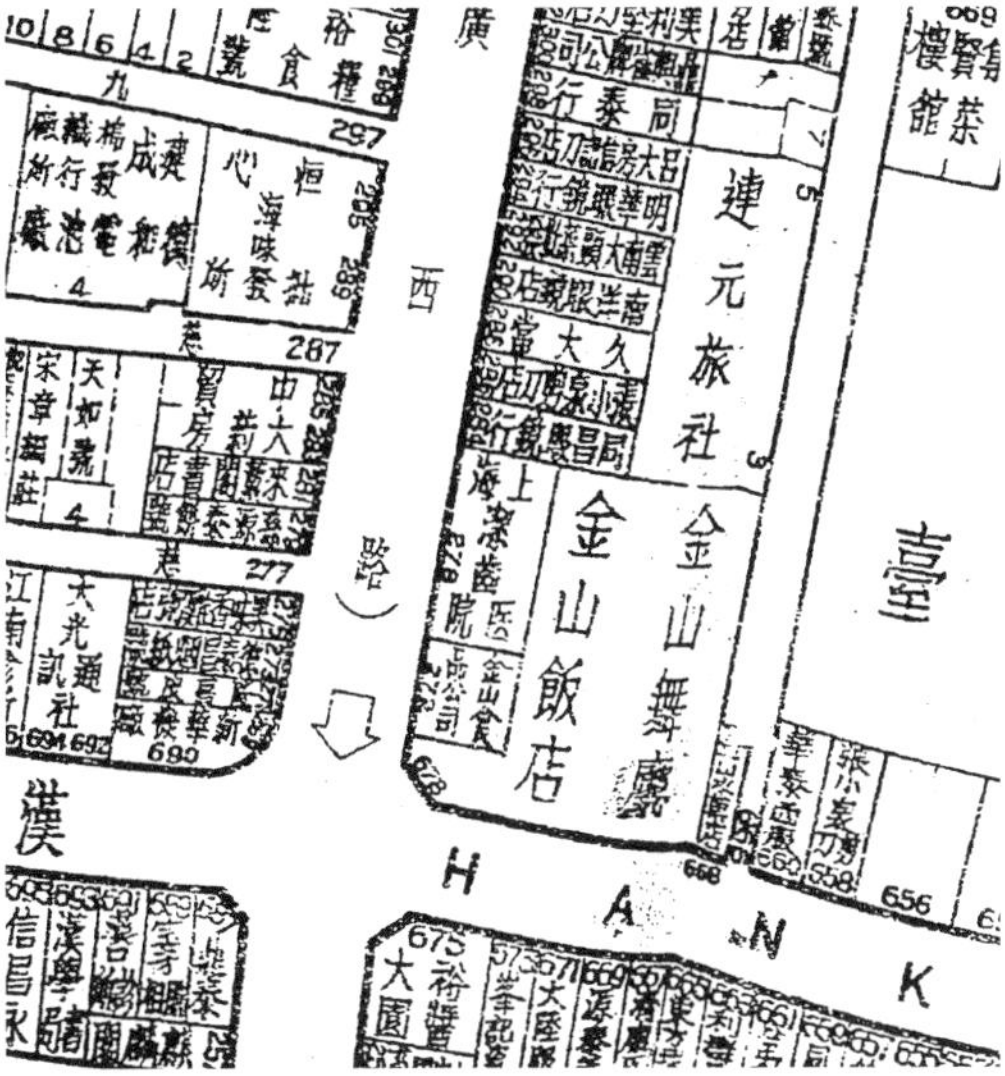

図３　来薫閣と金山飯店（『老上海百業指南：道路機構廠商住宅分布図』上海社会科学院出版社 2004）九江路と漢口路にはさまれた繁華な地域にある。

この間、哈同洋行は承租の名義が誰のものとなるかという結果のみに関心をもち、権利金の授受などは関知するところではなかった。このため、承租権移譲の実質的な内容は、譲渡の当事者が定めることになる。今回の取引では哈同洋行に登録する承租人の名義を朱から来薫閣に書きかえることで合意が成立していた。あとは登録だけというところまできて、朱側が名義の書換に難色をしめしてきた。

朱允昇は過戸〔名義書換〕に応じない。哈同に過戸する事なくして、転貸の形式を取りたいと申し出てゐる。然《しか》し当方〔来薫閣〕としては、将来に備へ是非正式に過戸したいと思ふ

来薫閣のこうした希望もあり、当事者双方と仲介人である鮑の立会のもとに解決のための交渉がもたれることになったのだが、会談の場となった袁の家に入るとなにやら見知らぬ者が二十数人いる。

上海の習慣としては、一寸《ちよつと》した交渉にも、当事者は双方の関係人に夫々《それぞれ》通知をする義務がある。此《こ》の義務を怠れば、関係人は非常に不好意思〔面目なし〕で、爾後《じご》の世話をしないのみか、当事者が佣銭〔手数料〕その他の謝礼を吝《おし》んで闇取引をしておると疑ふであらう。

重要な取引が当事者だけで完結しないこと、つまり、周囲の「関係」を巻きこんで一個の行為が成り立つということは、中国旧来の契約文書のはしばしからもうかがい知ることができる。取引の対象となっているのは広西北路二八一号であるから、国際共同租界のなかの商業繁華な場所である。欧米列強や日本の影響を受けた、もっとドライな不動産取引がおこなわれていてもふしぎではない。しか

し、実態はなんとも中国的で、租界内での枠組みとしては不動産業者への名義登録が利用されたのみであった。

奇態であるのは、会談の最中に問題が起こるたびに、一方の関係者だけが物陰に集まり相談すること、当事者の意思は立会人渡邊に秘密裏に伝えられることである。当事者双方が活発に言葉を交わすということはみられなかった。関係者のうちには法律家や不動産関係の玄人がいて、具体的な指示をするのが通常らしい。とにもかくにも、渡邊は当事者と関係者のメンツをつぶさぬように交渉をすすめ、権利関係において最大の問題であった「三房客」(転借人。上海では家主は一房東、承租人は二房東または二房客、転借人は三房客とよぶ)の立ち退きと権利金と保証金をふくめた代金支払いのタイミングについて話をまとめたのであった。承租権移譲の契約書は、金山飯店のスイートルームにおいて宴会をくりひろげながら、代書人に指示して清書され、深夜にようやく契約締結となった。

此の契約には仲介人以外の関係人は署名してゐない。余はその報酬につき問合《といあわ》せる所、彼等は皆、「御馳走になるだけで何も報酬はない。然《しか》し契約金額の多い時、又は契約条件を当事者が確実に履行するか疑《うたが》わしい時には、此の関係人の中数人乃至《ないし》は全員が署名する時もある。此の場合には幾らかの謝礼は出されるが、当事者はその味方の関係人の分だけを夫々負担するだけである。従って甲方の関係人と乙方の関係人との謝礼額に相異があるのが普通である。」と言ってゐた。又余は見証人となりし謝礼として、来薫側より老酒《らおちゅう》四瓶を持って来た。

このあと、必要が感じられれば、承租権の取得を『申報』や『大公報』といった大手の新聞紙上で公告し、権利は確定される。その後、本件についてどのような取扱いがおこなわれたのかは渡邊の報告にはない。

ここに引いた渡邊ルポは、重層的な不動産取引市場の形成をもしめしているように思われる。ひとつには哈同洋行が不動産を永租し地券を獲得する市場がある。ここでは土地章程や条約、そして、領事館によって権利の法的な保護を受けることができる。もうひとつが、契約上の保証が期待される権柄単をやりとりする市場であり、租界で不動産を実質的に所有しようとする中国人のあいだでは、権柄単こそが地券のように実質的所有権をしめす役割を果たすことになる。さらに、永租権者あるいは権柄単をもつ中国人とのあいだで不動産の賃貸借をおこなう市場もあらわれ、承租権を売買する市場と交差する。承租人は二房東（二次的な大家）として、もうひとつの賃貸借市場をつくりだした。

その後のゆくえ

これまで述べてきたような状況は、清朝、そして、中華民国に民事取引や土地取引を律する西洋近代的法律が存在しなかったことからもたらされたものであるともいえる。中華民国において民法各編が施行されたのは、一九二九年から一九三一年のことである。辛亥革命を経験したのちも、約二〇年にわたって民事法の根本がなかったということになる。裁判機構の問題もあろうが、租界において、土地章程と各国法、習慣にもとづいた司法実務がおこなわれざるをえなかったのもうなずける。

民法債編と物権編が施行されたのは一九三〇年、上海では臨時法院が廃止され、江蘇上海第一特区地方法院と江蘇高等法院第二分院が開設されたのと時を同じくする。ときに欧米よりも先進的な規定がとりこまれた中華民国民法は、法典と社会生活のあいだに大きな懸隔があったとされるが、裁判の場で援用されなかったわけではない。一九三六年ごろから、地方法院の簡易裁判で留置権をめぐる判決があらわれるようになる。不動産賃貸借における留置権は、「賃貸人が不動産賃貸借契約から生じた債権について、債務が弁済されるまで賃借人の一定の動産を留置する」権利である。おおよその論法は、「賃借者が賃借料を三箇月以上支払わなかった場合、賃貸者は賃貸借関係を終了させることができる」という上海の習慣を確認したうえで、土地上、あるいは、家屋内の動産に関して留置権を認めるというものである。これは、上海の司法関係者が固有の法とは異なる新たな制定法を有効に活用した証左である。

イギリスやアメリカのみならず、日本をふくむ列強は、上海の地にセトルメント形式の租界が設定されたとき、永租という手法によって不動産を取得したが、地券にかれらがあてた名称は title deed、土地の由来と所有権原のありかをしめすものであった。中国と列強諸国の双方がみずからに有利な、そして、理解可能な取引の基準を導入しようとしていたことがうかがわれる。租界に流入した中国人は、居住地の確保とより安全な権利保障のために、領事館を後ろ盾とする永租地券を利用し、権柄単制度を発達させる。同時に、権原と不動産市場の重層化が起こる。不動産に関する権原の重層性は租界開設以前にもあった。租界において発現したのは、かかわる人を異にする各市場ごとの慣行や基準であった。承租権の市場では、不動産業者が保有する永租権を根源にしながらも、「関係」にたよったあまりに中国的な取引がおこなわれていた。法律の施行は、もうひとつの基準を不動産取引の場にもちこみ、裁判によって権原の実現をはかるものであった。「解放」前の上海において、中華民国民法が施行後二〇年のあいだに有力な行為規範のひとつとして定着したのか、という問題にまで、的確な答えをだすことはできない。いうことができるのは、租界時期の上海にあっては、錯綜する不動産権原があり、その対象となった物件はいまも旧租界地区にのこされているということである。

さて、シャンハイ・ロイヤーとなったオールマンのその後はどうであったのか。かれは法律家としての活動にとどまらず、一九四〇年から四二年のあいだ、国際共同租界の最高意思決定機関である工部局董事会に名をつらねた。総編輯の名目で上海最大のメディアであった『申報』の発刊を維持することにも尽力している。かれの上海生活は一九四二年の強制送還によっていったんとだえる。世界大戦終了後、ふたたび上海で法律事務所をひらくが、四九年に上海が「解放」されると同時にアメリカに帰国している。八七年に死去するまでの事績はようとして知れない。

参考文献

陳　従周（主編）一九八八『上海近代建築史稿』上海：上海三聯書店。
陳　炎林　一九三三『上海地産大全』上海：上海地産研究所。
上海房地産志編纂委員会（編）一九九九『上海房地産志』上海：上海社会科学院出版社。
上海租界志編纂委員会（編）二〇〇一『上海租界志』上海：上海社会科学院出版社。
外務省条約局第二課　一九二五『在支治外法権撤廃ニ関スル国際調査委員会資料　第二輯　上海共同租界会審衙門問題　支那人ノ租界行政参与問題』
――一九二九『支那国治外法権撤廃問題調査資料　第四輯　上海公共租界臨時法院問題』。

高橋孝助・古厩忠夫（編）　一九九五　『上海史　巨大都市の形成と人々の営み』東京：東方書店。
フィータム、リチャード　一九三二　『フィータム報告（上海租界行政調査報告）中編』大連：南満洲鉄道株式会社調査課。
満鉄上海事務所調査室　一九四三ａ　『上海ニ於ケル不動産慣行調査報告　其七（不動産取引）（中支不動産慣行調査資料第五十六輯）』東京大学東洋文化研究所所蔵。
――　一九四三ｂ　『上海に於ける不動産問題聴取書　其一』東京大学東洋文化研究所所蔵。
南満洲鉄道株式会社調査部　一九四三　『上海ニ於ケル不動産慣行資料　其一・其二』東京大学東洋文化研究所所蔵。
村松　伸　一九九一　『上海・都市と建築　一八四二―一九四九年』東京：パルコ出版。
Allman, N. F. 1943. *Shanghai Lawyer*. New York: McGraw-Hill Book Company.
Kotenev, A. M. 1925. *Shanghai: Its Mixed Court and Council*. Shanghai: North-China Daily News & Herald.
Kotenev, M. N. 1999. *Through the Moongate*. New York: toExcel.

おわりに――周縁からながめた東アジア内海世界

大西秀之

東アジア内海世界とは

東アジア内海世界とは、日本海と東シナ海を取りかこむ、日本列島と中国大陸沿岸部を包括した便宜的な地域区分である。この地域には、じつに多様な社会集団や政治体制などが展開されてきた。まず、大陸部には、黄河と長江の二大大河流域を中心に巨大な版図を有する王朝国家が興亡し、周辺地域にさまざまな政治的・社会的影響をおよぼした。その影響のもと、日本列島や朝鮮半島などでも古代から国家が形成されてきた。

いっぽう、同地域の南北の周縁部には、大陸部や列島の国家の影響を受けつつも、その枠組みの外側で一定の自立性を保持した多様な集団が社会を営んでいた。そうした集団の多くは、今日、台湾原住民や北海道アイヌの人びとのように、近代国家のなかで政治的・文化的マイノリティとして位置づけられている。だが、そのなかには、大陸部の圧倒的な多数派である漢民族を征服し、清朝を建国したマンジュ人をはじめとして、一時的にせよみずから国家を形成したケースも少なからず認められる。

沖縄本島を中心に成立した琉球王朝なども、そのひとつに数えることができるだろう。

　東アジア内海の国家や社会は、政治的・社会的に統合された歴史的経験をもたないにもかかわらず、相互に有機的な関係を築いてきた。よく知られているように、中国大陸の歴代の王朝は、中華思想にもとづく朝貢体制によって、周辺地域のさまざまな国家や社会集団と政治的・社会的関係を構築し有形無形の影響をおよぼしつづけた。他方、日本列島の政治権力も、少なからず周辺地域に影響を与える存在であった。くわえて、この広範な地域は、現在にいたるまで世界屈指の人口をかかえる一大経済圏という側面をもっている。そこでは、国家や社会の枠組みをこえ人・モノ・情報が常態的に行き交っていた。こうした経済活動は、政治権力以上に、同地域の国家と周辺社会を結びつける強力な要因となった。東アジア内海は、まさに実体的なひとつの世界として歴史をかたちづくってきたとみなすことができる。

地域史的な読みの限界

「環日本海」や「環東シナ海」などの観点から、東アジア地域の歴史を叙述しようとする試みが、近年、学術分野のみならず一般社会においても注目を集めている。いうまでもなく、この試みは、個別の地域や社会をこえたダイナミズムで、東アジア地域の歴史をとらえようとする志向にほかならない。

　しかし反面、それらの試みには、多くの困難がつきまとう。というのも、複数の研究領域による異分野連携が不可欠となるからである。とくに、同地域の歴史研究は、日本列島の一時代や中国大陸の一王朝など、それぞれに膨大な研究の蓄積があるため、ひとくちに連携といってもその実践は容易ではない。

さらに、南北の周縁地域までを含もうとすると、いっそうの困難に直面することとなる。というのは、かの地において国家の枠外で独自の社会を営んだ集団の多くが文字をもたなかったため、文献記録がほとんどのこされていないからである。この結果、そうした地域の歴史を明らかにしようとするならば、考古資料や民族誌記録など文献史料以外のデータに頼らざるをえない。このため、歴史学、考古学、人類学などの方法論を異にする異分野間の連携が必須となる。

もっとも、このような異分野の連携は、東アジア内海の歴史にとどまらず、少なからず困難をともなうものである。実際、異分野連携をうたった研究が現在までさまざまなところで実施されているが、それらの内実をみるかぎり、ほとんどが異分野の「分業」に終わってしまっているといわざるをえない。その原因は、統合のための明確なテーマや方法論的戦略をもたないまま、それぞれの研究領域がただ既存の成果を提示するにとどまっているからではないだろうか。このような姿勢を改めないかぎり、どれほど数多くの研究領域が集まったとしても、新たな歴史理解を得ることはできないだろう。

統合のための視点の転換

本書では、東アジア内海世界のなかでも「正史」の枠外に追いやられてきた南北の周辺地域を対象とし、その近世から近代にかけての歴史を読みとくことを目的としている。また、そこでは、「周縁」とされる社会の「制度」が、東アジア内海世界という関係性のなかで維持・再生産されてきた姿を歴史学、考古学、人類学それぞれの立場から南北を対話的に描きだそうとしている。

本書では、とくに複数の地域をこえておこなわれている交流や交易などに注目しているが、それはそれらが多様な社会・文化をつらぬいておこなわれる一制度であると同時に、地域間の関係性を維持・再生産する役割を果たす制度であるからにほかならない。さらに、ほとんどの交流・交易は、それにかかわる各地域の多様な活動や制度の累積の結果としておこなわれている。

もっとも、こうした視点は、けっして目あたらしいものではない。じっさい、これまでにも交流や交易を対象として、個別の社会・国家などの既存の枠をこえる広範な地域の関係を明らかにしようとする試みが、数多くおこなわれてきた。ただ、それらの多くは、複数の地域にまたがる政治経済的・社会的関係の再確認にとどまり、そうした関係性が個別の社会や国家のなかで、どのように位置づけられ、いかなる影響をおよぼしてきたか、という問いに十分に答えてきたとはいえない。

そこで、本書では、交流・交易のなかで流通している人・モノ・情報を主要なアクターにすえ、そこから東アジア内海世界を描きだす、という研究戦略を試みている。この試みは、既存の研究戦略とは、逆方向の性格をもつものといえる。というのは、これまでの研究では、交流・交易をになっていた社会や集団、あるいは交流・交易にかかわる制度そのものを「主体」とし、そこで流通している人・モノ・情報をあくまでも副次的に描いてきたからである。だが、そうした叙述では、どうしても制度や社会／集団の枠内に議論が収斂してしまい、複数の地域間の関係性や相互の影響を把握するうえで限界があった。

これに対し、具体的な人・モノ・情報をアクターとして、それが交流・交易のなかで流通していく過程をトレースするならば、その叙述はおのずと複数の地域をこえるものとなる。さらには、それらが生産地、中継地、消費地などの各地の社会において、どのような活動や制度によって流通の経路を進んでいるか検討するならば、結果として異なるレベルの制度をひとつの視野のもとに見とおすことも可能となる。たとえば、北方地域を流通した毛皮を例にとるならば、生産地では毛皮獣を狩猟するための「ナワバリ」などの慣行が、中継地では毛皮の交換方法・比率などにかかわる取り決めが、消費地では商品としての価値を生みだす経済などがそれぞれ介在しており、そうした個人的実践にかかわるミクロなレベルから政治経済に組みこまれたマクロなレベルまでの多種多様な制度によって、毛皮というモノが流通していることが一望できる。

他方で、この戦略は、歴史学、考古学、人類学などの異分野の連携をうながす効果も期待できる。というのは、取りあつかう史料・資料が異なっていたとしても、人・モノ・情報のなかから特定の対象を選択するならば、少なくとも検討対象を共有したうえで議論することが可能になるからである。

むろん、それぞれの研究領域は、異なる理論・方法論に立脚しているため、同一の対象であったとしても、それぞれが描きだすことができるレベルには相違がある。たとえば、考古学では、過去の人間の行動を考古資料というモノをとおして検討できるが、物証として考古資料に反映されない情報は直接的にあつかうことができない。また、歴史学では、文献史料に記述されていなければ議論の俎上にのせることがそもそもできなくなる。

とはいえ、このような限界に配慮するならば、交流・交易のなかで流通している人・モノ・情報を歴史叙述のメイン・アクターにすえる戦略は、これまで同様な研究が直面してきた異分野連携の限界を解消しうる可能性を少なからず有している。なお、従来、副次的にしか描かれてこなかった対象から歴史を叙述しようとする試みは、現在、既存の研究の枠組みでの理解に満足できない、環境史などの新たな歴史叙述を模索するさまざまな分野で注目を集めている（上田 二〇〇二、二〇〇六）。

実践としての制度の理解

先に述べたように、本書の目的は、東アジア内海世界において「周縁」とされる地域社会の制度を、その相互の関係性のなかに位置づけ読みとくことにある。したがって、交流・交易から地域間の関係性を明らかにする一方、そのなかで維持・再生産されている個別地域の多様なレベルの「制度」の検討を試みる。

制度は、世界システムやグローバル・エコノミーなどの地球大に拡大したマクロ・レベルから、家族や地縁共同体などの個人にかかわるミクロ・レベルまで、位相を異にするさまざまなものが存在する。ただ、制度は、一人ひとりの行動・行為を、直接的・間接的に律する規範・原理として作用するものである。したがって、どのようなレベルの制度であったとしても、人間の行動・行為から遡及し、その性格などを明らかにすることが原理的に可能である。

ところで、制度をあつかった既存の研究は、二つに整理することができる。ひとつは制度という概念を精緻化したうえで、一般的・普遍的モデルを構築しようとする方向性であり、もうひとつは制度を個別具体的な現象として理解し、それが成立している社会的・文化的背景などを明らかにしようとする方向性である。もっとも、じっさいの研究は、明確に二分しえるわけではなく、また両者は相互に補完的な関係にある。とはいえ、歴史学や人類学などの研究領域は、もっぱら個別具体的な現象として理解しようとする方向性を選択しているといえる。本書も、この例にもれない。

しかし、このような方向性を共有しつつも、歴史学や人類学における制度の研究は、さらに二つに区分することができる。それは、社会組織などを形成・維持する機構や秩序体系として制度を理解しようとする組織論的志向と、社会的実践としての一人ひとりの人間の活動や行為から読みとこうとする実践論的志向である。この二つもまた、相補的な関係にあるものの、従来、前者の方向性を志向する研究が優勢であった感はいなめない。

これに対し、本書では、戦略的に実践論的志向を選択しているが、決して既存の研究に対するアンチテーゼを提示することを意図しているわけではない。本書の意図は、さまざまな位相にわたりきわめてとらえどころのない制度を、日々の社会的な営みのなかでの人びとの実践から読みとくことにある。いいかえるならば、社会的実践のなかに、ミクロからマクロまでの制度を位置づけ統合することといえる。南島におけるヤコウガイ交易を例にとるならば、生産地での採集活動は、当該地域社会の慣行のみならず、中国大陸や朝鮮半島における広範な地域への流通を支える仕組みから市場において需要を創出する経済まで、じつに多様な制度を前提として実践されているものとなる。

以上にくわえ、実践から制度に遡及することで、「中核」であれ「周縁」であれ、それぞれの地域に暮らす現地の人びとの側から東アジア内海世界の歴史を描くことができる。それは、「中核」によって「周縁」とされてきた地域の歴史を掘りおこすものといえよう。

周縁からながめる歴史の意義

現代社会は、国家や民族などの既存の枠組みをこえ、人・モノ・情報が駆けめぐるグローバル化のただなかにある。グローバル化は、資本主義（市場）経済によって推進され、世界システムとされる分業体制の中心に位置し富が集中する「中核」と、その周辺にあって搾取される「周縁」のあいだに大きな格差を生みだし、国際的なテロリズムや紛争などの負の問題を引きおこす要因となっている（ウォーラステイン 一九八七a、一九八七b）。

こうした「中核」と「周縁」の不均等な関係は、近代以降の歴史に由来するものである。じっさい、「周縁」とされる地域社会は、第二次世界大戦以前は列強の支配下におかれていた被植民地の人びと、ないしは国民国家が形成されるなかでマイノリティとされた人びとによってになわれている。このような背景から、「周縁」社会の歴史は、植民地宗主国やマジョリティ社会によって、国際関係史においても国民国家史においても「正史」の枠外におかれ、ほとんどかえりみられることがなかった。

本書が対象としている社会や集団も、まさに「周縁」とされるものである。ただ、冒頭でものべたように、そのなかには、中国大陸を征服した清朝や東シナ海を中心に遠く東南アジア一帯にまで交易をおこなった琉球王国のように、一時的にせよ、東アジア内海世界における政治や経済の「中央」的な地位を得たケースも含まれている。

もっとも、清朝や琉球王国を特別視するのも、近代の国家中心的な歴史観にとらわれたものの見方にすぎないかもしれない。国家をもたなかったとはいえ、北方少数民族や台湾原住民の人びとは、隣接地域からの影響を受けつつも、一定の自立性をもった社会を維持しみずからの歴史をつむいでいた、という意味で現在のような「周縁」ではなかったといえる。

本書のもうひとつのねらいは、現在「周縁」とされている地域から東アジア内海世界の歴史を描くことによって、国家中心的な歴史観を脱却した新たな視点を得ることにある。と同時に、この試みは、「中核」とされる側を逆照射することとなり、既存の視点ではとらえることができなかった側面にアプローチする可能性も有している（モーリス＝鈴木 二〇〇〇）。

たとえば、幕藩体制期、「軽物《かるもの》」や「俵物《たわらもの》」と称された蝦夷地の産物のなかには、干アワビや昆布などのように、長崎の出島を経由して中国大陸や琉球方面に出荷されていたものが数多くあったことが知られている（田島 二〇〇三）。なかでも、もっとも興味深いものとしてラッコ皮をあげることができる（児島 二〇〇三）。清朝やロシアなどで珍重された黒テンをはじめとする毛皮の多くが、山丹《さんたん》交易などとされる北方ルートから出荷されていたにもかかわらず、ごく少量とはいえ、ラッコ皮をあえて長崎出島から輸出していた理由は、中国大陸の南部やヨーロッパ方面に出荷する必要性ないし需要があったためであると推察される。

いずれにせよ、北の産物が南から流通していた事例から、われわれは、清朝期の大陸側の市場における需要に配慮し、幕府が商品の流通をコントロールしていたことをうかがい知ることができる。これこそ、流通に介入することによって遠方の生産地と消費地を接合し、それによって市場において新たな需要を創出していた、国家の圧倒的な政治経済力をありありと示すものといえよう。

とはいえ、「周縁」に注目する意義はあくまで、近代にいたる過程で、国家をはじめとする「中核」

によって抹消された歴史を掘りおこすことにある。それは、国家の影響のはざまで、したたかにみずからの社会を営んだ人びとの姿を描くことになるだろう。じっさい「周縁」には、台湾での漢番交易をになった「番割《ばんかつ》（蕃刈）」や北方で山丹交易をになった「山丹人」のように、地理的・政治社会的ボーダーを越え、国家も含めた複数の地域のあいだをつないだ人びとも存在していた。

さらに付言するならば、「周縁」の歴史を描くことは、たんに過去を新たにとらえなおすことにとどまらない現代的な意味をもっている。というのも、そこから描きだされた歴史は、結果として、政治的・社会的マイノリティとされる人びとの文化を復興し、ひいては過去に奪われた権利をも明らかにする可能性を秘めているからである。むしろ、マイノリティとされる人びとの文化復興や権利回復は、みずからの歴史を取り戻すことからはじまると認識すべきかもしれない。であれば、「周縁」の歴史は、未来の制度をかたちづくる資源となりうるだろう。また、それこそが、「周縁」とされた地域社会の歴史を描きだそうとする、本書に課せられた社会的意義にほかならない。

追記：「東アジア内海」という地域呼称は、総合地球環境学研究所内山純蔵准教授の発案によるものである。内山氏には、この呼称を本書で使用することをご快諾いただいた。末筆ながら記して謝意を表したい。

参考文献

上田　信　二〇〇二『トラが語る中国史――エコロジカル・ヒストリーの可能性』東京：山川出版社。
――――　二〇〇六『東ユーラシアの生態環境史』東京：山川出版社。

ウォーラスティン、I　一九八七a　『資本主義世界経済（1）中核と周辺の不平等』藤瀬浩司・麻沼賢彦・金井雄一訳、名古屋：名古屋大学出版会。

――　一九八七b　『資本主義世界経済（2）階級・エスニシティの不平等、国際政治』日南田靜眞監訳、名古屋：名古屋大学出版会。

児島恭子　二〇〇三　「日本史のなかのラッコ交易」大塚和義編『北太平洋の先住民交易と工芸』京都：思文閣出版。

田島佳也　二〇〇三　「北方産の俵物・昆布交易」大塚和義編『北太平洋の先住民交易と工芸』京都：思文閣出版。

モーリス＝鈴木、T　二〇〇〇　『辺境から眺める――アイヌが経験する近代』大川正彦訳、東京：みすず書房。

あとがき

佐々木　史郎

近世、おもに江戸時代の日本が「鎖国」ということばからイメージされるほどには、世界に門戸をとざし、孤立していたわけではなかったことが、近年の歴史学の研究から明らかにされつつある。たしかに制度的には無断で海外に出国することは御法度で、たとえ漂流による出国であっても、長らく海外にとどまった場合には帰国することはなかなかかなわなかった。かの大黒屋光太夫でも帰国直後は罪人あつかいであった。また、むやみに外国人と接触することも原則禁じられていた。

しかし、海外にはなかなか出られなかったとはいえ、江戸時代の人びとにとって海外の情報や舶来品はそれほどめずらしいものではなかったようである。長崎で中国（清）とオランダとの貿易がおこなわれていたことと、蘭学を通じて海外情報の輸入が可能だったこともあるが、それ以外にも当時の日本には海外への公式の窓口が三カ所ひらいていたことはかなり知られるところなってきた。つまり、薩摩藩による琉球王国を介した中国、東南アジア方面との貿易、対馬の宗氏による対朝鮮外交と貿易、そして松前藩による蝦夷地貿易である。さらに近年の研究では、日本周辺の海域で庶民による対外貿易がひそかにおこなわれていたことが徐々に明らかにされつつある。外国に関する情報は江戸時代でもかなり多方面からもたらされた可能性はある。

旅行も自由にできなかった時代の庶民たちはめずらしい情報に飢えており、まためずらしい海外の品物に異様なまでの好奇心を示した。琉球や朝鮮、オランダの使節たちの旅行は沿道の人びとにとっては最大のイベントであり、おなじ中国の絹織物でも、長崎経由でもたらされたものよりも、蝦夷地経由でもたらされたものを、「蝦夷錦」、「サンタン切れ」などという名前をつけて珍重した。

そのような江戸時代の庶民たちの海外情報への渇望も、日本の中からだけでは、鎖国時代の閉鎖的だった近世社会の特異な現象としかみえない。しかし、視点をそのような情報をもたらす外国側、たとえばオランダ、中国、琉球、そして蝦夷地のアイヌや大陸のサンタンたちに移して見なおしてみると、日本もまた東アジア世界の一員であり、日本もこれらの地域の人びとから好奇の目で見られていたことに気づく。たとえば、果てもわからない北の国から美しい蝦夷錦がやってくることに江戸時代の人びとが好奇心をみせたのと同様に、大陸のサンタン商人たちも良質の鉄製品を産し、気前よく高価な毛皮を交換してくれる日本という国に大きな関心を寄せていた。享和元年（一八〇一）にサハリン（樺太）を調査した中村小市郎も、文化五年から六年（一八〇八―〇九）にサハリンから大陸まで脚をのばした間宮林蔵も、大陸から来るサンタン商人や満洲の役人たちが日本に並々ならぬ好奇心を抱いていたことを記録している。大陸まで行ってしまった林蔵は現地の人びとからおおいにめずらしがられ、ときには身の危険すら感じるときがあったが、最終地デレンで会った満洲の役人たちは、漢字をつかってコミュニケーションがとれる林蔵を北京政府のまわし者かとあやしみつつも、丁重にもてなし、日本の情報を仕入れたがった。

わたしたちの研究グループは、このような日本をふくむ東アジア世界における人・モノ・情報の流れを、研究機関をこえた連携によって学際的に明らかにしようと試みてきた。

本書は日本学術振興会が主催する「人文・社会科学振興プロジェクト研究事業」の傘下にある「社会制度の持続性に関する学融合的研究」(グループリーダー　加藤雄三)の研究成果であるが、同時に、人間文化研究機構が主催する連携研究プロジェクトの一つである「交流と表象」傘下の交易班(班長佐々木史郎)の成果の一部でもある。二つの研究プロジェクトがコラボレーションすることで、さらに研究を高度化しようというねらいがある。本書では制度と権利の問題に重点をおいているために、一見するとダイナミックな人やモノ、情報の動きがあつかわれていないようにみえるが、じつは制度や権利の問題は人・モノ・情報がうごき、ぶつかりあったときに鮮明にみえてくるものであり、また、この制度、権利の問題から交流の実態がみえてくることもある。たとえば、江戸幕府の「鎖国」政策も、清朝の「海禁」政策も、人・モノ・情報のうごきが急速に拡大し、複雑化して国のコントロールがきかなくなることをおそれて発動された政策だった。しかし、それでも人やモノや情報は政策や制度を乗り越えてうごきまわったのである。その意味で、本書は東アジアにおける制度や権利と交流の問題をあつかった本であるともいえる。

冷戦終結後、急速に経済を発展させてきた東アジア世界では、この人・モノ・情報の往来がふたたび急速に拡大、複雑化している。そして、それにともなって国や社会の制度と人びとの権利の関係も大きく変わろうとしている。しかし、それは決していまにはじまったものではない。「鎖国」政策や

「海禁」政策のために社会が閉鎖的だったと思われていた近世（前近代）の時代から、興隆衰退の波はあったとはいえ、人・モノ・情報は活発に動きつづけてきた。最近の研究は歴史学でも民族学でもそのような事実をつぎつぎと掘り出してきている。そろそろ、「日本は島国で孤立した世界をつくってきた」というステレオタイプ的なイメージから脱却すべき時代にきているようである。

版社，2008年)，『世界史を見直す　日本史を見直す——阪大史学の挑戦』(共著，和泉書院，近刊) など。

渡辺 美季 (わたなべ　みき)
1975年東京都生まれ。日本学術振興会特別研究員。琉球史，東アジア海域史。「琉球人か倭人か——十六世紀末から十七世紀初の中国東南沿海における『琉球人』像」(『史学雑誌』116編10号，2007年)，『近世地域史フォーラム１　列島史の南と北』(共著，吉川弘文館，2006年)，「鳥原宗安の明人送還——徳川家康による対明「初」交渉の実態」(『ヒストリア』202号，2006年) など。

承志 (Kicengge)
1968年中国新疆ウイグル自治区生まれ。総合地球環境学研究所上級研究員。大清帝国史，満洲語文献学。『大地の肖像——絵図・地図が語る世界』(共著，京都大学学術出版会，2007年)，「八旗ニルの根源とニル分類について」(『東洋史研究』65巻１号，2006年)，「清朝治下オロンチョン・ニル編制とブトハ社会の側面」(『東洋史研究』60巻３号，2001年) など。

林 淑美 (Lin Shu-may)
1964年台湾生まれ。名古屋商科大学外国語学部准教授。台湾史。北村稔『社会主義為中国帯来幸福了嗎？』(翻訳，台北，遠流出版社，2007年)，「清代台湾の「番割」と漢・番関係」(『NUCB JOURNAL OF LANGUAGE CULTURE AND COMMUNICATION』vol. 6 no. 2，2004年) など。

佐々木 史郎 (ささき　しろう) ★
1957年東京都生まれ。国立民族学博物館教授。文化人類学。『資源人類学07　生態資源の選択的利用と象徴化』(共著，2007年，弘文堂)，『ものが語る歴史13　アイヌのクマ送りの世界』(共著，2007年，同成社)，「罠の比較民族誌——極東ロシアの先住民族ウデへの狩猟技術の形成過程」(『季刊東北学』10号，2007年) など。

太田 出 (おおた　いずる)
1965年愛知県生まれ。兵庫県立大学経済学部准教授。中国近世・近代史。『太湖流域社会の歴史学的研究——地方文献と現地調査からのアプローチ』(共編著，汲古書院，2007年)，「犯罪と治安からみた近世中国」(『歴史学研究』第821号，2006年) など。

大西 秀之 (おおにし　ひでゆき) ★
1969年奈良県生まれ。総合地球環境学研究所上級研究員。人類学，考古学。『水と世界遺産——景観・環境・暮らしをめぐって』(共著，小学館，2007年)，『人はなぜ花を愛でるのか』(共著，八坂書房，2007年)，『電子メディアを飼いならす——異文化を橋渡すフィールド研究の視座』(共著，せりか書房，2005年) など。

執筆者紹介

（執筆順。★印は編者）

加藤 雄三（かとう　ゆうぞう）★
1971年東京都生まれ。総合地球環境学研究所助教。法史学。『オアシス地域史論叢――黒河流域2000年の点描』（共編著，松香堂，2007年），『中国法制史考証　丙編』（第四巻，共著，中国社会科学出版社，2003年），「東亜研究所第六調査委員会支那都市不動産慣行調査概観」（『Historia Juris 比較法史研究――思想・制度・社会』11号，2003年）など。

瀬川 拓郎（せがわ　たくろう）
1958年北海道生まれ。旭川市博物館学芸員。考古学。『アイヌの歴史――海と宝のノマド』（講談社，2007年），『アイヌ・エコシステムの考古学』（北海道出版企画センター，2005年），『歴博フォーラム弥生時代はどう変わるか』（共著，学生社，2007年），『縄文時代の考古学 9 ――死と弔い』（共著，同成社，2007年）など。

岡本 弘道（おかもと　ひろみち）
1972年広島県生まれ。関西大学 COE ポスト・ドクトラル・フェロー。東洋史学，海域アジア史。『海域アジア史研究入門』（共著，岩波書店，2008年），『ユーラシアと日本：境界の形成と認識――移動という視点シンポジウム報告書』（共著，人間文化研究機構連携研究「ユーラシアと日本：交流と表象」研究プロジェクト，2008年），「明朝における朝貢国琉球の位置付けとその変化――14・15世紀を中心に」（『東洋史研究』57巻 4 号，1999年）など。

中村 和之（なかむら　かずゆき）
1956年北海道生まれ。函館工業高等専門学校教授。北東アジア史，アイヌ史。『北方世界の交流と変容――中世の北東アジアと日本列島』（共著，山川出版社，2006年），『日本海域歴史大系』第 3 巻（共著，清文堂，2005年），「李志恒『漂舟録』にみえる『羯悪島』について」（『史朋』39号，2007年）など。

角南 聡一郎（すなみ　そういちろう）
1969年岡山県生まれ。元興寺文化財研究所主任研究員。民俗学，考古学。『考古学が語る日本の近現代』（共著，同成社，2007年），『戦後台湾における「日本」――植民地経験の連続・変貌・利用』（共著，風響社，2006年）など。

杉山 清彦（すぎやま　きよひこ）
1972年香川県生まれ。駒澤大学文学部専任講師。大清帝国史・東北アジア史。『中世の北東アジアとアイヌ――奴児干永寧寺碑文とアイヌの北方世界』（共著，高志書院，2008年），『清朝史研究の新たなる地平――フィールドと文書を追って』（共著，山川出

東アジア内海世界の交流史
周縁地域における社会制度の形成

二〇〇八年 二 月二九日 初版印刷
二〇〇八年 三 月一〇日 初版発行

編 者 加藤雄三／大西秀之／佐々木史郎
発行者 渡 辺 博 史
発行所 人 文 書 院
〒612-8447 京都市伏見区竹田西内畑町九
電話〇七五(六〇三)一三四四 振替〇一〇〇〇・八・一一〇三

印刷 創栄図書印刷株式会社
製本 坂井製本所
装丁 上野かおる

ISBN978-4-409-51059-9 C3022

http://www.jimbunshoin.co.jp/